BIBLIOTECA
HUMANIDADES

A CRÔNICA BRASILEIRA DO SÉCULO XIX
UMA BREVE HISTÓRIA

BIBLIOTECA
HUMANIDADES

Marcus Vinicius Nogueira Soares

A CRÔNICA BRASILEIRA DO SÉCULO XIX
UMA BREVE HISTÓRIA

É Realizações
Editora

Impresso no Brasil, dezembro de 2014

Copyright © 2014 by Marcus Vinicius Nogueira Soares

Os direitos desta edição pertencem a
É Realizações Editora, Livraria e Distribuidora Ltda.
Caixa Postal 45321 – CEP 04010-970 – São Paulo – SP
Telefax (5511) 5572-5363
e@erealizacoes.com.br/www.erealizacoes.com.br

Editor
Edson Manoel de Oliveira Filho

Coordenador da Biblioteca Humanidades
João Cezar de Castro Rocha

Gerente editorial
Sonnini Ruiz

Produção editorial
Liliana Cruz

Preparação
Vera Maria de Carvalho

Revisão
Cecília Madarás

Projeto gráfico
Mauricio Nisi Gonçalves

Capa e diagramação
André Cavalcante Gimenez

Pré-impressão e impressão
Gráfica Vida & Consciência

Reservados todos os direitos desta obra.
Proibida toda e qualquer reprodução desta edição por qualquer meio ou forma, seja ela eletrônica ou mecânica, fotocópia, gravação ou qualquer outro meio de reprodução, sem permissão expressa do editor.

SUMÁRIO

Introdução | 9

1. CONSIDERAÇÕES RETROSPECTIVAS SOBRE A CRÔNICA: DO SÉCULO XX AO XIX
Crônica, gênero brasileiro? | 19
Crônica, gênero menor? | 37
Crônica, gênero literário? | 48

2. A CRÔNICA E A REDE DISCURSIVA DA DÉCADA DE 1830
Abençoada invenção da imprensa periódica | 77
O *feuilleton* e a imprensa brasileira do século XIX | 87
O duro ofício de jornalista | 99
A crônica e o conto anedótico | 108
A crônica e o sublime literário | 119
A crônica e o noticiário | 126

3. NAS GALÉS DA IMPRENSA: A AUTONOMIZAÇÃO DA CRÔNICA A PARTIR DA DÉCADA DE 1840
A crítica, a crônica e o espaço folhetinesco | 143
Historiar a semana: "Cartas a um Amigo Ausente" | 149
O mundo elegante e gracioso dos Semanários | 163
A autonomia do cronista: Francisco Otaviano | 178
O colibri alencariano e a volubilidade | 199
O urso machadiano e a autonomização da crônica | 217

Conclusão | 235
Glossário | 259
Bibliografia | 263
Periódicos consultados | 269
Índice analítico | 273
Índice onomástico | 275

"A Diva (*in memoriam*),
Pedro Izaías (*in memoriam*)
e Laís Nogueira."

"Agradeço a João Cezar de Castro Rocha pela confiança em meu trabalho;

Aos alunos que participaram em boa parte da pesquisa com bolsas de Iniciação Científica da UERJ e CNPQ: Sabrina Nunes, Juliana Domingues, Roberta Nunes, Marília Tapajoz, Mariana Vargas, Brízzida de Magalhães, Marianne Pereira, Jonatas Barbosa e Fernanda Vargas;

A Márcia Abreu e Valéria Bezerra, cujo auxílio foi fundamental em minhas breves incursões na Unicamp;

A Marcos Nogueira pela inestimável colaboração;

A Patrícia, Laís e Beatriz pelo carinho e dedicação."

INTRODUÇÃO

A crônica, como a entendemos desde o século XIX, é um gênero jornalístico.

A assertiva pode parecer óbvia, e talvez seja mesmo, contudo foi muito pouco explorada pela crítica literária. E a justificativa para o desinteresse é igualmente óbvia, afinal, como essa crítica se interessaria por um gênero que não fosse propriamente literário? Assim, quando não a descartaram de imediato, desqualificando-a ao considerá-la um gênero "menor", os críticos buscaram afirmar a sua literariedade – e não foi a única tentativa de salvamento, visto que os historiadores também tentaram ao relevarem na crônica o seu lastro documental, a sua força de testemunho histórico de uma época. Como em diversos momentos, desde o século XIX, conceder *status* literário era o mesmo que reconhecer a nacionalidade de qualquer gênero; uma das formas de a crônica encontrar respaldo nos estudos dedicados à literatura era imaginar a contribuição original de um gênero sem precedentes na tradição ocidental. Não se trata apenas de reconhecer a existência de uma crônica nacional, como se o qualificativo atestasse um gênero que, vindo de além-mar, teria aportado e se aclimatado em solo brasileiro, como a poesia ou o romance, adquirindo aqui características próprias, contudo, sem perder de vista o elo com os modelos europeus. Ou seja, a valorização da crônica salta de um extremo a outro: do quase desaparecimento em sua precariedade de gênero vinculado ao jornal à sobrevivência garantida pelo título de primeiro gênero genuinamente nacional.

E o salto se dá no século XX.

A principal razão para essa mudança pode ser atribuída a uma realidade editorial nova, na qual a crônica deixa de ser apenas publicada em periódicos e ganha as páginas dos livros. A partir da década de 1930, cada vez mais coletâneas são organizadas pelos cronistas, competindo com os outros gêneros, sobretudo o conto e o romance. A crítica, ainda alojada nos rodapés dos jornais, reage imediatamente, condenando a invasão. Contudo, com o passar do tempo, quando não só livros, mas editoras são criadas para esse fim na década de 1960, ainda que alguns homens de letras mantivessem a postura inicial, outros vão incensar a crônica, valorizando-a em sua brasilidade e literariedade. Na verdade, é como se a partir desse momento ela se tornasse um fenômeno perceptível, disponível à leitura, na medida em que ela estaria, na transição, superando as condições efêmeras de seu suporte de origem, o jornal, rumo a uma suposta transcendência literária favorecida pela materialidade do livro.

Apesar das curtas ponderações acima, o livro que o leitor tem em mãos busca seguir à risca a afirmação de que a crônica é um gênero jornalístico. Para respaldá-la, o nosso percurso se inicia com a discussão de três assertivas tradicionais sobre a crônica, ou seja, de que ela seria originalmente brasileira, de que corresponderia a um gênero menor e de que teria *status* de literatura. De imediato, podemos adiantar que não se trata de endossar cada uma delas ou de refutá-las pura e simplesmente, mas de refletir sobre os seus limites como princípios de entendimento da crônica.

Cabe ainda reiterar que essas proposições surgem, uma vez mais, do contexto do século XX; elas mal eram consideradas no século anterior. Ao contrário, lá a reação era quase sempre favorável à prática da escrita hebdomadária e a seus cultores, mas sem se ater às proposições acima como preceitos valorativos, sobretudo as que se referem à literatura e à nacionalidade – na verdade, boa parte dos cronistas brasileiros do período estava cônscia da origem francesa do gênero bem como de sua matriz jornalística; não à toa os autores mais mencionados por eles tenham sido Jules Janin e Alphonse Karr, escritores que, apesar de também romancistas, se notabilizaram como jornalistas.

Nesse sentido, a concepção que norteia o primeiro capítulo está baseada em uma visada retrospectiva, na medida em que reflete sobre os dilemas suscitados pelo pensamento sobre a crônica do século XX, tendo em vista as questões que serão depreendidas da análise da produção oitocentista. Trata-se, enfim, de preparar o terreno, retirando dele o que nos parece dispensável ao estabelecimento dos parâmetros para o entendimento da crônica como gênero desde a sua emergência no século XIX.

Daí que, na primeira parte do segundo capítulo, antes de analisarmos a situação brasileira oitocentista de produção de crônicas, faremos um breve retorno ao contexto francês, identificando aí o momento no qual surge o *feuilleton*, a nova seção situada ao rodapé da página, criada pelo *Journal des Débats*, em 1800. O motivo para esse recuo se deve à constatação da preponderante repercussão dos modelos do jornalismo francês nas práticas da imprensa brasileira do período. Aqui cabe uma curta digressão e, como não será desenvolvida em nenhum outro momento do livro, lançaremos mão dela agora.

Poderíamos nos referir a essa repercussão como influência, transferência, imitação, apropriação, tradução, transcrição, etc. Qualquer que fosse o termo utilizado, estaria sempre subtendida certa relação entre duas esferas culturais distintas. Entretanto, é possível também afirmar que nem todos os termos acima exprimem essa relação de modo simétrico, como se não houvesse entre os polos envolvidos determinada hierarquia, seja no campo político, seja no econômico ou cultural. Como se sabe, no século XIX, e não só nele, os países do Velho Mundo, sobretudo Inglaterra e França, exerciam forte fascínio nos do Novo Mundo, e isso quando não se intrometiam diretamente em seus negócios públicos – para ficarmos com um único exemplo dentro do universo da crônica, nas "Cartas a um Amigo Ausente", Paranhos vivia às turras com os ingleses pelo modo como eles intervinham na política brasileira de proibição do tráfico negreiro, violando, inclusive, as fronteiras marítimas do território nacional.

Ora, a adoção do *feuilleton* pela imprensa brasileira foi apenas parte dessa repercussão. Muitos jornais aqui publicados eram êmulos de modelos franceses, como o *Jornal dos Debates*, *O Gabinete de Leitura*, etc., e alguns até foram criados por imigrantes da terra de Balzac, como o *Jornal do Commércio*, fundado em 1827 por Pierre Plancher, sem contar os que eram impressos diretamente em francês, como

L'Independant: Feuille de Commerce, Politique et Littéraire, também de 1827, o inicialmente bilíngue *O Moderador*, de 1831, e a parte política e literária da edição dominical do *Correio Mercantil*, entre outubro de 1851 e março de 1852. No domínio literário, praticamente tudo que se publicava lá encontrava tradução nas páginas dos periódicos nativos, como os romances de Balzac, Alexandre Dumas, Eugène Sue e dos hoje quase desconhecidos Paul de Kock, Xavier de Montépin, Paul Féval, Alexis de Valon, Élie Berthet e Emmanuel Gonzalès. Por sinal, a última parte da lista dá boa medida da ingerência francesa: mesmo autores de qualidade duvidosa encontravam respaldo na imprensa local.

Não estamos querendo dizer com isso que tudo que se realizou no Brasil durante esse período tenha sido arremedo do que foi feito na França. Todavia, não basta equiparar as partes, como se esse gesto teórico dependesse do movimento de uma varinha de condão. Afinal, se a aclimatação, termo machadiano que vamos privilegiar daqui por diante, não é, por um lado, mera repetição ou cópia – e o nosso objetivo é exatamente valorizar o desenvolvimento peculiar que a crônica teve no Brasil –, por outro não anula o fato de que o modelo privilegiado tenha sido o francês e não o finlandês ou sueco. Em outras palavras, o desenvolvimento decorrente do processo de aclimatação que analisaremos encontra-se inserido em um contexto no qual, por exemplo, *Facundo, ou Civilização e Barbárie*, obra-prima do argentino Domingo Faustino Sarmiento, publicada no jornal chileno *El Progreso*, em 1845, e depois em livro no mesmo ano, cujo tema lidava diretamente com questões que interessavam bem de perto ao Brasil, sobretudo as relacionadas à política do argentino Juan Manuel de Rosas, não teve a mesma repercussão de muitos escritos toscos do segundo escalão da literatura francesa; o mesmo vale para a narrativa intitulada *Misterios del Plata, Romance Histórico Contemporâneo* que a argentina radicada no Rio de Janeiro, Joana Paula Manso de Noronha, começou a publicar em seu *Jornal das Senhoras*: embora pretendesse se ocupar de fatos recentes e geograficamente próximos, uma vez que também vinculados a Rosas, a autora sente a necessidade de justificar não ser o seu texto mais uma dentre as inúmeras apropriações dos romances de Sue e Féval, respectivamente: "não foi por servil imitação aos mistérios de Paris, e aos de Londres, que chamei a este romance *Misterios del Plata*. Chamei-o assim, porque considero que as atrocidades de Rosas, e os sofrimentos de suas vítimas, serão um mistério para as gerações vindouras, apesar de tudo quanto contra ele se tem escrito".[1]

E a vizinhança não era só decorrente de temas e problemas compartilhados por países fronteiriços, mas envolvia, também, certo deslocamento geográfico que levou alguns dos mais importantes intelectuais da geração romântica argentina a aportar em território brasileiro nas décadas de 1840 e 1850: além de Joana de Noronha, estiveram no Rio de Janeiro, vivendo ou de passagem, por razões políticas ou não, José Mármol, Juan María Gutiérrez e o próprio Sarmiento, que, quando esteve na corte entre janeiro e

---

[1] *Jornal das Senhoras, Modas, Literatura, Belas-Artes, Teatros e Crítica*. Rio de Janeiro, Tipografia Parisiense, 1º jan. 1852. [Em todas as citações de textos do século XIX e de boa parte do XX atualizamos a ortografia e mantivemos a pontuação como aparece nos originais.]

março de 1846, já era o autor de *Facundo*. Entretanto, a proximidade física não foi suficiente para estimular o intercâmbio cultural entre vizinhos, pois esses escritores permaneceram ilustres desconhecidos aqui durante décadas.[2] Para que se tenha ideia do desinteresse, a primeira edição brasileira de *Facundo* só vai aparecer em 1923; antes, o livro chegaria à corte, mas, como não poderia deixar de ser, em versão francesa, por intermédio da Livraria Garnier, como se lê em anúncio estampado no *Diário do Rio de Janeiro* de 12 de agosto de 1854: embora anunciado em português, trata-se da tradução de Augustin Giraud, intitulada *Civilisation et Barbarie. Moeurs, Coutumes et Caractères des Peuples Argentins. Facundo Quiroga et Aldao*, e publicada por Arthus Bertrand, em 1853. Já Mármol e Gutiérrez nunca tiveram livros editados no Brasil, embora o primeiro tenha sido contemplado com a publicação seriada de seu romance *Amália* no *Correio Mercantil*, entre 1858 e 1859.

Em suma, o contexto é hierárquico, supõe certa hegemonia, o que não impede, contudo, a ocorrência das mais variadas transposições e aclimatações culturais.

Assim, na sequência do capítulo 2, cuidaremos da trajetória, iniciada na década de 1830, do *feuilleton* em solo brasileiro, não só como recurso tipográfico, mas, também, como modalidade discursiva específica, que ocupa cada vez mais espaço nos jornais, extrapolando, inclusive, o rodapé das páginas. O que nos parece mais decisivo nesse momento é como o

---

[2] Para que não se pense que nenhuma aproximação foi tentada, Joaquim Norberto de Souza e Silva publicou, na *Minerva Brasiliense*, em 15 de março de 1844, o artigo "Indagações sobre a Literatura Argentina Contemporânea".

feuilleton interage com a variedade discursiva que integra as outras seções dos periódicos, que vai dos textos mais propriamente literários aos noticiosos, passando, obviamente, pelos de dicção política.

Como o nosso percurso é cronológico, o capítulo 3 vai se debruçar sobre a produção jornalística das décadas de 1840 e 1850. Há um aumento significativo do número de jornais na corte, além de uma diversificação maior dos assuntos, fugindo à especialidade de certa forma imposta pela preponderância da diretriz política que vinha norteando a imprensa desde a sua chegada ao Brasil, em 1808. Não que, à época, os debates políticos tivessem sido banidos das folhas periódicas; ao contrário, a política continua ocupando espaço privilegiado, mas só que agora teria de compartilhá-lo com os mais variados interesses públicos. É nesse período que a crônica ganha impulso com as penas de Francisco Otaviano, José de Alencar e Machado de Assis.

Nesse ponto, algumas considerações são necessárias. A primeira diz respeito às escolhas feitas. Como mencionamos, a quantidade de publicações periódicas aumentou consideravelmente em meados do século e quase todas possuíam o seu folhetim, ou seção similar, no qual eram impressos romances, críticas e crônicas. Levando em conta a enorme semelhança entre as diversas publicações, optamos por aquelas mais significativas, uma vez que apresentavam maior contribuição ao desenvolvimento da crônica, tanto nos semanários quanto nos diários. O fato de não tentarmos esgotar tamanha diversidade não nos impediu, todavia, de analisar cada caso escolhido.

A segunda refere-se a Machado de Assis. Como se sabe, o autor estreia como cronista em 1859 e só interromperia a sua trajetória depois de quatro décadas. Como o leitor poderá notar, ele é o último a ser analisado. Pode parecer que durante todo esse tempo, nenhum outro cronista digno de nota teria despontado na cena jornalística. De imediato, poderíamos citar três nomes: Joaquim Manuel de Macedo, França Júnior e Luís Guimarães Júnior. Embora fossem excelentes cronistas, contudo, mais uma vez, o critério foi de relevância: como o leitor terá a oportunidade de ler, Machado de Assis foi o responsável pela consolidação da crônica no Brasil.

Por fim, a terceira consideração alude ao aspecto material do *corpus* pesquisado. Ainda que o número de boas compilações de crônicas do século XIX e início do XX tenha crescido acentuadamente, preferimos nos concentrar, salvo poucas exceções, nos textos como eles apareceram em sua matriz jornalística. E a razão é simples: o contexto da crônica não é apenas o histórico no qual ela se insere, mas é, igualmente, o instituído pela dinâmica de produção, divulgação e circulação característica da imprensa periódica. Por isso, o nosso interesse na disposição gráfica da crônica, no tipo de atuação do cronista e nos possíveis modos de recepção do texto. Além disso, procuramos utilizar, nas leituras empreendidas, como instrumental analítico, um vocabulário retirado da própria esfera jornalística oitocentista ("teia de Penélope", "salto de Leucates", "volubilidade", dentre outros). Como afirmamos desde o início, a crônica é um gênero jornalístico, assim a sua análise supõe um corpo a corpo com o circuito comunicativo dos periódicos.

Esperamos ter chegado suficientemente perto.

CAPÍTULO 1
CONSIDERAÇÕES RETROSPECTIVAS SOBRE A CRÔNICA: DO SÉCULO XX AO XIX

Crônica, gênero brasileiro?

Comecemos pelo curtíssimo e instigante ensaio de Paulo Rónai, "Um Gênero Brasileiro: A Crônica", que foi publicado, em 1971, na coletânea de crônicas organizada para estudantes norte-americanos da língua portuguesa pelos professores Alfred Hower e Richard A. Preto-Rodas das Universidades da Flórida e de Illinois, respectivamente. Com exceção de Machado de Assis, a seleção é toda de cronistas modernos, como Rubem Braga, Luís Martins, Carlos Drummond de Andrade, Rachel de Queiroz, dentre outros. O texto de Rónai, originalmente uma palestra ministrada na Universidade da Flórida, em 1967, fecha o livro, intitulado *Crônicas Brasileiras*.

O título do ensaio parece não deixar dúvida de que a sua intenção é abordar a questão da nacionalidade do gênero. Entretanto, Rónai apenas a menciona em três rápidas ocasiões: no início do texto, ao afirmar que "qualquer brasileiro" de imediato reconheceria a palavra crônica associada a um gênero curto, atual e veiculado pela imprensa, ao invés de associá-la ao antigo relato histórico; quando sugere que se trata de um gênero urbano, mais propriamente carioca, e, por fim, aludindo à crônica como "um novo gênero da literatura brasileira".[1] Na primeira ocasião, a sequência do texto já demonstra ser outra a direção assumida pelo autor: "se não pode haver dúvida quanto ao sentido generalizado da palavra, nota-se alguma hesitação quanto à classificação técnica da noção designada por ela. É ou não é a crônica um gênero literário?".[2] Não é à toa que os organizadores, ao comentarem o artigo de Rónai, destacam a "questão provocativa", reiterando a pergunta, "é a crônica um novo gênero literário?",[3] além de anexá-la ao título que aparece no índice.

Na segunda ocasião, o problema da nacionalidade vai adquirir contornos mais específicos, de caráter local: "por estarem os jornais e as revistas mais importantes localizados no Rio de Janeiro, a crônica é necessariamente metropolitana, mais particularmente carioca. Pode o autor não ser do Rio de Janeiro [...], mas a sua página reflete forçosamente o momento carioca".[4] Aqui já cabe uma primeira ressalva: se esse "momento" aparece refletido em uma crônica qualquer escrita por cronistas de variadas procedências, isso não se deve à circunstância da publicação ter ocorrido em um periódico da antiga capital do país, o que exigiria dos escritores comprometimento com o que aí ocorria? Sem nos referirmos a importantes cronistas que poderiam ter sido citados pelo crítico e

---

[1] Paulo Rónai, "Um Gênero Brasileiro: A Crônica". In: Alfred Hower e Richard Preto-Rodas (orgs.), *Crônicas Brasileiras: A Portuguese Reader*. 5. ed. Gainesville, University of Florida, 1978, p. 156.
[2] Ibidem, p. 154.
[3] Alfred Hower e Richard Preto-Rodas, op. cit., p. v.
[4] Paulo Rónai, op. cit., p. 156.

que, trabalhando em jornais de outras cidades brasileiras, não se encontravam assim tão próximos ao Rio de Janeiro, como Mário de Andrade ou Antônio de Alcântara Machado, bastaria destacar um dos listados por Rónai, Rubem Braga, como exemplo de escritor que produziu, em diversos periódicos, textos relacionados às cidades de origem da publicação enquanto ele mesmo vivia nelas, como Belo Horizonte, Recife, Porto Alegre e São Paulo – na última, trabalhando, no *Diário de São Paulo*, ao lado dos modernistas acima mencionados. Nesse sentido, o vínculo entre a crônica e o espaço urbano diz respeito ao meio de comunicação, revistas e jornais, principalmente diários, cuja diretriz está voltada para o registro escrito do cotidiano da cidade, independente de qual seja, como veremos nos capítulos subsequentes.

A hegemonia do Rio de Janeiro, em determinado período histórico, não seria suficiente para restringir o alcance da produção cronística, que, na verdade, desde o início, se manifestou em outros centros urbanos, como a Recife do padre Lopes Gama, na década de 1830, autor que, não sendo propriamente cronista ou folhetinista, teve inúmeros textos republicados de seu *O Carapuceiro* pela grande imprensa carioca da época, como o *Jornal do Commércio*, o *Correio Oficial*, o *Sete de Abril* e *O Despertador* – inclusive, em 1852, passou a colaborar como redator na *Marmota Fluminense* de Paula Brito. Para Afrânio Coutinho,[5] Alcântara Machado teria contribuído para a renovação do gênero com o seu "estilo antiacadêmico"[6] de

---

[5] Afrânio Coutinho, "Ensaio e Crônica". In: *A Literatura no Brasil*. Rio de Janeiro, José Olympio; Niterói, Eduff, 1986, vol. 6.
[6] Ibidem, p. 130.

tratamento do dia a dia paulistano, estilo que se tornaria típico do que se passou a chamar crônica moderna, inclusive a carioca – vale lembrar que o autor de *Brás, Bexiga e Barra Funda* transfere-se para o Rio de Janeiro em 1934, para assumir a direção do *Diário da Noite*, onde permanece até a sua morte, no ano seguinte. Em suma, gênero metropolitano sim, carioca, não necessariamente.

A nosso ver, a assertiva final de que a crônica seria "um novo gênero da literatura brasileira" pode ser entendida em sua perspectiva histórica: a versão brasileira, por assim dizer, e mais propriamente moderna, seria uma modalidade nova do gênero. De certa maneira, é o que será desenvolvido por outros críticos, como veremos adiante.

Não há dúvida de que a questão da nacionalidade do gênero ganha força quando colocada no âmbito bibliográfico de uma antologia nascida do interesse de especialistas norte-americanos pela língua e literatura brasileiras. Inclusive, ela parece se intensificar quando os organizadores anotam na introdução ao volume que "a palavra crônica não possui correspondente exato em inglês",[7] como se reconhecessem aí a especificidade que há muito já seria do conhecimento da crítica e historiografia brasileiras, tanto é assim que eles sempre utilizam os termos "crônica" e "cronista" em português, acompanhados de grifo, mesmo quando o texto se encontra redigido em inglês, como nas partes introdutórias do livro. O que se segue no texto reforça ainda mais a questão, uma que vez que se coaduna com as inúmeras definições

---

[7] Alfred Hower e Richard Preto-Rodas, op. cit., p. vii.

do gênero apresentadas por estudiosos brasileiros: "um pouco similar à nossa coluna de jornal, ela [a crônica] é uma composição curta, frequentemente humorística, que às vezes assemelha-se ao conto ou ao ensaio ou que pode ser um comentário sobre qualquer assunto que interesse ao autor".[8]

Se, inicialmente, os autores parecem assinalar somente o problema de correspondência terminológica, posteriormente percebe-se que a reflexão envolve a questão de gênero, não só pela definição que apresentam como, também, pelo fato de que o termo seria traduzível pela expressão inglesa *chronicle* tanto para exprimir o antigo relato histórico, em obras como *The Anglo-Saxon Chronicle* ou *The Battle Abbey Chronicle*, quanto, em campo estritamente jornalístico, no emprego de títulos, como nos setecentistas *The London Chronicle* e *The Morning Chronicle* ou no ainda ativo diário californiano *San Francisco Chronicle* – significações que os autores obviamente conheciam, embora não as mencionem. Sendo assim, se a questão é de gênero, isso significa dizer que a preocupação de Hower e Preto-Rodas consiste na tentativa de afirmar a brasilidade deste?

De acordo com o nosso entendimento de como *Crônicas Brasileiras* se organiza, o livro é uma antologia cujo título enfatiza a perspectiva dos autores e, em certa medida, a do próprio Rónai, nos seguintes termos: o adjetivo gentílico empresta ao nome uma novidade no interior do gênero, no sentido de que há, de fato, contribuição original da modalidade brasileira, sem que com isso seja possível constatar o surgimento de um novo gênero de origem nacional.

---

[8] Ibidem.

Luís Martins, comentando o mesmo livro em resenha para *O Estado de S. Paulo*, em 1978, não discorda da posição dos organizadores do volume quanto à ausência de correspondência em inglês da palavra, entretanto lembra a equivalência em francês: "[...] crônica é *chronique*. E *chronique* do cotidiano, não necessariamente submissa ao noticiário, pelo contrário, mais literatura do que jornalismo, divagação meio arbitrária entre a fantasia e a realidade, resenha de impressões pessoais, ondulante comentário comovido ou sarcástico sobre a vida e os homens".[9]

Sem dúvida, Martins toca no ponto que é de vital importância para a compreensão histórica do gênero: o vínculo que se estabeleceu desde a origem, no século XIX, entre a crônica e a imprensa francesa e que se manteve no século seguinte.[10] Comenta dois exemplos: o do filósofo e jornalista francês Alain e os seus "Propos", impressos no diário *La Depêche de Rouen et Normandie*, e Maurice Boissard, pseudônimo de Paul Léautaud, cuja seção "Chronique Dramatique" no *Mercure de France* era tudo menos crítica teatral, a ponto de o escritor ter sido deslocado, em 1920, para outra seção pelo diretor da revista, Alfred Vallette, que assim se justificava: "Com uma rubrica como essa [...] você poderá falar de tudo, até mesmo de teatro, se quiser, de um livro, uma pessoa, um

---

[9] Luís Martins, "Sobre a Crônica". *O Estado de S. Paulo*, São Paulo, 11 jun. 1978, p. 10-11.
[10] Vínculo que Marlyse Meyer também aborda em importante ensaio intitulado "Voláteis e Versáteis. De Variedades e Folhetins se Fez a Crônica": "Já que o folhetinista 'é originário da França', e o folhetim, novidade de Paris, há que lembrar o que o termo recobre lá na matriz" (In: *As Mil Faces de um Herói Canalha e Outros Ensaios*. Rio de Janeiro, Editora UFRJ, 1998, p. 113).

acontecimento, escrever a sua crônica sobre um só assunto ou sobre vários".[11]

Em texto anterior, discorrendo sobre a então recém-lançada antologia de Rubem Braga, *Cem Crônicas Escolhidas*, Martins[12] já chamava a atenção para a originalidade do formato brasileiro, resguardando, contudo, o contato com similares franceses, mais uma vez com Alain: "na França, alguém fez alguma coisa que, de certa forma, se assemelha aos escritos contemporâneos de nossos melhores cronistas. Refiro-me a Alain e aos seus primeiros *Propos*".[13] Martins ainda transcreve um trecho de André Maurois, com o qual o famoso biógrafo francês definia essa produção inicial de Alain, que surpreende pela semelhança que guarda com as definições empregadas diversas vezes pela crítica brasileira para designar a crônica local: "poemas em prosa de duas páginas, escritos cotidianamente".[14]

Endossando o argumento do vínculo francês de emergência da crônica, Barbosa Lima Sobrinho, em conferência ministrada na Academia Brasileira de Letras e depois publicada no *Jornal do Brasil*, em 7 de agosto de 1960, corrobora a tese de Charles-Marc Des Granges, segundo a qual a criação do gênero deve-se ao dramaturgo e libretista francês Victor-Joseph Etienne de Jouy, que colaborou nos mais importantes jornais entre o final do século XVIII e primeira metade do XIX – ele morre em 1848. Sobrinho ainda cita

---

[11] Luís Martins, "Sobre a Crônica", op. cit.
[12] Idem, *Homens e Livros*. São Paulo, Conselho Estadual de Cultura, 1962.
[13] Ibidem, p. 83.
[14] Apud ibidem, p. 83.

outro historiador francês, Frédéric Loliée, que, apesar de atribuir a precedência não a Jouy mas a Delphine de Girardin, responsável pelos folhetins de La Presse entre 1836 e 1848, elabora interessante definição do trabalho cronístico também muito próxima, como a de Maurois, do diagnóstico dos críticos e dos próprios cronistas brasileiros, como veremos mais adiante, sobretudo com Alencar:

> Ter constantemente o ouvido atento, o olho vivo, o caderno na mão, nada deixar escapar do que se diz, do que corre, circula e soa nos salões, no teatro, na rua, sem poder esperar (porque a atualidade deve ser apanhada ao vivo), tornar-se a trombeta de todos os rumores, mostrar-se pronto sempre na busca de assuntos os mais heterogêneos, passar do grave ao suave, do paradoxo contundente à pilhéria graciosa: e qualquer que seja o momento ou a disposição pessoal, conversar a respeito de migalhas, divertir sem assunto, escrever e contar sem ter o que escrever e que contar, será tudo isso muito simples ou fácil?[15]

Como se não bastasse, a hipótese da precedência francesa da crônica, tomando a produção de Delphine de Girardin como momento basilar, foi recentemente corroborada por Marie-Ève Thérenty: "Delphine de Girardin, antiga musa e poetisa romântica, esposa de Émile de Girardin, o criador de La Presse, é quem funda verdadeiramente o gênero da crônica, estabelecendo os seus códigos e estratégias".[16]

---

[15] Apud Barbosa Lima Sobrinho, "Ensaio e Crônica". Jornal do Brasil, Rio de Janeiro, 7 ago. 1960, p. 8.
[16] Marie-Ève Thérenty, La Littérature au Quotidien: Poétiques Journalistiques au XIX Siècle. Paris, Éditions du Seuil, 2007, p. 241.

Antes de prosseguir, uma breve digressão. Não estamos afirmando aqui que a variação nacional de um gênero não possa representar o rompimento com aquele ao qual, supostamente, estaria filiada genericamente, o que, nesse caso, não corresponderia evidentemente a uma variação, mas a um gênero novo. Diderot,[17] extasiado com a leitura das obras de Samuel Richardson, chegou a questionar a pertinência do termo "romance" para designá-las, já que não se assemelhavam aos relatos "quiméricos e frívolos"[18] que até então recebiam essa rubrica, o que o levou a indagar da necessidade de outro nome para aquilo que ele julgava ser absoluta novidade. Brito Broca reflete sobre a crônica de modo semelhante: "o destino da crônica na França é geralmente morrer nos jornais e nas revistas. No Brasil, apesar da influência francesa, sempre se verificou tendência contrária, e agora mais do que outrora; porque estamos criando uma nova forma de crônica (ou dando erradamente esse rótulo a um gênero novo) que nunca medrou na França".[19] Tudo isso é válido, e é bem provável que Diderot estivesse em sua época testemunhando o nascimento de um gênero inédito, mas não acreditamos que algo semelhante tenha ocorrido com a crônica durante a sua trajetória no Brasil. É o que tentaremos demonstrar a seguir.

Em texto amplamente citado pelos estudiosos do tema, publicado originalmente em 1980, na famosa coleção didática "Para Gostar de Ler", Antonio

---

[17] Denis Diderot, "Elogio a Richardson". In: *Obras II: Estética, Poética e Contos*. São Paulo, Perspectiva, 2000.
[18] Ibidem, p. 16.
[19] Brito Broca, "Crônica na Atualidade Literária Francesa". *O Estado de S. Paulo*, São Paulo, 13 set. 1958, p. 1.

Candido[20] escreve que "no Brasil ela [a crônica] tem uma boa história, e *até se poderia dizer* que sob vários aspectos é um gênero brasileiro, pela naturalidade com que se aclimatou aqui e a originalidade com que aqui se desenvolveu".[21] Nesse primeiro momento, como se pode perceber pela expressão por nós grifada, Candido apenas cogita a possibilidade de nacionalidade do gênero; contudo, mais adiante, a despeito da imprecisão temporal, a afirmação é mais categórica: "acho que foi no decênio de 1930 que a crônica moderna se consolidou no Brasil, como gênero bem nosso, cultivado por um número crescente de escritores e jornalistas, com os seus rotineiros e os seus mestres".[22]

Mais de uma década depois, em livro dedicado unicamente ao gênero, Bender e Laurito[23] formulam algo semelhante: "No momento em que a imprensa brasileira se afirmou, os folhetins da França nela se aclimataram, floresceram e encontraram uma feição de tal maneira própria, que fez muitos críticos contemporâneos afirmarem que a crônica é um fenômeno literário brasileiro".[24] Como se observa, trata-se de mera remissão generalizada à historiografia literária, na qual textos e críticos não são sequer nomeados, o que apenas comprova o lugar-comum da assertiva. Além disso, tanto Candido quanto Bender e Laurito aludem a uma matriz europeia que não pode ser

---

[20] Antonio Candido, "Ao Rés do Chão". *Recortes*. São Paulo, Companhia das Letras, 1993.
[21] Ibidem, p. 15 (grifo nosso).
[22] Ibidem, p. 26.
[23] Flora Bender e Ilka Laurito, *Crônica: História, Teoria e Prática*. São Paulo, Scipione, 1993.
[24] Ibidem, p. 28.

ignorada quando empregam o mesmo verbo "aclimatar", sugerindo o bom acolhimento, em solo cultural brasileiro, da forma discursiva originalmente francesa. Nesse sentido, o que os autores sugerem, principalmente Candido,[25] é que, a partir de determinado momento histórico, a crônica apresentou características peculiares que a diferenciaria não só dos modelos europeus contemporâneos como, também, das realizações oitocentistas, delineando aquilo que passou a ser chamado de "moderna crônica brasileira".[26] Sob esse prisma, Roncari[27] coloca a questão da seguinte maneira:

> Quando se fala na crônica literária como um gênero tipicamente brasileiro, não é devido a sua origem. Foi copiada da imprensa francesa e, no começo, fez como o romance e a poesia, imitou o que se fazia lá ou, pelo menos, os parâmetros eram dados pelos modelos europeus. O que não tem nada de mau, nem de bom, necessariamente. Só que a crônica teve mais dificuldades para manter esse contato com suas congêneres europeias. Raramente se levanta a questão da influência na crônica, de autor ou escola externa sobre determinado autor nacional. Quem teria influenciado Ponte Preta, Nelson Rodrigues ou Mário de Andrade? Parece que só por isso é considerada um gênero mais brasileiro, por estar mais atenta ao cenário linguístico interno, que às novas propostas literárias europeias.[28]

---

[25] Antonio Candido, op. cit.
[26] Ibidem, p. 26.
[27] Luiz Roncari, "A Crônica: Duas ou Três Coisas que Penso Dela". Caderno Folhetim da *Folha de S.Paulo*, São Paulo, 9 jan. 1983.
[28] Ibidem, p. 9.

Como o imigrante que perdeu definitivamente contato com a sua cultura de origem, estabelecendo a partir de então uma trajetória de vida desvinculada daquela que seria traçada pelos seus compatriotas em sua terra natal, e que poderia ser a dele mesmo, se ainda vivesse lá, a crônica, no Brasil, seguiu seu curso à revelia do desenvolvimento do contexto original europeu, restando-lhe apenas reagir a demandas preponderantemente nacionais. Nesses termos, a questão da nacionalidade da crônica é reforçada por perspectiva histórica mais propriamente diacrônica, que nos remete menos às influências externas do que internas: se a crônica brasileira não se nutriu do constante convívio com o que se produziu lá fora, ela acabou por manter uma linha evolutiva voltada para a sua própria trajetória de tal maneira que a pergunta de quem teria influenciado Ponte Preta, Nelson Rodrigues ou Mário de Andrade poderia muito bem ser respondida com os nomes de França Júnior, Machado de Assis ou João do Rio. Isso significa dizer, então, que desde o início a crônica teria sido genuinamente nacional, fruto do fenômeno de obnubilação que, para alguns críticos, envolveria todo o processo de nascimento da própria identidade brasileira e, consequentemente, da literatura que lhe corresponde?[29] A nosso ver, significa, na verdade, que devemos retornar ao ponto de partida, ao contexto oitocentista da crônica, no qual é

---

[29] Utilizamos o conceito de obnubilação tal como definido por Araripe Junior. Trata-se de um fenômeno de transformação cultural que teria ocorrido nos primeiros séculos do Brasil colônia por meio do qual "portugueses, franceses, espanhóis, apenas saltavam no Brasil e internavam-se, perdendo de vista as suas pinaças e caravelas, esqueciam as origens respectivas" (Araripe Junior, *Obra crítica de Araripe Junior*. Rio de Janeiro, MEC/Casa de Rui Barbosa, 1960, vol. 2, p. 407).

possível perceber que a atenção ao "cenário interno", em quase todos os níveis sociais e não só o linguístico, é elemento constitutivo do gênero.

Antes de realizarmos o retorno, cumpre ressalvar que deliberadamente não o faremos até o século XVI, como propõem alguns especialistas no tema, imbuídos da concepção de que a "Carta" de Pero Vaz de Caminha corresponderia à primeira manifestação da crônica no Brasil. A razão de nossa discordância é bem simples: a Carta não pertence efetivamente ao gênero, nem se a encarássemos do ponto de vista dos relatos historiográficos tal como os praticados por Afonso Cerveira, Gomes de Zurara ou Fernão Lopes, também conhecidos pela mesma designação de crônica. Como assinala Jaime Cortesão,[30] o texto de Caminha, escrivão da armada de Pedro Álvares Cabral, é uma "carta-diário" que se vincula "a um gênero, o mais vivo, próprio e original da literatura portuguesa: as narrativas de viagem".[31] Assim, contra a ideia de que Caminha teria estabelecido "o princípio básico da *crônica*: o registro do circunstancial"[32] ou a de que Caminha, antecipando moderna acepção do gênero, "é o cronista do cotidiano do descobrimento, ou seja, do 'hoje' de 1500",[33] segue a precisa observação de Cortesão:[34] "como era lógico os escrivães apontavam essas notas progressivamente e dia a dia, ao sabor dos acontecimentos. Daí os livros ou relações

---

[30] Jaime Cortesão, *A Carta de Pero Vaz de Caminha*. Lisboa, INCM, 1994.
[31] Ibidem, p. 15.
[32] Jorge de Sá, *A Crônica*. São Paulo, Ática, 2001, p. 6 (grifo do autor).
[33] Flora Bender e Ilka Laurito, op. cit., p. 12.
[34] Jaime Cortesão, op. cit.

dos escrivães tomarem a forma de diários, ainda que sem continuidade inalterada".[35] Acrescenta o historiador português, associando a Carta ao que ele chama de "padrão dos diários de bordo": "quando Caminha escrevia a sua carta em Porto Seguro, havia mais de meio século que os escrivães portugueses exercitavam e afinavam a arte de registrar os fatos de maior relevo da viagem".[36] Desse modo, em vez de prenunciar, quatro séculos antes, um gênero dos primórdios da indústria cultural, a "Carta" parece contribuir para a afirmação e consolidação de outro, surgido algumas décadas antes e que, se sobreviveu até o século XIX, deve-se ao que dele permaneceu nas narrativas não só de escrivães de armada, mas, principalmente, nas dos viajantes naturalistas.

Feita a ressalva, voltemos ao século XIX.

De imediato, e adotando o vocabulário dos próprios folhetinistas, podemos assinalar que a concepção da nacionalidade do gênero não vinha sendo postulada desde o início do processo de "aclimatação"; ao contrário, como acontecem a determinadas plantas que não se adaptam às bruscas variações climáticas, a crônica parecia fadada ao fracasso em latitudes tropicais. É o que se depreende de outro texto clássico, agora de um dos mais importantes cronistas brasileiros, Machado de Assis.

No limiar da carreira, em série intitulada "Aquarelas", publicada na revista *O Espelho*, em 1859, Machado descreve tipos da sociedade brasileira como o "fanqueiro literário", o "parasita de mesa"

---

[35] Ibidem, p. 16.
[36] Ibidem.

e "literário", o "empregado público aposentado" e, por fim, o "folhetinista". Esses "retratos à pena" se aproximam do humor costumbrista praticado por Lopes Gama, no periódico *O Carapuceiro*, sem, contudo, a correção de costumes através do riso – o *"ridendo castigat mores"*[37] – que norteia os textos do padre pernambucano. Pelo menos é o que podemos pensar a partir do próprio Machado de Assis (1859) quando ele afirma que a série não é "sátira em prosa",[38] uma vez que ele "não [faz] mais que reproduzir em aquarelas as formas grotescas e *sui generis* do tipo"[39] ou, então, quando finaliza o segundo texto, "O parasita", omitindo ao leitor os meios de se extinguir essa praga social: "reproduzo, não moralizo".[40] Todavia, o autor parece contrariar a suposta ausência de efeito satírico no conjunto da série e de finalidade moral, nesse caso, no momento em que descreve o último deles. A figura que aparece no retrato apresenta o folhetinista como "uma das plantas europeias que dificilmente se tem aclimatado entre nós".[41] O resultado da inadaptação não poderia ser outro: "força é dizê--lo: a cor nacional, em raríssimas exceções, tem tomado o folhetinista entre nós. Escrever folhetim e ficar brasileiro é na verdade difícil".[42] Vale recordar que, em 1859, a produção folhetinesca no Brasil já

---

[37] *O Carapuceiro: Periódico Sempre Moral, e* per Accidens *Político*. Recife, Tipografia Fidedigna de J. N. Mello, 23 dez. 1837.
[38] *O Espelho: Revista Semanal de Literatura, Modas, Indústria e Artes*. Rio de Janeiro, Tipografia de F. P. Brito, 11 set. 1859.
[39] Ibidem.
[40] Ibidem, 9 out. 1859.
[41] Ibidem, 30 out. 1859.
[42] Ibidem.

contava com figuras destacadas no meio intelectual como Justiniano José da Rocha, Francisco Otaviano e José de Alencar. Como Machado não relaciona nomes, não dá para sabermos se os ilustres predecessores estariam na lista das "raríssimas exceções". Na sequência do texto, arremata o quadro com tintas morais: "Entretanto como todas as dificuldades se aplanam, ele [o folhetinista] bem podia tomar mais cor local, mais feição americana. Faria assim menos mal à independência do espírito nacional, tão preso a essas imitações, a esses arremedos, a esse suicídio de originalidade e iniciativa".[43] O que decorre da pintura não é apenas a reprodução do tipo, mas certa proposta pouco definida de nacionalização do gênero.

Para os nossos propósitos, não cabe discutir de que maneira a recomendação machadiana em 1859 repercutiria o projeto romântico de formação da literatura nacional, até mesmo do ponto de vista de suas atribuições morais; o interesse aqui recai sobre aquilo do qual a proposta é sintoma, e que o texto de Machado assinala peremptoriamente: o folhetinista e o folhetim são plantas de outro hemisfério. Nesse sentido, ao "tomar mais cor local", ao adquirir "feição americana", o folhetim ou crônica não se tornaria gênero, como se não fosse um, apenas ganharia, para empregar a metáfora machadiana, colorido local. Trata-se, assim, de nacionalizar o gênero e não de comprovar a nacionalidade brasileira do mesmo.

Não seria esse fenômeno de nacionalização, apenas preceituado por Machado, que acabaria sendo

---

[43] Ibidem.

interpretado pela crítica posterior como expressão da nacionalidade do gênero, como sustenta Castello,[44] ao reportar-se às "qualidades literárias" originais que levariam à consagração da crônica, no século XX, ao patamar de "gênero literário brasileiro, confirmando a proposta implícita nos comentários de Machado de Assis"?[45]

Os que defendem a tese da brasilidade da crônica o fazem em perspectiva histórica, afinal remetem a determinada configuração moderna do gênero, mesmo quando aceitam a precedência francesa do folhetim. Retomando a fortuna crítica até aqui analisada, podemos dizer que o texto de Roncari é o que mais se aproxima do nosso entendimento da questão, sobretudo se confrontado com as asserções machadianas, desde que desconsideremos dois fundamentos explicativos apresentados por esses autores. No primeiro, a perda de contato com a matriz europeia – até porque, a contar pelos nossos próprios cronistas, a distância não seria tão grande assim: Luís Martins, como vimos, apontava semelhanças de sua escrita com a de Alain; José Carlos Oliveira[46] alinhava o seu trabalho aos "Actuelles", de Albert Camus, e aos "Pretextes", de André Gide, sem contar a menção que faz às crônicas de Robert Escarpit em *Le Monde*.[47] Já no segundo, o substrato nacionalista. Assim, o suposto afastamento e a nacionalização são apenas efeitos

---

[44] José Aderaldo Castello, *A Literatura Brasileira: Origens e Unidade (1500-1960)*. São Paulo, Edusp, 1999.
[45] Ibidem, p. 255.
[46] José Carlos Oliveira, "Declaração de Honestidade". *Jornal do Brasil*, Rio de Janeiro, 26 jul. 1963.
[47] Gilse Campos, "O Território Livre da Crônica". *Jornal do Brasil*, Rio de Janeiro, 18 ago. 1973, p. 43.

interpretativos de um processo que é, a nosso ver, estrutural, de configuração do gênero, isto é, a crônica, como forma gerada e gerida no interior das páginas dos periódicos, depende da adesão ao cotidiano do qual ela é relato ou comentário, proximidade sem a qual ela não encontra condições mínimas de realização – veremos mais adiante que a adesão é o que, em geral, veda ao gênero o seu ingresso no mundo literário. É claro que essa aderência pode variar de intensidade, emprestando à crônica mais ou menos autonomia discursiva – o que se percebe, por exemplo, na diferença entre a produção machadiana e a de seus imediatos antecessores – principalmente se comparada com as que são perceptíveis em outros gêneros divulgados pelos jornais (artigo, coluna, resenha etc.); no entanto, na medida em que se torna mais próxima desse cotidiano, a crônica vai se formalizando dentro de um quadro de referências ao mesmo tempo jornalístico e cultural – daí ter sido possível a Rónai afirmar, mesmo que precipitadamente, a genealogia carioca do gênero.

Assim, não é que a crônica seja brasileira em sua origem ou que se tornou nacional com o passar dos anos; a atenção que ela dedica à conjuntura interna, local ou nacional, e que, para a maioria dos críticos aqui apresentados, só se manifestaria na formulação moderna da crônica, é a condição *sine qua non* de sua existência, correspondendo, assim, à sua própria funcionalidade, e como tal válida em qualquer latitude cultural. Como assinala Roberto DaMatta, valendo-se de seu personagem brasilianista, "quando dizem que a crônica é uma invenção brasileira, eu vejo meu amigo americano, Richard Moneygrand, me garantindo que a pizza foi inventada em Chicago"[48] e, acrescentemos, o futebol no Brasil.

Crônica, gênero menor?

Pensemos a questão acima a partir da ponderação de Afrânio Coutinho,[49] que identifica o descaso da crítica para com a crônica: "tão característica é a intimidade do gênero com seu veículo natural que muitos críticos se recusam a ver na crônica, a despeito da voga de que desfruta, algo durável e permanente, considerando-a uma arte menor".[50] Como Coutinho percebe, o motivo para o gesto desqualificativo não estaria na avaliação do mérito textual, mas, sim, nas características específicas do próprio jornal, sobretudo naquelas relacionadas à transitoriedade do meio e no seu vínculo com os modos industriais de produção. A comparação com outros gêneros torna-se, então, inevitável, e à minoridade da crônica contrapõe-se de imediato a maioridade de outros gêneros (poesia, dramaturgia, romance, etc.). Como indaga Costa Lima,[51] perto do papel exercido pelo romance no estabelecimento do nacionalismo moderno, "que função social terá tido o seu primo pobre, a crônica?";[52] e como nos lembra Candido,[53] ninguém "pensaria em atribuir o Prêmio Nobel a um cronista,

---

[48] *O Globo*. Rio de Janeiro, Organizações Globo, 29 jun. 2011.
[49] Afrânio Coutinho, "Ensaio e Crônica". In: *A Literatura no Brasil*. Rio de Janeiro, José Olympio; Niterói, Eduff, 1986, vol. 6.
[50] Ibidem, p. 123.
[51] Luiz Costa Lima, "Machado: Mestre de Capoeira". In: *Intervenções*. São Paulo, Edusp, 2002.
[52] Ibidem, p. 327.
[53] Antonio Candido, op. cit.

por melhor que ele fosse",⁵⁴ donde se conclui tratar-se de gênero menor.

Entretanto, confrontar, por exemplo, a crônica com o romance pode ser revelador de certa proximidade formal, sobretudo quando destacamos a modalidade seriada de romances, aquela que se consagrou nos jornais oitocentistas, sob a rubrica de romance--folhetim. É claro que se pode argumentar que o romance, ao contrário da crônica, não é um gênero jornalístico, que sua história, ainda que tenha surgido de condições semelhantes às que deram origem ao jornal, não coincide com a deste, e que, na verdade, são percursos históricos que só se aproximam no século XIX. No entanto, quando esse cruzamento ocorre, o romance passa a incorporar características do meio através do qual se torna público a determinada comunidade de leitores e, a partir daí, muito do que se produziu durante esse período foi elaborado tendo em vista o modo como seria publicado, se em fatias ou na forma acabada do livro.

Ainda assim, caberia o argumento de que, exatamente por isso, por conta desse modelo industrial de produção, quase todos os romances impressos sob essas condições seriam, literariamente falando, inferiores, o que poderia ser atestado pelos autores que não sobreviveram ao julgamento da posteridade, como os, à época, popularíssimos Eugène Sue, Xavier de Montépin e Ponson du Terrail ou, no caso brasileiro, Teixeira e Sousa, Joaquim Manuel de Macedo – considerando, aqui, determinada parcela de sua obra só recentemente revalorizada, como *A Carteira do*

---

⁵⁴ Ibidem, p. 23.

Meu Tio ou *Memórias do Sobrinho de Meu Tio* –, e Luís Guimarães Júnior. Em contrapartida, o que dizer então dos que se mantiveram vivos, mesmo tendo redigido várias de suas narrativas diretamente para serem estampadas em periódicos, inclusive diários, como Balzac, Flaubert, em especial *Madame Bovary*, Manuel Antônio de Almeida, cujo único romance, *Memórias de um Sargento de Milícias*, saiu semanalmente no *Correio Mercantil*, Alencar, com destaque para *O Guarani*, e Machado de Assis que, dos nove romances por ele escritos cinco saíram primeiramente em periódicos, entre os quais *Memórias Póstumas de Brás Cubas* e *Quincas Borba*? Nesse sentido, muito do que diz respeito à contribuição do romance ao imaginário social oitocentista passa pelo circuito comunicativo dos periódicos, inclusive do ponto de vista dos nacionalismos, e, nesse trânsito, acaba interagindo com o universo da crônica.

De certa maneira, os próprios escritores, ao se posicionarem sobre o trabalho de cronista, acabam dando margem a interpretações depreciativas do gênero. Elsie Lessa que, de 1952 a 2000, se dedicou a escrever crônicas para *O Globo*, declarava, em 1973, que "a crônica para mim, que estreei em contos, em 1943, foi escolha e mercado. É a mercadoria mais vendável, mais fácil de ser colocada. [...] Tudo o que eu escrevi, até hoje, foi publicado. Sempre tive essa mentalidade profissional. Só escrevi para ganhar".[55] Se, de um lado, a crônica representaria a viabilidade mercadológica do exercício profissional da escrita, de outro, ela é considerada o modelo de um texto de fácil

---

[55] Gilse Campos, op. cit., p. 43.

leitura, razão pela qual "sempre teve tantos leitores", como pondera Paulo Mendes Campos, "e, hoje, uma parte dos leitores evoluiu, já procura o romance, a poesia, enquanto a outra parte deixou de se interessar pela crônica, preferindo a televisão e outros meios de comunicação mais fáceis".[56] Nesse sentido, a crônica ocuparia a última posição no segmento literário da cadeia classificatória dos meios de comunicação, na qual o outro segmento corresponderia às formas audiovisuais, onde a televisão, segundo essa perspectiva, estaria na posição final da cadeia inteira, quer dizer, na situação que até então era o lugar da crônica.

Há, ainda, os cronistas que sustentam o caráter evasivo da crônica, a sua capacidade de aliviar o leitor das preocupações diárias. Em 1836, Justiniano José da Rocha já chamava a atenção para esse efeito, embora não se remetendo diretamente à crônica, quando aludia ao *feuilleton*, seção que acabara de inaugurar no seu jornal *O Cronista*, como o espaço que se prestaria ao leitor como "sobremesa a vosso banquete de leitura".[57] José Carlos Oliveira dirá, quase 140 anos depois, que a "crônica é a respiração do jornal. É o lugar pra você dar uma descansada na cuca".[58] Entre um e outro, Mário de Andrade[59] expressará algo semelhante, embora do ponto de vista mais pessoal, na advertência com que abre o volume, publicado em 1943, no qual reuniu parte de sua produção jornalística: "no

---

[56] Ibidem.
[57] *O Cronista*. Rio de Janeiro, Tipografia Comercial de Silva e Irmão, 5 out. 1836.
[58] Gilse Campos, op. cit., p. 43.
[59] Mário de Andrade, *Os Filhos da Candinha*. Rio de Janeiro, Agir, 2008.

meio da minha literatura, sempre tão intencional, a crônica era um *sueto*, válvula verdadeira por onde eu me desfatigava de mim. Também é certo que jamais lhe dei maior interesse que o momento breve em que, com ela, brincava de escrever".[60] Desanuviar o cronista, o leitor ou os dois ao mesmo tempo tem sido, para alguns, a funcionalidade da crônica, ou seja, em situação intervalar, apenas acessória aos cronistas e ao jornal, a crônica termina por se converter em estância obrigatória para o descanso dos assuntos graves e importantes do dia a dia de que se ocupam as outras seções do periódico, limitando, assim, o seu alcance, donde o veredito de sua minoridade.

Voltando ao texto de Afrânio Coutinho, poderíamos nos perguntar sobre o significado da expressão "arte menor". De fato, o emprego do epíteto implica a desqualificação do gênero na medida em que minimiza a sua abrangência social motivado pelos condicionamentos do veículo de difusão, sempre associados aos modos industrial e mercadológico de produção, consequentemente encarados como empecilhos para qualquer tipo de criação mais elevada, sublime, como trataremos logo adiante. Todavia, é possível analisar a questão sobre outro prisma, procurando entender a designação "menor" fora do escalonamento hierárquico que não deixa de ser o modo através do qual o adjetivo é quase sempre empregado para diferenciar gêneros artísticos em geral.

Consideraremos dois exemplos, um de procedência literária e outro da técnica musical. Comecemos pelo último.

---

[60] Ibidem, p. 27.

Na música, fazem parte de seu vocabulário técnico as expressões "maior" e "menor", ora para designar intervalos componentes de escalas, ora para especificar o modo escalar que prevalece em peças musicais criadas a partir do sistema harmônico tonal. Em relação ao primeiro caso, diz-se que um intervalo é maior ou menor se, entre as notas consideradas, houver certa configuração estabelecida pelo número de tons e semitons que a compõe.[61] Na escala de dó maior, por exemplo, o intervalo entre o primeiro grau, dó, e o segundo, ré, é de "segunda maior", ou seja, um tom inteiro. Se o intervalo fosse entre dó e ré bemol, haveria o encurtamento da distância entre os graus para a metade, isto é, meio-tom ou um semitom, devendo, então, ser nomeado como "segunda menor". No caso da tonalidade, cujo fundamento é a percepção da forma musical estabelecida pelo jogo harmônico entre notas e acordes em face de um núcleo central escalar conhecido como tônica (primeiro grau), o fenômeno é semelhante: a peça musical estará assentada em uma tonalidade maior ou menor de acordo com o modo escalar predominante, maior ou menor, que lhe serve de base. Ao lermos o seguinte título de uma das criações de Johann Sebastian Bach, "Concerto para Cravo nº 1 em Ré Menor, BWV 1052", entende-se o "ré menor" como remissão à tonalidade que serve de princípio estruturador da peça, segundo a escala cuja tônica é a nota "ré", e o designativo "menor" aludindo à funcionalidade do intervalo entre a tônica e o terceiro grau da escala, a nota "fá", que é um intervalo de terça menor (um tom e um semitom).

---

[61] Evidentemente, a nomenclatura dos intervalos é mais extensa, comportando termos como justa, diminuta, aumentada, etc.

Deixemos em suspenso o exemplo acima e passemos ao literário.

"Arte maior" e "arte menor" são sintagmas utilizados na poética tradicional para a classificação dos metros: enquanto o segundo assinala os versos de até sete sílabas métricas, onde não há a exigência de acentos fortes em posições determinadas, com exceção da tônica da última palavra, o primeiro nomeia os versos de oito ou mais sílabas, compostos da combinação de versos de arte menor, organizados em duas metades (hemistíquios), exigindo, assim, uma distribuição mais rígida dos acentos – em geral, nas realizações poéticas de arte maior, consagraram-se os metros de onze e doze sílabas, com cesura na quinta e na sexta, respectivamente.

Confrontando os dois exemplos acima, constata-se que tanto na técnica musical quanto na versificação os designativos maior e menor não são empregados em sentido qualificativo, mas, sim, quantitativo, uma vez que estabelecem medidas para os intervalos sonoros ou para as extensões dos versos. No caso da versificação, esse sentido fica ainda mais evidente, pois não se restringe à nomenclatura; indica, também, um procedimento técnico para construção de versos, como aparece expressado pelo vocábulo "arte". Por sua vez, nas reflexões sobre gêneros literários, o significado é, em geral, qualitativo, baseado em velada transcendência que nos faz relembrar definições como a de Freire de Carvalho[62] da "impressão do sublime", a que produz no homem "uma espécie de dilatação no seu

---

[62] Francisco Freire de Carvalho, "Breve Ensaio sobre a Crítica Literária". In: *Lições Elementares de Poética Nacional*. Lisboa, Tipografia Rollandiana, 1851.

interior, levanta-lhe a alma acima da sua situação ordinária, e a enche de um sentimento de admiração e de assombro inexplicável".[63] Definição que não se restringe apenas ao círculo retórico luso-brasileiro, pois, como adverte o próprio Freire de Carvalho, seu texto é compilação da obra do escocês Hugh Blair, e nem aos retores, como discutiremos mais à frente, na leitura dos textos de Pereira da Silva. Como a crônica não tem por finalidade tratar dos objetos ou sentimentos que são capazes de produzir tamanha impressão, logo, só lhe resta, de acordo com essa perspectiva, o qualificativo menor. Curiosamente, o tema da sublimidade nos remete de imediato à última assertiva, a da crônica como gênero literário.

Antes, contudo, de passar ao item seguinte, cumpre ainda levantar um aspecto que se coaduna com os dois exemplos apresentados da teoria musical e da versificação. Em entrevista concedida à revista francesa *Magazine Littéraire*, Jorge Luis Borges, respondendo à pergunta sobre se o motivo que o levara à adoção de pseudônimos em suas narrativas policiais estava relacionado ao fato desses textos pertencerem a um gênero menor, diz:

> Acho que a palavra "menor" é mal empregada [...].
> Deveríamos falar de poesia menor como falamos de poesia lírica, ou de poesia dramática. É um gênero de poesia, e talvez um gênero mais difícil do que os outros. Posso escrever uma epopeia, que pode ser muito importante, muito significativa, e que fará parte das histórias da literatura sem que, para isso,

---

[63] Ibidem, p. 35.

se exija dela a perfeição. Mas se escrevo quatro linhas de poesia menor, ela deve ser muito bem-feita, exige-se perfeição para que exista. É mais ou menos como um trocadilho, ou é bom ou não existe.[64]

Para um escritor que se notabilizou na literatura do Ocidente como autor de contos, Borges entende perfeitamente o caráter quantitativo dos gêneros e, principalmente, o quanto as diferentes medidas não afetam a excelência técnica do texto que, na verdade, depende muito mais da destreza autoral, válida para qualquer gênero, do que da extensão textual.

Mesmo Afrânio Coutinho,[65] no afã de salvar a crônica do descaso a que ficou relegada, interpreta, qualitativamente, a nosso ver de modo equivocado, o nome da seção de rodapé, "Páginas Menores", criada por Francisco Otaviano para o *Correio Mercantil*, em 1854: "título que trai certo complexo de inferioridade, ainda subsistente em nossos dias com relação ao gênero".[66] E prossegue, indagando: "Por que 'menores' as páginas que ambos [Otaviano e Manuel Antônio de Almeida] escreveram naquela seção? Por serem circunstanciais? Por estarem destinadas a produzirem efeito transitório? Por serem escritas apressadamente?".[67] Não seria demais recordar que a circunstancialidade, a transitoriedade e a velocidade exigidas pelo trabalho jornalístico são condições específicas da imprensa diária como um

---

[64] Apud Silvia Helena Simões Borelli, *Ação, Suspense, Emoção: Literatura e Cultura de Massa no Brasil*. São Paulo, Educ/Estação Liberdade, 1996, p. 50-51.
[65] Afrânio Coutinho, "Ensaio e Crônica", op. cit.
[66] Ibidem, p. 124.
[67] Ibidem.

todo e, sem dúvida, se impõem muito mais àqueles que produzem diariamente para outras seções do jornal (notícia, editorial, artigo, etc.) do que aos que publicam a cada semana, como é caso dos que redigiam as "Páginas Menores", situação que os deixava um pouco mais confortáveis na hora de exercer o ofício de cronista.

Entretanto, pode ser, também, que a indagação de Coutinho parta da premissa de que Otaviano não esteja comparando gêneros no interior da imprensa periódica, mas, sim, na esfera literária, e aí a minoridade seria estabelecida no confronto entre a crônica com a grande literatura da tradição ocidental. O próprio Otaviano parece corroborar a interpretação de Coutinho quando, no texto que inaugura a seção em 9 de julho de 1854, associa as "Páginas Menores" à "necessidade de literatura fácil e corrente para uso de todos e a propósito de tudo, que é característica de nosso tempo".[68] Seria, então, o epíteto "fácil" atributo de inferioridade, logo endosso do sentido expresso pelo título? Aceitar essa interpretação seria desconsiderar o alcance do gênero cuja pretensão é fornecer ao leitor "a revista dos teatros, a crítica dos livros e os escritos recentes, e vários artigos sobre as belas letras e as belas artes, além do retrospecto político e industrial",[69] em suma, tratar, em pé de igualdade, qualquer assunto que fosse de interesse público, inclusive a literatura. "Fácil", na verdade, é o estilo que deve dizer tudo "em poucas palavras, mas com fidelidade [...], com vivacidade, a todas as inteligências", o que segundo

---

[68] *Correio Mercantil*. Rio de Janeiro, Tipografia do Correio, 9 jul. 1854.
[69] Ibidem.

Otaviano é "a condição essencial, o mérito indispensável nos escritores de revistas semanais".[70]

Além disso, Otaviano,[71] que já havia elaborado outro rodapé dois anos antes para o *Jornal do Commércio*, intitulado "A Semana", que analisaremos mais à frente, estava à procura de "um título novo para uma coisa antiga".[72] Ou seja, se a "coisa antiga" à qual alude Otaviano é a série anterior ou mesmo as revistas semanais como um todo, o adjetivo "menor" atribuído à "página" remete à medida de um espaço determinado no rodapé do jornal que ocupava, nos mais importantes diários da época, aproximadamente a quarta parte da página inteira. Nesse sentido, a designação "Páginas Menores" corresponderia à versão quase literal do vocábulo francês *feuilleton* – "folhazinha", como sugeriu, em 1836, Justiniano José da Rocha, especulando sobre as possíveis traduções do termo: assim como sucedeu na matriz francesa, o sintagma assinala o espaço reduzido na página e, ao mesmo tempo, destacável em sua disposição horizontal, o que lhe conferia certo grau de autonomia, como se fosse um pequeno jornal no interior de outro, de certo modo preconizando o que hoje se entende por caderno cultural, como o "Suplemento Literário" da *Folha da Manhã* e de *O Estado de S. Paulo*, o "Suplemento Dominical" do *Jornal do Brasil*, ao qual daremos maior ênfase logo a seguir, e o "Folhetim" da *Folha de S. Paulo*, o primeiro iniciado na década de 1940, o segundo e o terceiro na de 1950, e o último na de 1980.

---

[70] Ibidem.
[71] Ibidem.
[72] Ibidem.

Resumindo, a aplicação do termo menor serve para qualificar a crônica como nos sugere Borges em relação a determinada forma de poesia: gênero breve, curto.

Crônica, gênero literário?

Há críticos para quem a interrogação acima não precisaria nem ser formulada. Um tipo de texto redigido "ao correr da pena" para ser lido "ao correr dos olhos" em suporte efêmero, tratando de variedade quase infinita de assuntos, e assuntos muitas vezes miúdos do dia a dia, não teria vez no panteão dos grandes gêneros literários. No entanto, na medida em que tais escritos se mantivessem em seu território de origem, não haveria razão para o questionamento, uma vez que eles despareceriam com a velocidade com que foram escritos, impressos e lidos. O problema da literariedade do gênero vem à tona quando a crônica ganha forma de livro.

Em artigo estampado na seção "Literatura" do Caderno B do *Jornal do Brasil* de 7 de agosto de 1963, "A Crônica É o Limite", Francisco de Assis Almeida Brasil reage contrariado à "enxurrada de livros de crônica publicada ultimamente", segundo ele, um "mau sinal para literatura brasileira", já que, por um lado, converte o escritor de talento, entregue ao percurso fácil e lucrativo, em "cronista leviano, superficial e romântico", e, por outro, explicita certa atividade editorial perniciosa, na qual gatos são vendidos no lugar de lebres, "crônica jornalística como literatura".[73] Para o crítico, a situação é ainda mais grave, pois editoras

---

[73] *Jornal do Brasil*. Rio de Janeiro, 7 ago. 1963.

estavam sendo criadas para tal fim e, com elas, uma espécie de vida literária mundana onde qualquer idiossincrasia do autor se tornava tema de crônica. Assis Brasil não salva nem a decantada poeticidade de alguns exemplares do gênero que "não passa de um lirismo choramingas completamente ultrapassado", daí ser o cronista o "beletrista moderno",[74] sob esse aspecto, um tipo de escritor fora do lugar na literatura e no jornalismo contemporâneos – por sinal, avaliação muito próxima àquela defendida por Nelson Werneck Sodré sete anos antes em artigo estampado no jornal *Última Hora*, sintomaticamente intitulado "Decadência da Crônica": "Tudo aquilo que convencionamos aceitar como literário representa, na imprensa, o resíduo provinciano. Substituída, pouco a pouco, pela reportagem, incompatibilizada com o sentido de atualidade que o jornal não pode dispensar, a crônica descambou para uma falsidade transparente de que não pode encontrar saída".[75]

É provável que a editora a que se remete o crítico piauiense seja a Editora do Autor, criada em 1960, por Rubem Braga, Fernando Sabino e Walter Acosta, que, além de literatura diversa, como, por exemplo, a obra de J. D. Salinger, editou coletâneas de crônicas de Manuel Bandeira, Clarice Lispector, Paulo Mendes Campos, Drummond, Rachel de Queiroz, Stanislaw Ponte Preta e, claro, dos próprios fundadores – no caso de Acosta, tratava-se de livros jurídicos. Se não estivermos equivocados quanto à remissão, Assis Brasil está se posicionando contra os mais notáveis

---

[74] Ibidem, p. 2.
[75] *Última Hora*. Rio de Janeiro, Última Hora, 14 dez. 1956.

e populares cronistas da época, inclusive contra autores que não deviam o seu reconhecimento exclusivamente ao ofício de cronista, e, sobretudo, contra o que ele julga ser exemplo típico de massificação e anacronismo literários. Nunca é demais recordar que o crítico era remanescente do famoso "Suplemento Dominical" do *Jornal do Brasil*, caderno criado em 1956 e editado por Reynaldo Jardim, tendo, assim, publicado ao lado de intelectuais como Mário Faustino, responsável pela hoje reconhecidíssima página "Poesia-experiência", Adolfo Casais Monteiro, Ferreira Gullar, Múcio Leão, entre outros. Como se sabe, o SDJB, sigla com a qual ficou conhecido o suplemento, foi, e não só no Rio de Janeiro, o principal veículo de divulgação da poesia de vanguarda, especialmente do concretismo, na virada da década de 1950 para a seguinte. Entretanto, até que ponto a perspectiva crítica do autor ajustava-se aos preceitos vanguardistas?

Fazendo um breve recuo, encontramos Assis Brasil, no SDJB de 18 de novembro de 1956, resenhando três livros de poetas novos: *Quinze Poemas*, de Lélia Coelho Frota, *Posse Prematura*, coletânea de sonetos de Yone de Sá Motta, e *Colina*, de Maria Tereza Wuillaume. Expressões como "intensa busca de originalidade expressiva", "versos que vêm do fundo" e "uma poesia fria, sem nenhum contato com a subjetividade do poeta"[76] são empregadas, respectivamente, para engrandecer as duas primeiras poetisas e desqualificar a última. Contudo, como seria possível utilizá-las, seja para elevar seja para denegrir, com o intuito de avaliar criticamente uma poética que, por

---

[76] *Jornal do Brasil*, op. cit., 18 nov. 1956.

um lado, se voltava "contra uma poesia de expressão, subjetiva e hedonística"[77] e, por outro, se pretendia "uma arte geral da linguagem. propaganda, imprensa, rádio, televisão, cinema. uma arte popular"?[78]

Mesmo após o encerramento das atividades do SDJB, e já escrevendo no Caderno B – o texto que estamos discutindo pertence a essa fase –, Assis Brasil ainda se vê às voltas com as vanguardas, resenhando positivamente o livro do concretista Edgar Braga, *Soma*, em 6 de agosto de 1963, ou noticiando a "Semana Nacional de Poesia de Vanguarda", evento que se realizaria em Belo Horizonte, na Universidade Federal de Minas Gerais, na mesma data de seu texto, 14 de agosto de 1963. Curiosamente, dias depois, em 28 do corrente, anuncia, em nota, o lançamento da mais recente obra de Carlos Heitor Cony, *Da Arte de Falar Mal*, pela Civilização Brasileira, talvez só por coincidência uma seleção de crônicas coligidas pelo autor da seção de mesmo nome no *Correio da Manhã*.

Poderíamos deduzir desse imbróglio crítico que Assis Brasil não entendeu minimamente as poéticas de vanguarda ou, o que é mais provável, tudo se deve à versatilidade de diretriz do SDJB e de seu substituto, o Caderno B, na qual diferentes vertentes críticas

---

[77] Augusto de Campos; Haroldo de Campos; Décio Pignatari, *Teoria da Poesia Concreta: Textos Críticos e Manifestos, 1950-1960*. São Paulo, Duas Cidades, 1975, p. 158.

[78] Décio Pignatari, "Nova Poesia Concreta". *Jornal do Brasil*, Rio de Janeiro, 5 mai. 1957, p. 5. Esse texto foi publicado no SDJB, na seção "Poesia-experiência", de Mário Faustino, em 5 de maio de 1957. Mantivemos o emprego das minúsculas como aparece no original. No exemplar do mesmo dia, saiu a conclusão do artigo de Haroldo de Campos, "Poesia-linguagem-comunicação", cuja primeira parte foi impressa na semana anterior.

transitavam com certa autonomia por suas páginas. Se isso pode dar conta do suposto namoro do autor com essas poéticas, não explica, todavia, a presença do volume de Cony em uma coluna cuja rubrica é "Literatura", mesmo que meramente noticiado. Como há coisas que não se elucidam por critérios exclusivamente críticos, deixemos a questão de lado e sublinhemos apenas que o vitupério de Assis Brasil pode ser mais bem entendido no contexto da polêmica que teve início com o próprio Carlos Heitor Cony e que tem na crônica o alvo principal.

Na *Tribuna da Imprensa*, de 24 de julho de 1963, Esdras do Nascimento publicava em sua coluna o depoimento de Cony, no qual ele desferia duro golpe no universo da crônica ao afirmar que não se tratava de gênero, mas de "negócio literário"[79] extremamente rendoso, razão pela qual pretendia lançar uma coletânea, o que acabaria fazendo dias depois com o aparecimento de *Da Arte de Falar Mal*. A essa altura, Cony já havia publicado cinco romances pela Civilização Brasileira, e recebido duas vezes seguidas o "Prêmio de Romance Manuel Antônio de Almeida", por *A Verdade de Cada Dia*, em 1957, e *Tijolo de Segurança*, em 1958, ou seja, era um escritor de prestígio, mesmo que recentemente conquistado, e é por essa obra de romancista que ele gostaria de ser "literariamente"[80] julgado. Assim, a crônica para Cony é distração que ele exerce "por motivos pessoais, absolutamente extraliterários".[81]

---

[79] *Tribuna da Imprensa*. Rio de Janeiro, Editora Tribuna da Imprensa, 24 jul. 1963.
[80] Ibidem.
[81] Ibidem.

A reação à entrevista de Cony veio do *Jornal do Brasil*, através do cronista do Caderno B, José Carlos Oliveira, também saído do quadro do SDJB, onde dividiu durante breve tempo a seção de cinema com José Lino Grünewald. Em 26 de julho de 1963, em sua coluna diária "O Homem e a Fábula", Oliveira estampa artigo intitulado "Declaração de Honestidade" no qual, após questionar certa esquizofrenia intelectual de Cony, no sentido do que ele julga ser a pretensão do autor de *Quase Memória* de se desdobrar em dois diferentes escritores – o autêntico romancista e o cronista embusteiro –, dispara: "mas a verdade é que há apenas escritores. Há escritores que eventualmente escrevem crônicas e há escritores que, quando fingem estar escrevendo uma crônica, estão em realidade fazendo um negócio literário".[82] Oliveira chega a levantar a hipótese, embora não a leve adiante nesse texto, de uma "conspiração contra aquilo que se convencionou chamar de cronista".[83] A hipótese acaba sendo corroborada, pois, alguns dias depois, em 8 de agosto, Oliveira encontra-se mais uma vez às voltas com os adversários da crônica, dessa vez diretamente, já que se trata de resenha ao seu mais recente livro, *Os Olhos Dourados do Ódio*, assinada por Tite de Lemos: "o tema está na ordem do dia. Há muito mosquito azucrinando a minha paciência".[84] Tite de Lemos não tinha sido, de fato, menos condescendente que Cony: "escrever uma crônica é [...] enfim o meio mais seguro de ser-se escapista em

---

[82] *Jornal do Brasil*, op. cit., 26 nov. 1963.
[83] Idem.
[84] Idem, 8 ago. 1963.

literatura".[85] Lembremos que o texto de Assis Brasil saiu treze dias após o primeiro e um dia antes do segundo texto do cronista capixaba, sem que, em nenhum momento, o debate fosse por ele mencionado, conquanto assumisse claramente posição contrária ao de seu companheiro de redação que, por sua vez, também não se manifesta em relação ao crítico piauiense.

Não é o caso de Esdras do Nascimento que, na semana seguinte à publicação do depoimento de Cony, volta ao assunto na mesma *Tribuna da Imprensa*, em texto intitulado "Cony com Razão: Crônica É Negócio". Motivado por mais um novo livro de crônicas, *Quadrante 2*, cujo primeiro volume havia sido "um dos maiores feitos editoriais do ano passado",[86] Nascimento remete ao artigo de José Carlos Oliveira, contudo, para ratificar as declarações de Cony e chamar a atenção para o "perigo de esterilização literária" decorrente da "deformação profissional"[87] de escritores que abandonam a realização de obras literariamente válidas para se dedicarem única e exclusivamente à produção de crônicas.

Embora José Carlos Oliveira saia em defesa da crônica, ele o faz muito mais da perspectiva do

---

[85] Tite de Lemos, "Os Olhos Dourados do Ódio". *Cadernos Brasileiros*. Rio de Janeiro, n. 4, jul./ago. 1963, p. 89.
[86] *Tribuna da Imprensa*, op. cit., 31 jul. 1963. Até onde pudemos apurar, o livro teve quatro edições entre 1962 e 1963. Impresso pela Editora do Autor, tratava-se de coletânea de crônicas de Carlos Drummond de Andrade, Cecília Meireles, Dinah Silveira de Queiroz, Fernando Sabino, Manuel Bandeira, Paulo Mendes Campos e Rubem Braga. Originalmente, foram produzidas para serem lidas por Paulo Autran no programa "Quadrante", da Rádio MEC, à época dirigida por Murilo Miranda.
[87] Ibidem.

comprometimento ético em face do conflito com o caráter mercadológico da profissão do que do ponto de vista da discussão da pertinência do gênero baseada na legitimidade literária que a crônica poderia alcançar quando publicada em livro, o que nos parece ser o modo de tratamento do problema tanto por Cony quanto por Assis Brasil – em Oliveira a literatura é entendida como vocação individual. Como anunciávamos no início deste item, a crônica só se torna um incômodo problema a partir do momento em que seus produtos efêmeros ganham a forma sacralizada do livro, reivindicando, assim, o estatuto de obra literária, o que, para os detratores da crônica, contradiz a própria natureza do gênero: "alguns poderão dizer que há crônicas literárias nessas coletâneas ligeiras. Está certo, mas até mesmo essas crônicas deveriam morrer com o jornal do dia onde nasceram".[88]

Para que não se pense que o debate ficou restrito ao âmbito carioca, Temístocles Linhares já chamava a atenção, em artigo para *O Estado de S. Paulo*, antes mesmo da polêmica acima, para o novo fenômeno editorial: "Continuam a aparecer mais livros de crônicas".[89] Resenhando publicações recentes de Drummond, Rubem Braga e Leo Vaz, o crítico não vai além da constatação dos limites literários do gênero. Não seria diferente anos depois, em 7 de maio de 1964, na introdução do texto sobre os mais novos lançamentos de Stanislaw Ponte Preta, Rubem Braga, Elsie Lessa e Rachel de Queiroz, quando, ao comentar o livro de João Luso, sintetiza suas ponderações sobre

---

[88] *Jornal do Brasil*, op. cit., 7 ago. 1963.
[89] *O Estado de S. Paulo*. São Paulo, O Estado de S. Paulo, 20 out. 1957.

a crônica: "[...] me pus a recordar o que tenho dito a respeito do gênero mais em moda atualmente entre nós, de sua efemeridade, de sua reduzida valia literária, de sua perda de substância na passagem do jornal ou da revista para o livro, etc.".[90]

É importante salientar que o problema editorial apontado por esses críticos vem de longe, embora sem ter desencadeado anteriormente debates como os da década de 1960. Talvez isso se deva a duas razões: a primeira pode ser creditada à escassez de livros de crônicas até então; a segunda, à ausência de pretensão literária dos autores ao publicá-los. No século XIX, Macedo[91] trouxe a lume *Um Passeio pela Cidade do Rio de Janeiro* (1862-1863), lamentando, retoricamente, a sua "inabilidade de escritor",[92] e *Memórias da Rua do Ouvidor* (1878), ambos estampados de modo seriado no *Jornal do Commércio*, embora esses textos não fossem propriamente crônicas. Em coletânea de seus textos jornalísticos, *Filigranas*,[93] Luís Guimarães Júnior, pouco indulgente com o gênero, escreve: "este livro [...] está destinado a ser o último produto da musa inconsistente, banal e caprichosa do folhetim, de tão pouco valor realmente, no erário da verdadeira literatura pátria".[94] Alencar apenas agradeceu ao organizador, José Maria Vaz Pinto Coelho, pela edição, vinte anos depois, dos seus artigos no

---

[90] Idem, 7 maio 1964.
[91] Joaquim Manuel de Macedo, *Um Passeio pela Cidade do Rio de Janeiro*. Rio de Janeiro, Garnier, 1991.
[92] Ibidem, p. 17.
[93] Luís Guimarães Júnior, *Filigranas*. Rio de Janeiro, Garnier, 1872.
[94] Ibidem, p. vii.

livro *Ao Correr da Pena*,[95] e pela oportunidade de se reencontrar "com esses filhos de minha musa inexperiente".[96] França Júnior publicou, em 1878, o volume *Folhetins*, uma coleção do que produzira na *Gazeta de Notícias*, em cuja advertência perguntava ao leitor: "Fiz bem ou mal?".[97] O próprio Machado de Assis, apesar dos mais de quarenta anos dedicados ao ofício, com mais de seiscentas crônicas publicadas, selecionou somente seis para figurarem em suas *Páginas Recolhidas* (1899). No século seguinte, João do Rio, Olavo Bilac, Coelho Neto, entre outros, também estamparam os seus textos jornalísticos em volumes – o autor de *A Conquista*, por exemplo, diz tê-lo feito como forma de assegurar a subsistência de seus "escritos efêmeros".[98]

Em face da pouca produção bibliográfica e da atitude um tanto quanto acanhada desses escritores, não havia nada que pudesse suscitar reações intempestivas da crítica literária contra a possível invasão de seu território pela horda de cronistas. Em 1930, ou seja, seis anos antes do primeiro livro de Rubem Braga, *O Conde e o Passarinho*, e trinta da polêmica aqui analisada, Alceu de Amoroso Lima,[99] também conhecido pelo pseudônimo Tristão de Ataíde, confessava sobre a crônica: "é um gênero que absolutamente não

---

[95] José Maria Vaz Pinto Coelho (org.), *Ao Correr da Pena*. São Paulo, Tipografia Alemã, 1874.
[96] Apud ibidem, op. cit., p. xlvii.
[97] José Joaquim França Júnior, *Folhetins*. Rio de Janeiro, Jacintho Ribeiro dos Santos, 1926, p. 5.
[98] Henrique Coelho Neto, *Às Quintas*. São Paulo, Martins Fontes, 2007, p. 3.
[99] Alceu de Amoroso Lima, *Estudos: Quinta Série*. Rio de Janeiro, Civilização Brasileira, 1933.

me interessa".[100] Comentando o livro de Henrique Pongetti, apresentava a seguinte justificativa, baseada na inadequação da crônica ao suporte livresco: "nas páginas de um livro, uma crônica [...] dá sempre a impressão de uma flor murcha, dessas que antigamente se guardavam nos livros, e que lembram apenas, melancolicamente, o frescor da vida que possuíram. Uma crônica num livro é como passarinho afogado. Tira a respiração e não interessa".[101] Ora, se assim é, por que se incomodar com esses livros se, ao contrário de assegurarem à crônica sobrevida literária, eles estariam tirando dela o pouco do vigor que a mantinha viva nas páginas dos periódicos?

Três décadas depois, a questão mudaria consideravelmente, pois a crônica não só havia sobrevivido como, também, teria atingido, veiculada pelo livro, um mercado consumidor até bem pouco tempo inimaginável; o próprio Tristão de Ataíde alteraria o seu foco de interesse, uma vez que escreve, em 1960, no *Diário de Notícias*, um conjunto de oito artigos versando sobre a crônica. Esse *boom* acabou chamando a atenção do setor de onde menos se esperava qualquer tipo de manifestação favorável, isto é, da crítica literária de extração acadêmica. Entenda-se a expressão não como se apenas remetesse a um tipo de produção originada no interior das faculdades de Letras. Estamos nos referindo a textos dotados de certo perfil teórico e, em alguns casos, de pretensão científica que, se encontrou no campo universitário o espaço por excelência de difusão, esteve também presente na

---

[100] Ibidem, p. 83.
[101] Ibidem.

imprensa periódica. Manejando um arsenal de conceitos de procedência europeia e norte-americana, na tentativa de superar o que se entendia por impressionismo crítico, cujo habitat era o jornal, essa crítica buscava o estabelecimento de um padrão supostamente mais rigoroso de análise textual e histórica das obras literárias.

O melhor exemplo dessa nova vertente era Afrânio Coutinho que, depois de retornar dos Estados Unidos, onde travou conhecimento do *new criticism* anglo-americano, ingressou, em 1948, no *Diário de Notícias* com a seção "Correntes Cruzadas", onde iniciou dura polêmica contra a crítica de rodapé, em especial a de Álvaro Lins. Ao mesmo tempo, ministrou cursos de teoria literária na Faculdade de Filosofia do Instituto Lafayette, um dos núcleos originais da hoje Universidade do Estado do Rio de Janeiro (UERJ), e organizou, entre 1955 e 1959, os volumes do que se tornaria um dos clássicos dos estudos literários brasileiros, *A Literatura no Brasil*. Depois se tornou, em 1962, professor do Colégio Pedro II e, mais tarde, em 1965, fundou a Faculdade de Letras da UFRJ, onde se aposentou em 1980.

Em alguns artigos de sua coluna, Coutinho[102] discorreu sobre a crônica, sempre preocupado com o rigor terminológico e conceitual. Em um desses artigos, como bom crítico de rodapé afinado com os acontecimentos mais imediatos, a reflexão teve como mote o recém-lançado volume das "finíssimas crônicas de Rubem Braga",[103] *A Cidade e a Roça*, de 1957.

---

[102] Afrânio Coutinho, *Da Crítica e da Nova Crítica*. Rio de Janeiro, Civilização Brasileira; Brasília, INL, 1975, p. 163.
[103] Ibidem, p. 163.

O início do texto não poderia ser mais promissor e o que se segue apenas o corrobora: "diante de algumas obras-primas do gênero que o nosso cronista nos oferece, mais se evidencia o que tem sido aqui afirmado: a crônica brasileira [...] é o ensaio inglês".[104] Como se pode perceber, o texto de Coutinho não é apologia da crônica, muito menos de Rubem Braga, mas uma tentativa de ajuste crítico do gênero e de sua nomenclatura. O que não deixa de ser instigante, pois, em vez de seu descarte, a crônica acaba figurando aí como objeto de um tipo de investigação pretensiosamente científica que, exatamente por isso, a despeito do acerto ou não de tal pretensão, teria contribuído para a legitimação do gênero. Por mais que volta e meia Coutinho[105] afirmasse a falência do rodapé crítico – "a crítica propende para um grau tal de especialização [...] que seu exercício não se coaduna com a imprensa diária"[106] –, é interessante ressalvar que o autor não parecia diferenciar tanto assim a sua produção difundida nos jornais daquela impressa em livro. O capítulo em *A Literatura no Brasil* que ele dedica à crônica corresponde aos mesmos artigos, reunidos e revistos, que foram publicados no *Diário de Notícias*.

Ao que tudo indica, o autor de *A Tradição Afortunada* não era o único a lidar com a crônica em pé de igualdade com os outros gêneros. Eduardo Portella assume posição semelhante, só que de modo mais assertivo, pois a sua abordagem se aproxima muito mais das realizações efetivas do gênero do que da mera tentativa de conceituá-lo.

---

[104] Ibidem, p. 163.
[105] Ibidem, passim.
[106] Ibidem, p. xv.

Em "A Cidade e a Letra", Portella[107] parte da mesma constatação que havia intranquilizado Assis Brasil quatro anos depois: "a constância com que vêm aparecendo, ultimamente, os chamados livros de crônicas".[108] Contudo, ao contrário do crítico piauiense, Portella vê com bons olhos o fenômeno, pois seriam "livros de crônicas que transcendem a sua condição puramente jornalística para se constituir em obra de arte literária".[109] A lista de publicações com que ele lida é longa, cobrindo a produção, entre os anos de 1956 e 1958, de Rubem Braga, Drummond, Bandeira, etc. O seu trabalho analítico é semelhante ao de Coutinho, uma vez que ele pretende delinear, de um ponto de vista teórico mais rigoroso, as fronteiras do gênero, na busca de caracterizá-lo em sua autonomia. Daí advém o seguinte problema: como seria isso possível, se a crônica prima pela ambiguidade, inclinando-se na direção dos mais variados gêneros (conto, ensaio, poema em prosa), às vezes sendo praticamente absorvida por aquele do qual se aproxima? Se, de um lado, Portella destaca a plasticidade do gênero, de outro, lembra o seu limite, ou seja, o caráter efêmero do veículo de comunicação, o jornal, ao qual a crônica deve a sua origem. É nesse momento que a ambiguidade se torna ponto favorável à sua conversão literária, na medida em que lhe permite transcender esse limite, o que pode ser facilitado pelas características do gênero do qual se avizinha: "o enriquecimento poético da crônica é uma maneira das mais eficazes de fazê-la

---

[107] Eduardo Portella, "A Cidade e a Letra". In: *Dimensões I: Crítica Literária*. Rio de Janeiro, Agir, 1959.
[108] Ibidem, p. 103.
[109] Ibidem.

transcender, de fugir ao seu destino de notícia para construir o seu destino de obra de arte literária".[110]

Sob esse prisma, Portella constata outro problema, engendrado pela própria transcendência, pois ela se torna para o cronista uma "obsessão":[111] do modo como a transcendência aparece trabalhada no texto depende a perenidade da crônica. Segundo esse ponto de vista, há cronistas que são mais jornalistas, como Henrique Pongetti, Luís Martins e Sérgio Porto, cuja capacidade de desprendimento da notícia é quase nula. Há outros que, como Portella assinala em texto posterior, atingem padrão literário quando "redim[em] esteticamente"[112] a informação, como Rubem Braga, Paulo Mendes Campos, Fernando Sabino e José Carlos Oliveira. Desses autores, Portella cita os seguintes livros, respectivamente: *A Traição das Elegantes*, *Hora do Recreio*, *A Inglesa Deslumbrada* e *A Revolução das Bonecas*; todos publicados em 1967 pela Editora Sabiá, de propriedade de Braga e Sabino.

Dez anos depois, Portella enverada por caminho no qual a questão da transcendência é associada a determinada concepção de literatura baseada no princípio de que um texto qualquer, a despeito do gênero ao qual pertença, será literário toda vez que se manifestar através de uma linguagem autorreferencial, intransitiva, encerrada em si mesma, um "signo em si".[113] Como a crônica, por conta de sua natureza

---

[110] Ibidem, p. 106.
[111] Ibidem, p. 107.
[112] Eduardo Portella, "Até Onde a Crônica É Literatura?". *Jornal do Brasil*, Rio de Janeiro, 13 jan. 1968, p. 2.
[113] Ibidem, p. 2.

jornalística, encontra-se inicialmente atrelada à esfera do referencial, a sua literariedade depende da excelência do cronista que não "se perde no dia a dia", superando a "vida efêmera do jornal".[114] E o livro seria o meio material por excelência em condições de assegurar, definitivamente, a sua sobrevivência.

Ainda no campo acadêmico, podemos destacar o trabalho de Massaud Moisés. Para ele a crônica é também ambígua, mas diferentemente da concepção de Portella, para quem a ambiguidade é fruto da plasticidade do gênero, em Moisés[115] ela reside em seu pragmatismo, na distinção entre o texto elaborado com intuito de ser publicado para ou no jornal: no primeiro caso, o texto seria pensado de acordo com as demandas discursivas restritas ao próprio periódico (editorial, notícia, reportagem, etc.); no segundo, este não passaria de veículo de difusão textual, independente da procedência discursiva (conto, romance, poema, etc.). A crônica, então, segundo Moisés, encontraria o seu lugar, além daquele que lhe caberia originariamente nas páginas do jornal, entre a "reportagem e a Literatura",[116] com a diferença de que, enquanto em outras modalidades jornalísticas a finalidade é meramente informativa, na crônica o que se busca é "transcender o dia a dia pela universalização de suas virtualidades latentes, objetivo esse via de regra minimizado pelo jornalista de ofício".[117]

---

[114] Ibidem.
[115] Massaud Moisés, *A Criação Literária: Prosa*. 12. ed. São Paulo, Cultrix, 1985.
[116] Ibidem, p. 247.
[117] Ibidem.

Mais uma vez estamos diante da questão da transcendência e novamente associada à ambiguidade característica do gênero. Podemos, então, levantar alguns problemas decorrentes dessa associação, principiando pelo que diz respeito ao livro, para depois discutirmos aí o possível efeito de transcendência. Antes de prosseguir, vale recordar que, diferentemente de Coutinho e Portella, Moisés, apesar de não assumir uma postura tão avessa à crônica quanto à de Cony e Assis Brasil, vê com certa restrição o seu alcance literário que, segundo ele, estaria limitado a "voos sem transcendência, embora desejando-a, voos de imanência, voos rasantes".[118]

Vejamos o objeto livro. Seria esse que teria concedido à crônica a perenidade que ela parece ter conquistado a partir do momento em que deixa as páginas dos periódicos? Em circunstâncias distintas, Candido pensa a relação da crônica com o livro como se fosse um teste de resistência: em 1958, resenhando o livro de Drummond, *Fala, Amendoeira*, Candido[119] alude aos exemplares do gênero que resistem "bem à prova deste veículo de escritos destinados a vida mais longa";[120] e depois, em 1980, no texto já aqui citado que introduz uma coletânea de crônicas: "quando [a crônica] passa do jornal ao livro, nós percebemos meio espantados que a sua durabilidade pode ser maior do que ela própria pensava".[121] Hélio Pólvora diz algo semelhante em artigo que comenta *O Anjo*

---

[118] Ibidem, p. 250.
[119] Antonio Candido, *Textos de Intervenção*. Seleção, apresentação e notas de Vinicius Dantas. São Paulo, Duas Cidades/34, 2002.
[120] Ibidem, p. 205.
[121] Antonio Candido, "Ao Rés do Chão", op. cit., p. 24.

Bêbado e *Café da Manhã*, de Paulo Mendes Campos e Dinah Silveira de Queiroz, respectivamente: "a crônica evolui da coluna de jornal ou revista para o livro – e como tal resiste além do que seria lícito esperar-se".[122] Em ambos os casos, não é o livro que confere à crônica a sua sobrevida, mas certa qualidade que seria inerente a algumas de suas manifestações e que se torna perceptível quando a leitura se realiza em livro. Entretanto, em que medida esse fenômeno seria específico da crônica, já que se pode esperar de um romance, ou de um poema, que ele suscite no leitor a impressão de ter ultrapassado o seu tempo, produzindo um eterno efeito de contemporaneidade?

Talvez o problema esteja mesmo nas condições iniciais de produção e publicação da crônica. Massaud Moisés, discutindo a mesma passagem por nós citada de Amoroso Lima, acredita que a crônica, "fugaz como a existência do jornal e da revista, mal resiste ao livro": a seleção que o cronista faz de seu próprio acervo jornalístico para constar no volume apenas tenta salvar aquelas que ele julga ter sobrevivido ao tempo e mesmo essas "perdem [...] a batalha contra o envelhecimento".[123] Ou seja, a questão só é aventada pelo fato da crônica surgir de um meio material efêmero e, nesse sentido, de trazer em sua letra as suas próprias condições de emergência.

Ora, a nosso ver, a questão deveria ser colocada nos seguintes termos: qual o ganho analítico ao se pensar a crônica do ponto de vista da transcendência? Seria bastante óbvio argumentar que livros de

---

[122] *Jornal do Brasil*, op. cit., 24 dez. 1969.
[123] Massaud Moisés, op. cit., p. 257.

crônicas continuam sendo editados e, principalmente, reeditados, apesar de seus autores não estarem mais vivos. Machado de Assis teve as suas crônicas impressas em livro na década de 1950 pela Jackson e, agora, encontra-se em curso uma organização definitiva pela editora da Unicamp, iniciada por John Gledson. Crônicas até então inéditas de Manuel Bandeira ganharam as páginas de dois belos livros em 2008 e 2009, ambos da CosacNaify, organizados por Júlio Castañon Guimarães. Olavo Bilac foi contemplado com uma caixa na qual constam, além do volume de ensaios do organizador, Antônio Dimas, dois outros com os textos jornalísticos. *Ai de Ti, Copacabana*, para citarmos apenas um livro de Rubem Braga, morto em 1990, alcançou, em 2010, a 28ª edição – a primeira é de 1960. Comparado com esse último, que é de um autor que se notabilizou apenas como cronista, não seria difícil citar livros de gêneros consagradamente literários que não chegaram à metade dessa cifra, e isso quando conseguiram superar o desafio da primeira edição – e como se não bastasse, o número de junho de 2011 dos *Cadernos de Literatura Brasileira*, do Instituto Moreira Salles, foi todo dedicado à obra de Rubem Braga, e o seu centenário de nascimento foi devidamente comemorado em 2013 com direito à exposição, com curadoria de Joaquim Ferreira dos Santos, criação de site na internet, relançamento da obra, etc.

Ora, se escrever romances e poemas para serem impressos originariamente em livros não garante a sobrevivência de uma obra, escrever sob as condições específicas de difusão periódica não a condena ao desaparecimento. Até porque, romances e poemas foram, muitas vezes, escritos para figurarem em jornais e revistas, extinguindo-se com as folhas que lhe serviram de suporte; no entanto, muitos também desapareceram nas páginas do livro, hoje acessíveis apenas em bibliotecas especializadas, logo sujeitos às mesmas exigências de pesquisa enfrentadas por aqueles que se dedicam à investigação de material jornalístico. Daí é que nos parece insustentável o argumento de Moisés, mesmo que tentando salvar a crônica da "fugacidade jornalística", de que se a crônica "continuasse encerrada nos periódicos, não haveria como examiná-la: o tratamento crítico de um texto literário implica, via de regra, o livro".[124] Sob esse prisma, transcendência confunde-se com literatura, quer dizer, um texto qualquer só será literário na medida em que transcende as circunstâncias do aqui e agora de suas condições de publicação, atingindo um grau de perenidade para o qual a contribuição do formato livresco teria sido, para esses críticos, decisiva.

Entretanto, a própria ideia da "perenidade do livro"[125] encerra em si uma contradição, pois na medida em que o livro se torna historicamente o repositório por excelência de textos, sobretudo impressos, e veículo privilegiado, a partir do século XV, de difusão dos mesmos, a memória, antes mecanismo fundamental do processo comunicativo, é gradativamente alijada do processo – ela não se faz mais necessária como meio de armazenamento, visto que o texto se encontra resguardado nas páginas do livro; o que significa dizer que a partir de então o texto tende a sobreviver como

---

[124] Ibidem, p. 248.
[125] Ibidem.

peça arqueológica nas bibliotecas, às vezes sem nunca ter existido na memória afetiva de leitores coetâneos da sua primeira aparição pública e com pouca chance de ser resgatado por futuros leitores. Em suma, se o livro pode garantir a sobrevivência material do texto, não assegura, contudo, que ele será apropriado por atos contínuos de leitura – e não nos parece ser outro o fenômeno ao qual alude Moisés implicitamente, isto é, o interesse despertado por uma obra e que se renova ao longo dos tempos, motivando sucessivas reedições, sem as quais ela não estaria em melhor situação do que se publicada na imprensa periódica. Nesse sentido, o fenômeno pode ser estendido a Rubem Braga ou a qualquer outro escritor, cronista ou não.

Se a noção de transcendência não se sustenta no livro, ela é ainda mais prejudicial em relação ao entendimento do próprio gênero em questão, pois a transcendência, na verdade, descaracteriza-o, já que desfaz a ambiguidade que lhe constitui. Assim, se aceitássemos a reflexão de Portella, diríamos que ao buscar na interface com outros gêneros, principalmente os poéticos, um modo de superar as contingências de sua publicação, a crônica acabaria sendo absorvida de tal forma que a ambiguidade despareceria em prol dos gêneros com os quais dialoga (percebe-se isso, por exemplo, em alguns exemplares líricos de Rubem Braga, em certos "contos" de Fernando Sabino e no que há de anedótico ou mesmo fabular em Stanislaw Ponte Preta). Em termos do que propõe Massaud Moisés, é como se a crônica deixasse de ser para o jornal passando a ser somente no jornal, esse considerado apenas como suporte responsável pela inscrição do texto, em nada afetando a sua constituição.

Trata-se, então, de afirmar que para ser literatura a crônica teria de deixar de ser crônica?

Lembremos que, para Moisés, a transcendência é parcial, de pouco alcance, o que não deixa de ser uma resposta afirmativa à pergunta, algo próximo, a nosso ver, do que se entende por literatura menor, embora o crítico paulista não utilize a expressão. De acordo com as considerações críticas de Assis Brasil, a crônica não seria literatura, pois se afina com o que dizia Amoroso Lima[126] trinta anos antes: "o que foi feito para viver uma hora não deve viver um dia",[127] muito menos uma eternidade.

Afora Coutinho, que passa ao largo da discussão em torno da literariedade da crônica, como se a julgasse assente, uma vez que a considera objeto da crítica de literatura,[128] todos os autores, favoráveis ou não à qualificação literária do gênero, tomam a transcendência como alicerce de seus argumentos e, consequentemente, apagam da crônica o seu lastro jornalístico. Mesmo Portella, para quem a crônica seria um gênero literário autônomo, acredita que essa autonomia só se torna possível através da ambiguidade devida ao aporte de outros gêneros literários e que remete a certa referencialidade da crônica que não pode ser outra se não a de sua própria linguagem, o que novamente conduz ao afastamento do que há de jornalístico nela.

---

[126] Alceu de Amoroso Lima, op. cit.
[127] Ibidem, p. 84.
[128] Isso em 1957; no texto ampliado que passa a figurar em *A Literatura no Brasil* a partir de 1971, Coutinho ("Ensaio e Crônica", op. cit.), depois de citar Portella, encarava a questão sobre outro prisma: "A integração da crônica se dá quando ela atinge a transcendência literária" (p. 123).

Na verdade, a questão da literariedade da crônica foi pensada, mais uma vez, como o foi nas discussões sobre a nacionalidade do gênero, sob a ótica histórico-diacrônica, embora tratada atemporalmente. De um lado, a questão, de fato, surge não só do aumento da quantidade de livros de crônicas como, também, da nova postura que essa modalidade de publicação exigiu do leitor, principalmente do crítico, na medida em que, como já havia sugerido acertadamente Portella,[129] permitiu "o debate sobre o problema da crônica, [...] nos levar à própria razão interna da crônica".[130] De outro, ela emerge da reflexão sobre a feição moderna do gênero tal como se configurou a partir da década de 1930, e que, como vimos, foi tomada como parâmetro, inclusive retrospectivo, de nacionalidade do gênero. Curiosamente, o movimento em favor da literariedade da crônica vai de encontro ao da modernidade da mesma, pois enquanto aquele caminha em direção ao afastamento da singularidade dos fatos cotidianos, este faz o percurso inverso, imergindo cada vez mais no dia a dia dos centros urbanos.

Muitos poetas e romancistas brasileiros das primeiras décadas do século XX procuraram resgatar a literatura de cumes elevados, fosse dos cimos nevados dos alpes românticos ou das torres de marfim parnasianas, a fim de lançá-la nos desvarios da vida que se modernizava, e por onde alguns cronistas já transitavam por dever de ofício – pensamos, principalmente, em João do Rio. Oswald de Andrade[131] escrevia,

---

[129] Eduardo Portella, "A Cidade e a Letra", op. cit.
[130] Ibidem, p. 109.
[131] Oswald de Andrade, *Do Pau-Brasil à Antropofagia e às Utopias*. Rio de Janeiro, Civilização Brasileira, 1978.

abrindo o seu "Manifesto da Poesia Pau-Brasil", de 1924: "a poesia existe nos fatos";[132] para, quase ao final, assinalar: "apenas brasileiros de nossa época. [...] Bárbaros, crédulos, pitorescos e meigos. Leitores de jornais".[133] Sob esse prisma, é a literatura que encontra nas formas discursivas do jornalismo a sua modernidade e, consequentemente, um novo padrão literário, e não o contrário como sugere a crítica até aqui apresentada. Não deixa de ser sintomático que nesse contexto a poesia tenha encurtado, sobretudo a de Oswald de Andrade, tornando-se menor, no sentido borgeano do termo, conforme se aproximava da concisão jornalística e da "forma de mosaico",[134] através da qual a imprensa periódica apresenta as notícias, valorizando o efeito de simultaneidade e descontinuidade. Apesar de discordarmos em boa parte do posicionamento crítico de Assis Brasil, ele demonstra ter razão quando observa o "beletrismo" de alguns cronistas que podemos facilmente estender à crítica literária que se mostra indiferente aos produtos da chamada indústria cultural e, às vezes, até às críticas que se julgam "integradas", como a de Portella, sobretudo se a confrontamos com a sublimidade exemplificada pelo texto de Freire de Carvalho.

Talvez a melhor forma de lidar com a questão seja retomar a série já citada "Aquarelas", de Machado de Assis. Lá o autor de *Quincas Borba* assinalava a procedência jornalística da crônica: "o folhetim nasceu do jornal, o folhetinista por consequência do

---

[132] Ibidem, p. 5.
[133] Ibidem, p. 10.
[134] Haroldo de Campos, *Rupturas dos Gêneros na Literatura Latino-Americana*. São Paulo, Perspectiva, 1977, p. 17.

jornalista. Esta íntima afinidade é que desenha as saliências fisionômicas na moderna criação".[135] É dessa familiaridade que emerge a ambiguidade característica do escritor do gênero: "o folhetinista é a fusão admirável do útil e do fútil, o parto curioso e singular do sério, consorciado com o frívolo".[136] Segue, então, o resultado da síntese:

> Efeito estranho é este assim produzido pela afinidade assinalada entre o jornalista e o folhetinista. Daquele cai sobre este a luz séria e vigorosa, a reflexão calma, a observação profunda. Pelo que toca ao devaneio, à leviandade, está tudo encarnado no folhetinista mesmo: é capital próprio.[137]

Não é difícil retirar dessas passagens certa interpretação que entende a ambiguidade como articulação entre os polos jornalístico e literário: o par "útil/sério" estaria para o primeiro polo assim como o "fútil/frívolo" para o segundo. Wellington Pereira,[138] seguindo à risca essa articulação, assevera que "a crônica machadiana é tecida entre o útil e o fútil, mas se constitui de arte, porque conjuga procedimentos estéticos diferenciados da linguagem jornalística do século XIX"[139] – veremos, no capítulo 2, que nem são tão diferenciados assim. A sua hipótese parte da seguinte afirmação, atribuída por ele ao autor de *Dom Casmurro*, que, inclusive, dá nome ao seu livro: "a crônica

---

[135] *O Espelho*, op. cit., 30 out. 1859.
[136] Idem.
[137] Idem.
[138] Wellington Pereira, *Crônica: A Arte do Útil e do Fútil*. Salvador, Calandra, 2004.
[139] Ibidem, p. 111-12.

é a arte do útil e do fútil".[140] Ora, a afirmativa, tal como formulada por Pereira, não existe em Machado; esse, como vimos, não se refere à crônica, embora pudesse fazê-lo, como o fez em outros momentos, aspecto que examinaremos mais adiante, porém ao folhetinista, e não o vincula ao campo da arte, palavra que Machado sequer utiliza, mas ao âmbito jornalístico. A nosso ver, o texto machadiano estabelece uma articulação não entre o jornalístico e o literário, mas, sim, entre o jornalístico e o folhetinesco, esse compreendido como uma nova modalidade discursiva que requer novas práticas combinadas com as já existentes no interior do próprio jornal, de acordo com o seu estágio de desenvolvimento na primeira metade do século XIX. Assim, Machado ressalta a ambiguidade sem, contudo, remetê-la ao literário, o que nos permite desconsiderar qualquer possibilidade de transcendência, pelo menos no sentido de um programa previamente estabelecido para aqueles que se dedicam à escrita do gênero – se a transcendência vai se manifestar como efeito de leitura de futuras recepções, isso já é outro problema que pode ser, em alguns casos, associado a determinada concepção tradicional de literatura, até mesmo defendida por críticos com a boa vontade de salvar a crônica do ostracismo.

A partir do modo como entendemos o texto machadiano, a situação inicial da crônica deve ser pensada dentro da esfera jornalística, tendo como ponto de partida a emergência do folhetim no contexto da imprensa periódica oitocentista, embora não restrita a ela; aí, a ambiguidade, por mais que

---

[140] Ibidem, p. 169.

aproxime a crônica de outros gêneros, inclusive o histórico, não permite que ela extrapole o "sistema de condicionamentos"[141] que a envolve no interior do circuito comunicativo para o qual é produzida, no qual circula e através do qual é recebida por determinado público leitor.

Como havíamos anotado desde o início, as noções de brasilidade, minoridade e literariedade do gênero apenas nos desvia do percurso que pretendemos traçar e que levará em consideração a partir de agora, em nosso recuo histórico ao século XIX, os seguintes aspectos de estruturação da crônica:

(1) do ponto de vista da materialidade do texto, ou seja, do objeto que se encontra disponível para leitura, o folhetim é, antes de tudo, uma seção do jornal, separada das outras seções por traço horizontal contínuo, situada, inicialmente, no rodapé da página, e voltada aos assuntos de lazer e entretenimento, responsável, nesse sentido, pelo ingresso de temas até então alheios aos grandes jornais da época, uma vez que esses tratavam de política e comércio, como é possível observar na matriz francesa, no embrionário *Journal des Débats*, e, no caso brasileiro, no *Diário do Rio de Janeiro*, *Jornal do Commércio* e *Correio Mercantil*, para citarmos os mais relevantes da primeira metade do século; apesar disso, nem sempre as crônicas eram publicadas na seção folhetim, como no caso de uma das séries mais importantes que serão por nós analisadas, "Cartas ao Amigo Ausente", de José Maria

---

[141] Umberto Eco, *Apocalípticos e Integrados*. São Paulo, Perspectiva, 2000, p. 14.

da Silva Paranhos, assim como nem toda seção que recebia a designação folhetim encontrava-se ao pé de página, o que, como veremos, reforça mais a importância, ainda que não exclusiva, da seção folhetim no desenvolvimento da crônica e do discurso por ela veiculado e que nela se constitui;

(2) do ponto de vista das condições de trabalho do redator, o texto é fruto da prática jornalística periódica na qual o cronista (ou folhetinista) deve comentar os eventos da semana, da quinzena, e assim por diante, tanto os que foram apenas noticiados pela imprensa quanto, e principalmente, aqueles que foram por ele testemunhados – veremos que, em Machado, essas condições vão sofrer alterações significativas;

(3) a crônica (ou folhetim) corresponde a um gênero discursivo que se configura a partir do limite de sua materialidade e de uma prática jornalística específica, o que circunscreve o modo como os fatos são textualmente encadeados (os ganchos externo e interno), comentados e, temporalmente, organizados.

Começaremos, no capítulo que se segue, pela importância da seção folhetim, tanto na França quanto no Brasil.

CAPÍTULO 2
A CRÔNICA E A REDE DISCURSIVA DA DÉCADA DE 1830

Abençoada invenção da imprensa periódica

O *feuilleton* – folhetim, como veio a ser chamado no Brasil – é, antes de tudo, um espaço do jornal criado, em 28 de janeiro de 1800, pelo *Journal des Débats et Loix du Pouvoir Législatif, et des Actes du Gouvernement*, com título de "*Feuilleton du Journal des Débats*". Enquanto as outras seções do dia (*Nouvelles Étrangères*, *République Française* e *Variétés*) ocupavam o corpo principal da página, o *feuilleton* situava-se no rodapé (o *rez-de-chaussée* do jornal), separado por um traço horizontal que o destacava nitidamente do resto da página.

Nesse espaço, eram publicados textos diversos, de propaganda de espetáculos teatrais a efemérides políticas e literárias, passando por itens dedicados à moda, a jogos de adivinhação (charada, enigma e logogrifo) e às mais variadas modalidades de anúncios. Como esses eram pagos, "quinze cêntimos por linha",[1] a utilização do rodapé deveria seguir, até certo ponto, critério pecuniário, o que talvez justifique a longa lista de livros à venda que ocupa sete das oito

---

[1] *Journal des Débats et Loix du Pouvoir Législatif, et des Actes du Gouvernement.* Paris, Imprimerie du Journal des Débats, 30 jan. 1800.

colunas da seção da folha de 31 de janeiro de 1800. No entanto, no setor teatral, sob a responsabilidade de Julien-Louis Geoffroy, as récitas não eram apenas noticiadas, eram, também, comentadas, como se pode verificar logo no exemplar seguinte ao da primeira aparição do *feuilleton*. Após notificar os eventos que se realizavam na Opéra-Comique National, *Philippe et Georgette*, *Le Franc Breton* e *Le Voisinage*, o redator escreve um pequeno comentário a respeito da última, do qual transcrevemos somente o início: "a segunda apresentação do *Voisinage* teve, no dia 6, mais sucesso que a primeira. O autor do poema fez as correções que deram mais malícia ao diálogo e tornaram o desfecho mais cômico".[2] Daí em diante, os comentários vão se tornando mais constantes até que, no dia 4 de fevereiro do corrente, um longo texto toma conta de boa parte da seção, no qual Geoffroy faz a apreciação crítica da comédia *Le Séducteur*, do Marquês de Bièvre.

Além disso, percebe-se certa autonomia na maneira como Geoffroy conduz as suas intervenções, pois elas não dependem somente dos eventos que são noticiados, mas, também, daqueles que acabam sendo forjados pelo próprio folhetinista. Demonstrando desconhecimento de determinado teatro do qual vinha anunciando os respectivos espetáculos, o crítico escreve: "desejei saber por mim mesmo o que podia ser o *Théatre sans Prétention* e aí entrei no dia 17 deste mês". Das três peças que seriam encenadas, ele consegue assistir às duas últimas, *L'Hotellerie, ou Les Rencontres Imprévues* e *Le Retour d'Astrée ou la Correction*

---

[2] Idem, 29 jan. 1800.

des Moeurs. Após recenseá-las, finaliza: "na verdade, não há mais ou menos interesse neste teatro do que nos grandes, contudo se encontra aí um meio de se distrair sem muito custo: é verdadeiramente o teatro dos desocupados; e aí retornarei".[3] Em se tratando de apresentações cênicas, é evidente que a presença do crítico nas salas se faz necessária, mas o que nos chama a atenção na intervenção de Geoffroy é o gesto que dá aos eventos culturais a visibilidade pública que se materializa nas páginas do jornal e que depende, cada vez mais, do agenciamento dessa nova figura do meio jornalístico, o folhetinista.

Com essa nova forma de mediação, a cidade, especificamente Paris, que já se encontrava política e comercialmente configurada nas outras seções do periódico, descobria no *feuilleton* certo modo discursivo de manifestação cultural. Esse vínculo é o que torna o jornal, sobretudo o diário, principal meio de expressão do cotidiano da cidade, daí que a tentativa de desqualificação do sucesso do *feuilleton* de Geoffroy por parte de um dos adversários políticos dos Bertin, o proprietário do *Journal de Paris*, Pierre-Louis Roederer, se constituir em precisa caracterização da própria seção: "não acredito que seja pelos artigos de Geoffroy que ele [o jornal] se beneficia: fora de Paris, os artigos de espetáculos são fastidiosos".[4] Assim como os rodapés dos jornais da capital francesa poderiam importar unicamente aos parisienses, os publicados nos periódicos de Marselha interessariam somente aos marselheses, e

---

[3] Idem, 10 fev. 1800.
[4] Apud Alfred Pereire, *Le Journal des Débats, Politiques et Littéraires*. Paris, Honoré Champion, 1914, p. 17.

o mesmo poderia ser dito sobre os de Lisboa, Rio de Janeiro ou São Paulo em relação aos seus respectivos habitantes. É nesse sentido que, na discussão sobre a nacionalidade da crônica, quando nos referíamos à atenção ao "cenário interno", mencionávamos a questão sob o prisma estrutural que, diga-se de passagem, é do jornal como um todo, e não de acordo com algum tipo de qualificação nacional do gênero.

Para reforçar ainda mais a referida diversidade, entrava em cena, a partir de 1º de fevereiro, a rubrica "*Éphémérides Politiques et Littéraires*", redigida por Joseph Planche, que, como o seu título mesmo anuncia, tinha por finalidade fornecer ao leitor "sumário aproximado dos fatos mais importantes da história moderna, ocorridos na mesma data".[5] Além dessa, a *Variétés* aparece também como subseção no interior do *feuilleton*, bem como a "Beaux-arts", assinada por Boutard, rubricas que nos permitem entrever certo interesse dos responsáveis pelo jornal em criar uma seção não apenas voltada à propaganda paga.

Tendo em vista essa concentração de modalidades textuais diversas no espaço reduzido do rodapé da página do jornal, Eugène Hatin[6] sugere que o *feuilleton* "era um tipo de anexo, de suplemento", que guardava semelhanças "com o que nós temos visto publicar pelo *Journal* e *Chronique de Paris*, e quase exclusivamente consagrado ao programa de teatro e a todos os tipos de anúncios".[7] Entretanto, embora o contraponto seja

---

[5] *Journal des Débats*, op. cit., 1º fev. 1800.
[6] Eugène Hatin, *Histoire Politique et Littéraire de la Presse en France*. Paris, Poulet-Malassis et de Broise, 1861, t. 7. Disponível em: http://gallica.bnf.fr/ark:/12148/bpt6k2080378. Acesso em: 12/11/2014.
[7] Ibidem, p. 442.

pertinente, Hatin desconsidera uma distinção que se mostra fundamental: diferentemente de seus similares parisienses,[8] que apresentavam algo próximo aos atuais cadernos de classificados, o *feuilleton* não era apenas uma plataforma de reclames, pagos ou não, mas um espaço no qual se começava a forjar uma nova forma discursiva que se nutria da diversidade de aportes, da crítica teatral ao elemento da crônica histórica, representado pelas *Éphémérides*.

Para que fique mais clara a situação do *feuilleton* no interior do jornal, vale a pena observar, brevemente, o percurso do *Journal des Débats* desde o início. Esse, como se sabe, foi fundado em 29 de agosto de 1789, editado pela tipografia de François-Jean Baudoin, com o intuito de registrar os atos oficiais e os debates empreendidos nas sessões da Assembleia Nacional francesa, daí o seu título original, *Journal des Débats et Décrets*. Apesar da tensa atmosfera política do período revolucionário, o jornal se limitava a divulgar material legislativo, sem se preocupar em emitir qualquer opinião sobre os assuntos apresentados. A situação vai ser alterada a partir do momento em que a empresa passa para as mãos dos irmãos Bertin L'Aîne e Bertin de Vaux, o que ocorre no final de 1799. Não demora muito para que o jornal mude, em janeiro de 1800, de endereço, de formato e de rumo, e, "pela primeira vez, a ênfase concedida às assembleias legislativas dá lugar a verdadeiras crônicas políticas e

---

[8] Na verdade, suplemento mesmo, impresso em páginas separadas, seria o do *Chronique de Paris* que, desde o primeiro número, em 1791, publica o seu "Supplément", ao qual acrescentaria, a partir do ano seguinte, os "Annonces et Avis Divers"; o que aparece no *Journal de Paris* é mais propriamente uma seção sob a rubrica "Spectacles".

literárias".⁹ Como vimos, é em janeiro mesmo que o jornal cria o *feuilleton* e adota a seção *Variétés*, rubrica sob a qual, nesse momento, "a política se insinua"¹⁰ nas páginas do *Journal des Débats*, muitas vezes conferindo à seção características de artigo de fundo.

Aos poucos, a autonomia visada pela empresa, desde a chegada dos novos proprietários, acaba provocando distúrbios com a política de Napoleão Bonaparte, principalmente no que tange aos procedimentos de censura à imprensa que já vinham sendo adotados desde o Consulado – a redução drástica do número de jornais em circulação, a nomeação, para o Ministério da Polícia, de Joseph Fouché, que, por divergência política, articula uma "trama contra a existência do *Journal des Débats*",¹¹ a subordinação das redações a interventores ligados a esse Ministério, entre outras medidas – e que se intensificam no Império, o que leva o jornal a alterar o nome duas vezes, só no ano de 1805: a primeira, em 14 de junho, para *Journal des Débats*, sem subtítulos; a segunda, em 16 de julho, sob as ordens expressas do imperador Napoleão I, para *Journal de L'Empire*. Essa última mudança é anunciada, no próprio jornal, nos seguintes termos: "o *Journal des Débats* aparecerá doravante sob o título de JOURNAL DE L'EMPIRE, título mais apropriado à natureza de nosso governo

---

⁹ Alfred Pereire, op. cit., p. 11.
¹⁰ M. André Michel, "La Critique d'Art: Boutard, Delecluze, C. Clement". In: *Le Livre du Centenaire du Journal des Débats, 1789-1889*. Paris, Libraire Plon, 1889, p. 580. Disponível em: http://gallica.bnf.fr/ark:/12148/bpt6k480221d. Acesso em: 12/11/2014.
¹¹ Alfred Nettement, *Histoire Politique, Anecdotique et Littéraire du Journal des Débats*. 2. ed. Paris, Dentu, 1842, p. 165. Disponível em: http://gallica.bnf.fr/ark:/12148/bpt6k1079120. Acesso em: 12/11/2014.

e às opiniões políticas que sempre professaram nossos Redatores".[12] Pereire[13] refere-se ao fato como "um dos atos mais arbitrários que se pode conceber contra a liberdade de imprensa e contra o direito de propriedade".[14] A essa altura, o jornal estava sob a intervenção de Joseph Fiévée, homem público próximo a Napoleão e adversário de Fouché. Vale recordar que esse título permanece até 31 de março de 1814; no dia seguinte, o jornal assume novo nome, *Journal des Débats, Politique et Littéraire*, para no dia 2 de abril receber aquele que ficaria até o seu encerramento, em 1944: *Journal des Débats Politiques et Littéraires*. Cabe ressaltar, no entanto, que, com o retorno de Napoleão ao poder, durante o Governo dos Cem Dias, o jornal voltou a ser designado *Journal de L'Empire*, entre 21 de março e 7 de julho de 1815.

Considerando a diretriz preponderantemente política que o *Journal des Débats* passou a evidenciar, de cores monarquistas, e a dinâmica até aqui descrita de funcionamento do *feuilleton*, poderíamos aventar que a nova seção não seria, aparentemente, o espaço do jornal que o leitor procuraria se quisesse tomar conhecimento dos debates políticos. De certo modo, o folhetim correspondia a um suplemento autônomo que, embora inserido no interior das páginas principais, encontra-se separado do resto do jornal: materialmente, por conta de sua disposição horizontal; tematicamente, na medida em que privilegiava outros assuntos. Entretanto, não é o que acontece, sobretudo

---

[12] *Journal des Débats* (*Journal de l'Empire*), op. cit., 16 jul. 1805, p. 2, destaque do autor.
[13] Alfred Pereire, op. cit.
[14] Ibidem, p. 22.

na pena de Geoffroy, que não deixava de manifestar enorme apreço por Bonaparte. Talvez por isso mesmo, diante da intervenção, "o feuilleton de Geoffroy teria sido o único poupado",[15] pelo menos inicialmente, pois, mais tarde, as sanções seriam inevitáveis, quando, em 1807, Charles-Guillaume Étienne substituiria Fiévée no cargo de censor e redator principal.

Mesmo com a morte de Geoffroy, no início de 1814, o *feuilleton* continuou sendo impresso, embora sem a mesma frequência – quando o rodapé não saía, a lista de espetáculos aparecia em coluna à parte ou nem era publicada. O romancista e poeta Charles Nodier, que já vinha colaborando no jornal desde o ano anterior, assumiu o seu lugar, dividindo a tarefa com Pierre Duvicquet: com o primeiro, os assuntos literários foram ganhando mais espaço; com o segundo, os salões tiveram vez, enriquecendo ainda mais a diversidade da seção que, no entanto, não deixava de ter no teatro o seu carro-chefe. É interessante destacar que, sob a rubrica *Variétés*, o *feuilleton* de 3 de junho de 1814 publicava o texto "*Entrée du Roi à Paris*", no qual se celebrava o retorno de Luís XVIII à capital francesa para assumir o trono: "enfim, o irmão de Luís XVI, o filho mais novo de Henrique IV e São Luís, o herdeiro de seus direitos e seus corações, retornou à terra de seus ancestrais".[16] O artigo era assinado pelo Conde de Lally-Tolendal, mais tarde marquês. Havia uma festa agendada para o dia do

---

[15] M. André Heurteau, "Le Journal des Débats sous le Consulat et l'Empire". In: *Le Livre du Centenaire du Journal des Débats, 1789-1889*. Paris, Libraire Plon, 1889, p. 79. Disponível em: http://gallica.bnf.fr/ark:/12148/bpt6k480221d. Acesso em: 12/11/2014.

[16] *Journal des Débats*, op. cit., 3 mai. 1814.

retorno, 2 de maio, cuja programação foi noticiada pelo jornal em 30 de abril de 1814, na seção "*Ministère de L'Interieur*".

Apesar do pioneirismo de Geoffroy, pode-se dizer que o *feuilleton* se consolida, tornando-se o principal veículo de difusão cultural do jornalismo francês, com o aparecimento de Jules Janin. Substituindo Duvicquet que, depois da saída de Nodier, era o único que se ocupava dos recenseamentos literários e teatrais do *feuilleton*, Janin vai se tornar um dos mais importantes e influentes críticos do século XIX. Para que se tenha ideia da repercussão alcançada pela seção, em 1836, ou seja, apenas seis anos após a estreia de Janin, Frédéric Soulié, no primeiro *feuilleton* da recém-fundada *La Presse*, de Émile Girardin, engendrando uma espécie de alegoria mitológica do folhetim, escreve:

> Se a imprensa tivesse sido inventada há dois mil anos, se os jornais cotidianos tivessem existido, se o Folhetim tivesse vivido, os Romanos o teriam transformado em deus. Em alguns anos, o deus Folhetim teria tido templo, culto e sacerdotes; o templo teria sido edificado na Via Sacra, precisamente onde Horácio quase morreu com a conversa de um homem de letras;[17] teriam sido imolados no altar romances, tragédias, poemas, atores e dançarinas. Jules Janin teria passeado em Roma numa toga de papel branco, precedido de dois lictores, portando feixes de plumas, e, em sua qualidade de sumo-sacerdote do

---

[17] Referência à principal rua de acesso aos locais sagrados de Roma e à sátira nona do Livro Primeiro das Sátiras, de Horácio, na qual o poeta é importunado, enquanto caminhava pela referida rua, por um desconhecido com pretensões literárias.

Folhetim, ele teria tido o direito de parar a representação de uma comédia como o sumo-sacerdote de Júpiter tinha o direito de suspender a execução de condenados.[18]

É dessa autonomia que Armand Dutacq se aproveita para, a partir de 1836, publicar romances no rodapé de seu *Le Siècle*, criando um dos mais importantes instrumentos de difusão literária e venda de jornal do Oitocentos, ao lado dos mecanismos de barateamento de preço instituídos por *La Presse*, de Émile Girardin. A essa altura o folhetim já se constituía em gênero jornalístico e o folhetinista em profissão. No opúsculo, publicado em 1843, no qual Balzac disseca negativamente a imprensa parisiense, percebe-se claramente a menção a um ofício que requer "um redator especial", frequentador de teatros e de eventos sociais, cuja atribuição principal consiste na elaboração de "uma análise completa e periódica"[19] das montagens teatrais parisienses. Além da proliferação do *feuilleton* nos jornais franceses, o que mais incomodava Balzac era a sua diversidade: "agora, tudo na França tem seu folhetim. A Ciência e a Moda, o poço artesiano e a renda fina têm sua tribuna no jornal".[20] Não seria diferente em outras instâncias culturais. No sudoeste do continente europeu, o redator da coluna "Revista da Semana" da lusitana *Revista Popular*, discorrendo sobre a situação da crítica em 1849 em contraste com

---

[18] *Journal des Débats*, op. cit., 1º jul. 1836.
[19] Honoré de Balzac, "Monografia da Imprensa Parisiense". In: *Os Jornalistas*. Rio de Janeiro, Ediouro, 2004, p. 213.
[20] Ibidem, p. 115.

a do passado, lembra que "hoje a história morreu. O folhetim é tudo".[21] A longa lista de assuntos que podem ser abordados pelo folhetim contempla do baile mascarado ao ouro da Califórnia, passando "pelas ironias picantes e acerbas da miséria da vida".[22] Dez anos depois, Machado de Assis ecoaria a afirmação do companheiro português: "todo o mundo lhe [ao folhetim] pertence, até mesmo a política".[23]

Como o nosso intuito não é escrever a história da impressa francesa, nem mesmo a do *Journal des Débats* ou a de *La Presse* ou particularmente de qualquer outro periódico, passemos ao caso brasileiro, ao momento no qual essas novidades tipográficas e discursivas representadas pelo *feuilleton* serão aclimatadas pelos jornais nacionais.

O feuilleton *e a imprensa brasileira do século XIX*

Antes de cuidarmos do *feuilleton* e de sua "aclimatação", na década de 1830, em solo tropical, destaquemos brevemente a história da imprensa no Brasil. Como se sabe, a primeira tipografia, a Impressão Régia, foi fundada em 1808 com a chegada de D. João VI e da corte portuguesa à capital da colônia. Não demoraria muito para que o primeiro jornal impresso em território brasileiro aparecesse, *A Gazeta do Rio de Janeiro*, cujo número inaugural sairia a 10 de setembro de 1808, acompanhado de uma epígrafe de Horácio: "*doctrina sed vim promovet insitam, / rectique cultus*

---

[21] *Revista Popular: Semanário de Literatura e Indústria*. Lisboa, Imprensa Nacional, 10 mar. 1849.
[22] Idem.
[23] *O Espelho*, op. cit., 30 out. 1859.

pectora roborant".²⁴ Inicialmente semanal, saindo só aos sábados, depois passaria a circular, já a partir do terceiro número, duas vezes na semana, incluindo as quartas; por fim, em julho de 1821, seria publicado às terças, quintas e sábados – periodicidade que se manteria até o término do jornal, em 1822. Materialmente, era constituído de quatro páginas in-quarto, em uma única coluna – a partir de 3 de julho de 1811, outra seria adicionada –, dividida em notícias compiladas de periódicos estrangeiros – com passar do tempo também de outros estados –, notas oficiais e anúncios diversos. É interessante enfatizar que, em inúmeros aspectos, desde o conteúdo à apresentação gráfica, o primeiro jornal impresso no Brasil seguia de perto o padrão do português *Gazeta de Lisboa*. Ainda na primeira década do século, cumpre destacar o *Correio Brasiliense ou Armazém Literário*, de Hipólito José da Costa, que, meses antes da *Gazeta do Rio*, estampava, em Londres, o seu número inaugural.

Outras publicações periódicas surgiriam na década de 1810. Na capital baiana, entre 1811 e 1812, apareceriam o jornal *Idade d'Ouro do Brasil* e a revista *As Variedades ou Ensaios de Literatura*, ambos os periódicos impressos na tipografia de Manuel Antônio

---

²⁴ Embora a *Gazeta* refira-se ao trecho citado como sendo da Ode III, Livro IV, trata-se, na verdade, de passagem da nona estrofe da Ode IV, "Louvores de Druso", do mesmo livro, cuja tradução transcrevemos: "Mas a virtude ingênita promove / Sábia doutrina: fortalece os peitos / Cultura reta: se os costumes faltam / A boa natureza / contaminam os vícios" (Horácio, *Odes de Horácio*. Angra do Heroísmo, Tipografia Angrense, 1853, p. 172-73). No original: "*Doctrina sed vim promovet insitam / rectique cultus pectora roborant; / utcumque defecere mores, / indecorant bene nata culpae*" (Horácio, *Odes and Epodes*. Norman, The University of Oklahoma Press, 1991, p. 35).

da Silva Serva. A própria Impressão Régia, além de livros, editaria *O Patriota: Jornal Literário, Político, Mercantil, etc. do Rio de Janeiro*, entre 1813 e 1814.

Na década de 1820, os primeiros diários viriam a lume: *Diário do Rio de Janeiro*, em 1821, *Diário de Pernambuco*, em 1825, *Diário de Porto Alegre*, em 1827, e mais um carioca, o *Jornal do Commércio*, também em 1827. O surgimento da imprensa cotidiana pode ser tomado como sintoma do desenvolvimento técnico do novo veículo de comunicação em território nacional, ou seja, as oficinas estavam se equipando cada vez mais em face da demanda crescente por material impresso de leitura.

Não seria diferente na década seguinte. É nessa, inclusive, que podemos encontrar a seção *feuilleton* no periodismo brasileiro, mais propriamente no jornal *O Moderador, Novo Correio do Brasil, Jornal Político, Comercial e Literário*.[25] No segundo número, publicado em 10 de abril de 1830, aparecia na referida seção uma resenha ao primeiro volume do *Parnaso Brasileiro, ou Coleção das Melhores Obras dos Poetas do Brasil, Tanto Inéditas como já Impressas*, do Cônego Januário da Cunha Barbosa, seguida da transcrição do seu prefácio.[26] Sob a responsabilidade

---

[25] Devemos a descoberta à pesquisadora canadense Nova Doyon: "o jornal político, comercial e literário *O Moderador* é verdadeiramente o primeiro a utilizar no Brasil o último terço da página para publicar a rubrica *feuilleton*" (Nova Doyon, *Le Rôle de la Presse dans la Constitution du Littéraire au Bas-Canada et au Brésil au Cours du Premier XIXe Siècle. Vers la Formation d'une Culture Nationale dans les Collectivités Neuves des Amériques*. 2008. Tese de Doutorado. Montreal, Université du Quebéc à Montréal, 2008, p. 293).

[26] A coleção da Biblioteca Nacional não possui o número inaugural. O livro de Cunha Barbosa foi editado em dois volumes pela Tipografia Imperial e Nacional, em 1830 e 1831, respectivamente.

de Henri Plasson, correligionário e amigo de D. Pedro I, o jornal publicava textos, dispostos lado a lado, em português e francês, introduzidos, respectivamente, pelas seguintes epígrafes: "justiça e força" e "paix et liberté". Inicialmente, tratava-se de mera tradução; contudo, "tomando em consideração que os subscritores, sendo de Nações diferentes, devem ter diferentes gostos",[27] o redator achou por bem estabelecer propósitos distintos, que duraram até agosto do corrente, quando passou a ser impresso unicamente em português, e já com novo título, sem a expressão "novo correio do Brasil". Nesse momento, o jornal deixaria de sair duas vezes por semana em dias indiscriminados para ser publicado às quartas e sábados. Além disso, o termo *feuilleton* já recebia no *Moderador* a tradução que, por certo tempo, prevaleceria no periodismo de então: "Apêndice".

Na curta vida de *O Moderador*, mesmo que o "Apêndice" tivesse saído no exemplar de estreia, o número de vezes de aparição da seção não passaria de quatro, e todas contendo resenhas de livros: há, além da já citada, as recensões dos volumes *O Desenvolvimento Racional dos Princípios Sociais*, de J.A.A., *Pequeno Exercício Trigonométrico etc.*, de Picanço de Faria, e *Coleção Cronológica da Legislação de Finanças do Império do Brasil*, de José Paulo Figueiredo Nabuco de Araújo, as duas primeiras divulgadas em 20 de abril de 1830 e, cinco dias depois, a última, sendo todos os três editados por Émile-Seignot Plancher. Estabelecendo rápido paralelo com a experiência francesa do

---

[27] *O Moderador, Novo Correio do Brasil: Jornal Político, Comercial e Literário*. Rio de Janeiro, Tipografia de R. Ogier, 15 mai. 1830.

feuilleton iniciada pelo *Journal des Débats*, podemos dizer que *O Moderador* atualiza apenas a atividade crítica, no caso, bibliográfica, sem se preocupar com determinada dinâmica cultural que, como vimos, caracterizava o exercício folhetinesco na pena dos redatores do periódico francês. Embora na seção "Variedades" uma ou outra vez o redator contemplasse assuntos literários e teatrais, não é difícil imaginar que o pouco interesse por esses temas se deva à diretriz partidária do jornal. A mencionada ligação de Plasson com Pedro I manifestava-se na defesa ferrenha dos interesses do então Imperador do Brasil e no modo como a folha se inseria nos combates travados na arena do jornalismo, sobretudo com a *Aurora Fluminense*, de Evaristo da Veiga, um dos principais adversários do governo. A título de exemplo, transcrevemos trecho da reação de *O Moderador* à discussão impetrada pela *Aurora* sobre a legitimidade de Pedro I no trono:

> A *Aurora*, que devia deixar aos obscuros periodiqueiros das Províncias as sandices, que publicam a respeito da legitimidade, sem ter a menor ideia do que ela é, teve a cavalheiresca generosidade de se constituir solidária aos seus pretendidos amigos, a cuja defesa de boa vontade se dedica, tendo sobejo juízo para não os estimar.[28]

A vocação doutrinária não era restrita ao *Moderador*, mas pertencia ao periodismo da época em sua quase totalidade. Ela só não se manifestava em jornais cujo interesse estava voltado exclusivamente para os assuntos econômicos seja na divulgação de anúncios,

---

[28] Idem.

como o *Diário do Rio de Janeiro*, seja no noticiário mais amplo das transações comerciais, como o *Jornal do Commércio*, ou em alguns casos mais esporádicos de empenho literário como se observa em *O Beija-flor: Anais Brasileiros de Ciência, Política, Literatura, etc., etc.; por uma Sociedade de Literatos*. Publicado entre 1830 e 1831, o jornal buscou abarcar temas diversos, concedendo amplo espaço às demandas literárias, com a divulgação de crítica bibliográfica e de contos, tanto nacionais quanto estrangeiros.

Talvez *O Beija-flor* possa ser tomado como sintoma de certa tendência que vai se manifestar um pouco depois, a partir da segunda metade da década de 1830, na qual a especialização doutrinária cede território à diversificação temática, sobretudo quando os periódicos diários introduzem a política e a literatura em suas páginas. Em 1836, o *Diário do Rio de Janeiro* incorporava em seus quadros os artigos políticos de Cincinato, pseudônimo de José Cristino da Costa Cabral, nos quais prevalecia o tom polêmico da ocasião – no ano seguinte, o articulista vai fundar o seu periódico, o *Semanário do Cincinato*, no qual, apesar de dar continuidade às rinhas políticas, ele não deixa de inserir o *feuilleton* em sua folha, publicando contos morais de sua própria lavra. O *Jornal do Commércio*, por sua vez, estampava, na seção "Variedades", no ano de 1838, *O Capitão Paulo*, de Alexandre Dumas, dando início à voga dos romances-folhetins no Brasil. O mesmo jornal adotaria, em 1839, a seção *feuilleton*, com a publicação de *Edmundo e sua Prima*, do popularíssimo romancista francês Paul de Kock. Não demoraria muito para que autores brasileiros tivessem aí o seu espaço assegurado, inclusive com textos inéditos, como se deu com João Manuel Pereira da Silva que, publicando narrativas ficcionais desde 1837 em folhas hebdomadárias, como veremos mais adiante, teve dois "romances" impressos, também em 1839, no folhetim do *Jornal do Commércio*: entre 16 e 22 de janeiro, "O Aniversário de D. Miguel em 1828", e de 12 a 16 de março, "Religião, Amor e Pátria". Repetiria a dose em 1840, com "Jerônimo Corte-Real, Crônica Portuguesa do Século de XVIII", entre 8 e 12 de janeiro.

Assim como os diários se diversificavam, ampliando o seu campo de abordagem, os pasquins doutrinários também. O melhor exemplo desse fenômeno seria *O Cronista*, folha criada em 1836 por Justiniano José da Rocha, com a colaboração de Josino do Nascimento Silva e, mais tarde, Firmino Rodrigues Silva. Em 9 de janeiro de 1838, o jornal daria início à coluna "Carta que a seu Amigo Y dirigem os Redatores do Cronista", que se propunha a ser uma espécie de revista periódica, abordando os mais variados fatos, embora, como não podia deixar de ser, preponderassem quase que exclusivamente os políticos. Entretanto, foi ainda em 1836, ou seja, seis anos depois de *O Moderador* e três antes do *Jornal do Commércio*, que os redatores adotariam a seção *feuilleton* com certo ar de novidade. Em meio a intensos debates políticos envolvendo a administração regencial do padre Feijó, apareceria um texto de inauguração, estampado sob a nova divisão horizontal do jornal ao rodapé da página, anunciando o *feuilleton* como a "abençoada invenção da literatura periódica, filho mimoso de brilhante imaginação [...], duende da civilização moderna" e por meio de descrição fenomenológica do próprio ato de leitura:

> Se por ventura, amigo leitor, entendeis a língua francesa, quando vos vem às mãos algum periódico francês, quando ansioso desdobrais suas extensas páginas, sede ingênuo, confessai, para onde se dirigem vossos olhos? Por nós vos julgamos (e este é o melhor meio de quase sempre acertar nos juízos, que dos outros fazemos), haveis de necessariamente, com um rápido lance de olhos abranger todas as colunas de alto a baixo... se nada interrompeu vosso raio visual, como que esperáveis achar coisa que não achaste, mostrai-vos meio triste, ledes à pressa essas monstruosas colunas para poderdes, abrindo outro número, ver se sereis mais feliz.[29]

Na sequência, o redator chama a atenção para o caráter compensatório da seção, conforme já destacávamos, em passagem anterior por nós citada, quando tratávamos da minoridade da crônica, e que vale a pena retomar aqui, tendo em vista agora o contexto de diversificação do periodismo que estamos enfatizando:

> Pois bem nesse outro número, quase em fim de página, um grande traço negro mais carregado interrompe vossa vista indagadora; por baixo desse traço, letras maiúsculas que dizem FEUILLETON aparecem radiantes, fascinadoras, feiticeiras. Então, dais um suspiro de contentamento, vosso predileto FEUILLETON é posto à parte, é minuciosamente

---

[29] *O Cronista*. Rio de Janeiro, Tipografia Comercial de Silva e Irmão, 5 out. 1836.

reservado para ser lido com vagar, para ser saboreado a contento, para servir de sobremesa a vosso banquete de leitura.[30]

A metáfora gastronômica utilizada pelo autor não se limita ao entendimento da diversidade dos interesses de diferentes leitores como circunscrita ao espaço das "monstruosas colunas" ou do *feuilleton*, dependendo do tipo de modalidade textual que se encontra inscrita em cada setor do jornal. Quer dizer, o leitor do *feuilleton* pode ser tanto este unicamente interessado nos assuntos políticos quanto aquele desejoso de saber a cotação do café, bem como a donzela dedicada ao ócio doméstico. Dirigindo-se ao próprio *feuilleton* como interlocutor textual, o redator o define:

> [...] distrais a virgem de seus melancólicos pensares, o jovem estudioso de seus enfadonhos livros, o rico negociante de seus cálculos dinheirosos, o desocupado proprietário de seu descanso insípido, o ardente ambicioso de seus planos ilusórios, tu que fazes esquecer o trabalho ao pobre, tu que fazes esquecer o ócio ao rico [...][31]

O aspecto compensatório possibilitaria ao jornal ser lido por qualquer um exclusivamente interessado em seu *feuilleton* e, ao mesmo tempo, pelo seu leitor habitual que teria, a partir de então, uma nova opção de leitura. Ou seja, a diversidade não diz respeito apenas aos interesses distintos de diferentes leitores, mas, também, ao fato de que um único leitor pode ter propósitos diversos:

[30] Idem.
[31] Idem.

Ocupa-se o resto do periódico com administração, com política, com justiça, com legislatura, com finanças, indústria, comércio, com todos esses assuntos de grande importância na verdade, mas que só dizem respeito ao material da vida, ao positivo da existência; o domínio de nossas *folhas* é todo intelectual, elas falarão às imaginações e às inteligências.[32]

Do ponto de vista discursivo, é a forma de abordagem que vai diferenciar os textos publicados na nova seção. Isso fica mais evidente quando o redator, ao traduzir o termo francês *feuilleton*, opta, inicialmente, pelo "nome genérico FOLHA". Assim, dependendo do assunto tratado, ao substantivo "folha" viria associado o epíteto, designando sua modalidade, isto é, "folha literária", "folha crítica", etc. A última rubrica, por sinal, foi a primeira a sair, a 8 de outubro de 1836, a respeito do *Jornal do Commércio*.

A primeira prosa de ficção publicada na "folha" – essa, no caso, "literária" – foi *A Vítima da Ambição*, a 7 de dezembro, sem indicação de autor. Mais tarde, seria utilizado o mesmo nome empregado pelo *Moderador*, "Apêndice", consolidando o espaço ocupado pela seção ao fim da página. Outros jornais adotariam a mesma designação, tais como o *Diário do Rio de Janeiro*, o *Jornal dos Debates*, entre outros. Ressaltamos a variação de rubricas, pois ela não só indica a dificuldade de se traduzir convenientemente para o português o termo original, como, também, a preocupação do redator em tornar a nova seção cada vez mais o espaço plenamente destacável e imediatamente reconhecido pelo leitor. Até porque textos de

---

[32] Idem (grifo do autor).

ficção em prosa já eram publicados, mesmo que esporadicamente, em periódicos brasileiros. O próprio *O Cronista* divulgou, antes mesmo da aparição do *feuilleton*, textos ficcionais na seção intitulada "Parte Literária, Científica e Industrial", tais como *Werner: Episódio da Guerra de Argel*, de Napoleon d'Abrantes, a 13 de junho de 1836, e a narrativa – "imitada da novela terrível de Balzac, *La Peau de Chagrin*", como escreveu o tradutor – *A Luva Misteriosa*, iniciada a 20 de junho do mesmo ano.

Dessa maneira, o espaço "posto à parte" era para ser lido não só pelo leitor que se interessava pela "sobremesa" como por aquele que seguia a hierarquia do cardápio. Nesse caso, a "sobremesa" seria o momento suspensivo (o redator utiliza, também, a imagem do oásis), no qual o leitor compensaria prazerosamente as atribuições de seu cotidiano:

> Fazer aparecer em nossa população a primeira necessidade da civilização moderna – o desejo de ler – dar-lhe incremento, e fomentá-lo, oferecer leitura que distraia das lidas da existência, das amofinações dos trabalhos, dos tédios da inocupação, eis o que temos em vista, eis o que esperamos conseguir.[33]

Segue-se daí que o *feuilleton* implicava a tentativa consciente dos periódicos do século XIX de ampliar o público leitor: por meio da articulação entre específicas modalidades textuais e determinada disposição gráfica das páginas, a diversidade de interesses de um mesmo leitor e dos diferentes leitores aparecia materialmente de forma setorizada e segmentada,

---

[33] Idem.

todavia disponível em um objeto único de leitura. Sob esse prisma, o *feuilleton* tornava possível a divulgação de determinadas modalidades textuais em um meio de transmissão impresso cuja orientação era eminentemente política. O que não significa dizer que essa seria alijada da seção, como se estivéssemos aqui contrariando a constatação machadiana do domínio folhetinesco. De fato, embora em 1836 ele ainda não fosse suficientemente amplo, em pouco tempo nada escaparia a esse domínio. Entretanto, o modo de exercê-lo não seria o mesmo empregado nas seções específicas ou especializadas dos periódicos em geral, inclusive naqueles em que as contendas políticas prevaleciam – o próprio Justiniano José da Rocha é um bom exemplo do que acabamos de afirmar, uma vez que ele não eximiu o seu rodapé dos assuntos políticos, tratando-os com dicção mais "intelectual", segundo expressão do autor, em vez do tom noticioso ou partidário com o qual o resto do jornal era redigido.

Ainda sob o ponto de vista da apresentação gráfica da seção, cumpre observar mais atentamente a questão terminológica. Mencionamos, brevemente, como Justiniano José da Rocha procurou se desincumbir da tarefa de tradução do vocábulo francês *feuilleton*. Naquela ocasião, deixamos de apontar em seu texto o que nos parece importante evidenciar agora, ou seja, os motivos que o levaram à escolha do título bem como o tom epigramático com o qual ele os apresentou: por uma questão de eufonia, Justiniano descartou a versão aportuguesada "folhetão" e, devido a um jocoso "mau agouro", abandonou a literal "folhasinha", restando-lhe, então, o termo "folha". A dificuldade que, de imediato, parecia mero exercício de eloquência satírica do redator, logo seria constatável, já que, meses depois, em 8 de abril de 1837, o jornal acolheria o mesmo título utilizado pelo *Moderador*, "Apêndice", o que, em certa medida, atestaria o desconforto com a escolha inicialmente feita. Ora, de onde procede a expressão que se consagrou desde o momento que ela apareceu no *Jornal do Commércio*, em 1839, sendo empregada até hoje quando nos referimos às narrativas, ficcionais ou não, de forte apelo melodramático ou mesmo às novelas televisivas, em suma, qual a origem do vocábulo folhetim? Não seria novidade afirmar que ele corresponde ao aportuguesamento da palavra espanhola *folletín*, diminutivo do substantivo *folleto*, com a qual a imprensa hispânica nomeou a seção. É possível encontrá-la designando o rodapé da página no lugar do termo *boletín*, pelo menos desde 1835, ou seja, quatro anos antes de seu registro na imprensa brasileira, no exemplar de 5 de outubro do diário madrilenho *La Revista Española*. Curiosamente, não achamos nenhuma alusão ao termo em periódicos portugueses antes da década de 1840, o que nos leva a crer que a aclimatação, nesse caso, possa ter ocorrido na direção oposta ao da antiga rota colonial.

O duro ofício de jornalista

Até o momento, destacamos em *O Cronista* a reação entusiasmada do redator aos aspectos materiais de diagramação que expandiram consideravelmente a capacidade de publicação da imprensa periódica da primeira metade do século XIX. No entanto, tão importante quanto o alcance tecnológico proporcionado pelo *feuilleton*, seriam os gêneros discursivos que foram se desenhando no interior da seção na medida em que o novo expediente se difundia no jornalismo oitocentista. Vimos que, nos primórdios da seção no *Journal des Débats*, o privilégio concedido à crítica dramática não teria sido suficiente para impedir que as mais variadas formas textuais da atividade jornalística, e não só de crítica, como atestam as "efemérides", adentrassem o espaço, transformando-o em uma espécie de suplemento cultural, de um jornal à parte. Contudo, como muito provavelmente não se tratava de prescrição editorial, em diversos momentos a seção foi praticamente toda ocupada por um longo texto, de um único autor, independente de versar sobre diversos temas e, nesse sentido, assemelhando-se aos outros artigos do periódico, na medida em que se aproximava mais das características de uma seção do que de um suplemento – em ambos os casos o elemento de destaque na página não ficaria comprometido, pois ele dependia muito mais do aparato gráfico do que da modalidade discursiva aí inserida.

No caso da folha dos Bertin, os exemplos são inúmeros, mas destacamos, além dos textos do próprio Geoffroy, o já citado *feuilleton* do dia 5 de maio de 1814, intitulado "*Entrée du Roi à Paris*", do Conde de Lally-Tolendal, que só não ocupa todas as oito colunas por conta de um curto poema ao final da seção; o de 10 de maio de 1814, no qual, depois de brevíssimo espaço dedicado aos anúncios de espetáculos teatrais, que não ultrapassa a metade da primeira coluna, aparece publicado, sob a rubrica "Beaux-Arts", texto de Jean-Baptiste Bon Boutard, no qual o crítico comenta o livro *Les Peuples de la Russie*, de Charles Richberg. Do lado de cá do Atlântico, o "Apêndice" de *O Moderador*, sobretudo com a mencionada recensão ao volume de Cunha Barbosa, corresponderia ao espaço da página onde o leitor procuraria com o intuito de tomar ciência das novidades bibliográficas, e não mais do que isso, uma vez que o jornal tinha pouco interesse na vida cultural como um todo. De certa maneira, podemos dizer que, na medida em que o *feuilleton* foi se tornando menos anunciativo e mais digressivo, no sentido de que a voz responsável pelo enunciado da seção adquiria proeminência enquanto aquela da qual se esperavam comentários a respeito das mais variadas atividades culturais da cidade, do teatro aos livros publicados, passando pelos bailes e a vida mundana em geral, ele foi deixando de ser apenas uma rubrica do espaço ao pé de página para se constituir em gênero discursivo autônomo no interior do próprio jornal.

Podemos destacar de *O Cronista* um exemplo que nos parece bastante sintomático desse processo de autonomização que, embora possa ser considerado quase exceção à regra na década de 1830, em face do contexto marcadamente político do periodismo de então, surpreende por apresentar características que serão depois trabalhadas pelos futuros folhetinistas e cronistas, e não só do século XIX. Estamos aludindo ao texto de Justiniano José da Rocha, intitulado "A Caixa e o Tinteiro", publicado em 26 de novembro de 1836, no rodapé "Folha Literária". Em tom ao mesmo tempo apologético e satírico, o autor enfatiza a importância dos objetos do título como fonte de inspiração – "se tenho algum valor, a vós o devo"[34] – aos que se dedicam à escrita hebdomadária:

> Realmente quem se mete no duro ofício de jornalista, quem se obriga a ter regularmente à sua disposição em horas certas e aprazadas, duas vezes por semana, ideias que interessem, expressões que as representem, quem se compromete a ter espírito e imaginação obedientes e dóceis como os membros do corpo (quando alguma paralisia, algum reumatismo, ou qualquer outro inconveniente lhes não vem a embargar os movimentos) faz dó, excita a compaixão se não sabe recorrer à sua caixa, e a seu tinteiro, se não sabe avaliar quanto lhe podem ser úteis esses socorros: às vezes lhe há de acontecer o que me aconteceu hoje, e o coitado não terá os recursos que tive.[35]

"O que [lhe] aconteceu hoje" foi ter perdido boa parte da noite de sono devido ao "concerto infernal" de gatos em seu telhado. Logo pela manhã, o impressor já se encontrava à sua porta, solicitando os originais que, obviamente, não foram escritos. O redator consegue prorrogar o prazo por mais duas horas, todavia, no estado débil em que se achava, "como escrever"? É aí que entra em cena a caixa de tabaco. Depois de algumas pitadas, as ideias começam a surgir. Bem mais desanuviado, de posse da pena, é do tinteiro que vem a primeira delimitação do tema: "folha literária". Contudo, o elenco de assuntos é vasto, e o narrador, mais uma vez com o auxílio da caixa, acaba se decidindo por "escrever a minha folha literária sobre a

---

[34] *O Cronista*, op. cit., 26 nov. 1836.
[35] Idem.

noite de luar".[36] Quando tudo parecia caminhar para um desfecho feliz, apesar do contratempo inicial de todo o conflito, eis que desponta mais um empecilho e, dessa vez, aparentemente definitivo: a prorrogação se esgotara e o impressor estava de novo à sua porta. A solução não será outra se não a de entregar o texto que o "amigo leitor" acabara de ler: "Sirvam por hoje essas rabiscadelas e na ocasião mais próxima conversarei convosco sobre a noite de luar, então vagueará com o meu o vosso espírito, por ora contentai-vos (que eu também me contento) com esta conversação que tive com minha caixa, com meu tinteiro".[37]

Se, por um lado, a metalinguagem por si só já seria um elemento de enorme interesse no texto de Justiniano, por outro ela não seria suficiente para diferenciá-lo das diversas modalidades textuais que figuravam nas outras colunas dos jornais da época. Mal ou bem, as disputas políticas encetadas pelos periódicos davam margem a debates sobre o estabelecimento de limites no modo como cada folha se comportava ou deveria se comportar discursivamente na arena pública. Por exemplo, no texto de despedida de *O Beija-flor*, o redator, ao questionar ironicamente a diretriz de seu próprio jornal, coloca em discussão não só o curto percurso empreendido por ele como, também, a imprensa em sua totalidade:

> No meio de disputas tão azedadas e que todos versam sobre a política, os leves divertimentos da mera literatura não cativam suficientemente a atenção: a sorte de Clorinda ou as ações de Olaya e Júlio pouco

[36] Idem.
[37] Idem.

importam àqueles que não sonham senão em Ministros de Estado, Senadores, Deputados, federação ou indivisibilidade.[38]

Geralmente, o texto de abertura do primeiro número dos periódicos trazia em sua letra esse caráter metalinguístico. Aproveitemo-nos do exemplo do próprio *Beija-flor*, cujo artigo inaugural, intitulado "Profissão de Fé dos Redatores", tratava dos procedimentos que seriam perfilhados em seu percurso e que consistiam na análise e resumo das outras publicações, além de se ocupar "com maior especialidade de muitos ramos de prosperidade pública, tais como a literatura, a economia política e urbana, e outras assaz negligenciadas pelas folhas atualmente existentes, envoltas que são na política, e nas suas disputas".[39] Havia ainda os prospectos através dos quais os programas dos periódicos eram previamente anunciados, como o "Prospecto de um Novo Periódico Intitulado *O Compilador Constitucional, Político, e Literário Brasiliense para o Ano de 1822*", editado no Rio de Janeiro pela Imprensa Nacional em 1821, no qual se leem as propostas de direcionamento do jornal, das quais selecionamos as seguintes: transcrição de jornais ingleses e franceses, espaço para poesia, "que parece ter sido banida de todos os Periódicos da Cidade",[40] locais de assinatura e lista de preços.

---

[38] *O Beija-flor: Anais Brasileiros de Ciência, Política, Literatura, etc., etc.; por uma Sociedade de Literatos*. Rio de Janeiro, Tipografia de Gueffier, 1831, n. 8.
[39] *O Beija-flor*, op. cit., 1830, n. 1.
[40] *Compilador Constitucional, Político, e Literário Brasiliense*. Rio de Janeiro, Tipografia Nacional, 1821, p. 1.

Podemos considerar, também, os casos em que o redator, em face de alguma mudança de trajetória, intervinha e se manifestava em atitude autorreflexiva. O *Gabinete de Leitura, Serões das Famílias Brasileiras, Jornal para Todas as Classes, Sexos e Idades*, editado por Josino do Nascimento Silva, jornal que, desde o início, assumira orientação mais literária, se viu compelido por alguns assinantes, quatro meses depois da estreia, em dezembro de 1837, a alterar a proposta original, acolhendo artigos científicos. Escreve o redator: "nosso fim não era instruir, queríamos preparar o terreno, dando o gosto da leitura, mas por agradarmos a esses assinantes e mesmo para estendermos o nosso jornal a outras classes de leitores, nós subscrevemos este desejo".[41] Segue-se daí a tradução de "A Grande Serpente Marinha", de Jules Berger de Xivrey.

A partir dos exemplos acima, que podem ser encontrados em abundância no contexto do periodismo da primeira metade do século XIX, é possível afirmar que a metalinguagem cumpria aí papel fundamental, uma vez que tornava evidentes os parâmetros segundo os quais o empreendimento jornalístico seria exercido. É claro que essa funcionalidade também pode ser percebida no texto de Justiniano, pois lá se trata do reconhecimento das condições de exercício do "duro ofício de jornalista". Entretanto, a diferença reside na dicção assumida que, se neste envolve o foro íntimo, o drama pessoal de quem não sabe o que escrever, naquele prevalece a dimensão pública do

---

[41] *Gabinete de Leitura, Serões das Famílias Brasileiras, Jornal para Todas as Classes, Sexos e Idades.* Rio de Janeiro, Tipografia de J. N. Silva, 10 dez. 1837.

negócio jornalístico, independente de o jornal ser da responsabilidade de um único indivíduo que acabava assumindo, ao mesmo tempo, as funções de proprietário, editor e redator, fato, aliás, muito comum, sobretudo nos periódicos doutrinários. Para que fique mais clara a distinção, voltemos ao artigo de *O Cronista*, "A Caixa e o Tinteiro".

O texto se inicia, tomando a caixa e o tinteiro como interlocutores habituais na difícil tarefa de escrever. O mencionado tom apologético visa tornar público, como um débito a ser pago, a importante contribuição desses objetos para o próprio ato criativo, ou seja, para o momento que antecede a realização do texto que será porventura publicado. Se isso ocorre normalmente em condições adequadas, o que dirá em "dias aziagos, dias em que o espírito do homem vê tudo através de um denso véu de descontentamento e de aflição, diz Macbeth, na insigne tragédia de Shakespeare"?[42] O resultado não poderia ser outro se não o drama que surge do embate entre a urgência da tarefa e a falta das condições mínimas para exercê-la. O texto que vem a lume, então, tematiza esse conflito, desnudando, metalinguisticamente, o processo pessoal empregado no exercício da escrita jornalística, tornando-o público, através de forte componente dialógico, que se percebe tanto na relação que o narrador estabelece com os instrumentos de criação, a caixa e o tinteiro, quanto com os leitores. Nesse sentido, Justiniano procura fundir os mecanismos discursivos da imprensa periódica com a modalidade de escrita mais íntima que, no Brasil, começava a ganhar terreno com a difusão

---

[42] *O Cronista*, op. cit., 26 nov. 1836.

do romantismo. Vale lembrar que *Suspiros Poéticos e Saudades*, de Gonçalves de Magalhães, e a revista *Niterói*, publicações consideradas marcos do Romantismo brasileiro, saíram em 1836.

Além disso, se, ao final, o tema surge, "noite de luar", e termina não sendo desenvolvido por falta de tempo, restando apenas a narrativa dos diálogos estabelecidos, o texto de Justiniano acaba trazendo à baila as suas próprias condições de enunciação, privilegiando a conversação em si mesma, a função fática do ato comunicativo: conversar com o leitor é o meio de manter o espaço da página devidamente preenchido. Em outras palavras, a metalinguagem assume valor fático.

Isso nos aproxima do conceito de "comunhão fática", utilizado por Émile Benveniste,[43] a partir do trabalho do antropólogo Bronislaw Malinowski, que descreve a situação na qual ocorre livre troca de palavras sem fim de significação, caracterizada apenas como um modo de ação dialógica. Segundo o linguista francês, trata-se de "uma relação pessoal criada, mantida, por uma forma convencional de enunciação que se volta sobre si mesma, que se satisfaz em sua realização, não comportando nem objeto, nem finalidade, nem mensagem, pura enunciação de palavras combinadas, repetidas por cada um dos enunciadores".[44] Cabe salientar, contudo, que Benveniste lida com a situação básica de comunicação, aquela na qual os agentes envolvidos se encontram

---

[43] Émile Benveniste, "O Aparelho Formal da Enunciação". In: *Problemas de Linguística Geral II*. Trad. Eduardo Guimarães et al. Campinas, Pontes, 1989.
[44] Ibidem, p. 90.

em posição de copresença, compartilhando, assim, o mesmo espaço e tempo enquanto dialogam. No caso do texto escrito, tal não acontece, pois a relação entre escritor e leitor é assimétrica, cada qual ocupando dimensões espaçotemporais distintas. Sendo assim, no limite de sua específica materialidade de texto impresso, produzido "ao correr da pena" para um modo característico de circulação periódica, "A Caixa e o Tinteiro" simula o ato de conversação, privilegiando, contudo, o princípio fático, ou seja, na medida em que forja o estabelecimento das condições de possibilidade de sentido e não a sua efetiva significação.

Se, por um lado, "A Caixa e o Tinteiro" corresponde a uma experiência *sui generis*, por outro, é possível observar que alguns de seus aspectos constitutivos são passíveis de serem encontrados em outras modalidades textuais entre as que compõem a paisagem impressa do jornal, dentro ou fora do rodapé da página.

A crônica e o conto anedótico

No mencionado *Gabinete de Leitura*, poderíamos destacar quatro textos que corroborariam a asserção acima: "Uma Visita", "Vamos à Feira", "Um Baile" e "Um Jantar no Campo". Todos sem autoria declarada, constando, apenas, ao final, a designação "colaboração do Gabinete". É bem provável que sejam do próprio editor e impressor do jornal, Josino do Nascimento Silva. Contudo, considerando que as narrativas publicadas na mesma folha por João Manuel Pereira da Silva possuíam, após a sua assinatura, idêntica expressão, torna-se difícil assegurar a procedência autoral. Vejamos os textos.

"Uma Visita" aparece logo no primeiro número do semanário, em 13 de agosto de 1837. Trata-se do relato das circunstâncias nas quais o narrador se encontra envolvido quando surpreendido pela visita do compadre de seu pai, que ele mal conhece, vindo do interior, acompanhado pela mulher, três filhos e vários escravos. A ocupação de sua casa é imediata, com todos falando ininterruptamente, assim como a destruição de sua biblioteca, promovida pelas endiabradas crianças. Para piorar a situação, o narrador se vê obrigado a fazer passeios indesejados, para satisfazer a vontade de seus visitantes de ver animais em diversos pontos da cidade do Rio de Janeiro, inclusive fora dela, em Niterói. Depois de perder o dia inteiro nesse périplo, o narrador abandona a sua própria casa aos inoportunos hóspedes, voltando após alguns dias, já sem a presença desses.

À primeira vista, pelo que se percebe do enredo, o texto poderia ser pensado como um conto ou mesmo uma anedota, sobretudo quando se tem em vista o seu início: "Desgraçado o homem que, tendo nascido na aldeia, ou tendo lá conhecidos, se atreve a morar na cidade! A cada hora, a cada instante pode dar na cabeça a um desses compatriotas ou conhecidos vir à cidade, e fiado na bondade dum homem fazer de sua casa hospedaria para si, para sua mulher e seus filhos, para seus apaniguados e escravos".[45] No que se segue, o narrador assinala a exemplaridade do que vai ser relatado: "Eu vou contar o que me acon-

---

[45] *Gabinete de Leitura*, op. cit., 13 ago. 1837.

teceu um dia de chuva, que me não permitiu sair de casa e dar meus costumados giros".[46] Todavia, o que mais chama a atenção no texto é a situação na qual se encontra o narrador no momento da chegada de seus comprovincianos:

> Media eu o comprimento de minha sala com as pernas, e chegava de vez em quando à vidraça da janela para riscar os vidros com o dedo, ora escrevendo letras góticas, ora desenhando caras que pareciam monstros, e ocupava-me nisto e em cantar e assobiar *Perché turbar la calma*,[47] sem ter uma ideia que desenvolvesse, e que pudesse mandar para imprensa para encher as vazias colunas do meu jornal, quando senti grande ruído de palmas na escada.[48]

Assim como o concerto infernal dos gatos no telhado de "A Caixa e o Tinteiro", é o arranjo estrepitoso de ilustres desconhecidos que impede o redator de dar conta de sua incumbência jornalística: "perdi o dia e não escrevi para o meu jornal".[49] Em ambos os textos, as circunstâncias que inviabilizam a realização da tarefa acabam se transformando em motivo para o próprio artigo publicado. No entanto, enquanto em Justiniano o episódio impeditivo apenas protelava a consumação de um texto temático que termina não se realizando, já que o autor não conseguiu, como vimos, ultrapassar a esfera das condições prévias à sua escrita, em "Uma Visita" o

---

[46] Idem.
[47] Ária da cena 17 do Segundo Ato da ópera *Tancredi*, de Rossini, encenada pela primeira vez em 1813. No Brasil, a estreia foi em 1821.
[48] *Gabinete de Leitura*, op. cit., 13 ago. 1837.
[49] Idem.

episódio assume o primeiro plano, preenchendo, por fim, o vazio das colunas.

Já "Vamos à Feira", estampado em 10 de setembro de 1837, conta o que ocorreu em uma das constantes visitas que o redator fazia à casa de um amigo casado e pai de três filhas solteiras. Em um domingo, por sugestão de um dos muitos que, como ele, parasitavam a mesma família, todos saíram em passeio a uma "feira do *campo do Machado*".[50] Como o lugar era longe e o redator não gostava de encontros sociais muito concorridos, ele tentou declinar do convite, mas terminou indo, após ser convencido por uma das filhas de seu anfitrião, por quem ele nutria discreta admiração. Já no evento, os contratempos se sucedem: excesso de poeira e de fumaça nos olhos, dinheiro perdido em rifa e, finalmente, o retorno a pé, visto que as carruagens não se encontravam mais no local. O relato que acabamos de resumir é introduzido por uma digressão que, aparentemente, nada tem a ver com o resto do texto. O redator evoca o vizinho cujo único defeito é ser "um politicão de chapa", razão pela qual tem "um gosto decidido pelos jornais, a que chama *Gazetas*, e dá inteiro crédito a tudo quanto lê escrito em letra de *forma*".[51] Além disso, ele acreditava piamente no valor da liberdade que, em sua opinião, se instalou no Brasil a partir de 1808, com a vinda de D. João VI, e se consolidou entre 1822 e 1825, ou seja, entre a independência e o reconhecimento dela por Portugal. Segundo o redator, a história do malfadado passeio serviria, então, de meio de refutação do argumento

---

[50] *Gabinete de Leitura*, op. cit., 10 set. 1837 (grifo do autor).
[51] Idem (grifo do autor).

da liberdade conquistada, já que chegaria ao conhecimento do vizinho através da letra de forma:

> Mas como estou longe do título deste artigo! Se assim vou quando chegarei à feira do *campo de Machado*? Tenham porém paciência meus leitores, que ainda estou acostumado às razões da ordem que fazia nas aulas, e os hábitos antigos com dificuldade se perdem. O meu vizinho é maníaco por letra de *forma*, quero ver se o convenço, imprimindo esse artigo, ainda que duvide que ele o leia, porque só se ocupa com jornais políticos, mas fico que se o ler acabará comigo que liberdade é nome que não corresponde a objeto conhecido.[52]

Ao final, apesar do risco de o vizinho não ler a sua narrativa, os transtornos sofridos pelo narrador contra a sua própria vontade seriam suficientes para contradizer os princípios sustentados pelo seu adversário: "e se não era a minha vontade, por que não fui livre de o não fazer?".[53]

"Vamos à Feira" coloca em pauta as demandas políticas que vinham se arrastando desde a chegada da família real, em 1808, passando pelo primeiro reinado e, principalmente, pelo período regencial, sobretudo pela gestão de Diogo Antônio de Feijó, que se encontrava em curso em setembro de 1837 – o padre paulista renunciaria alguns dias depois, em 19 do corrente mês –, demandas que estavam associadas às discussões da possibilidade de exercício da liberdade em face da sucessão de governos despóticos. Ao mesmo tempo, ao

---

[52] Idem (grifos do autor).
[53] Idem.

lado da inserção do tema político, o autor lança mão do expediente metalinguístico quando, brevemente, aborda a materialidade do jornalismo, a sua natureza impressa, vinculada a certo estatuto de verdade, como defende o personagem do vizinho, além de evidenciar as articulações que os jornais assumiam politicamente e que vão servir de contraponto à direção discursiva que o *Gabinete* acolheu, na qual a política não se encontrava em primeiro plano. Como se ainda não bastasse, a história narrada se articula com aspectos dos costumes cariocas baseados em determinados modos de socialização, como as reuniões domiciliares e em locais públicos, o passeio coletivo e as feiras (afora a do campo de Machado, é mencionada a de São Cristóvão), que começavam a se disseminar na corte e, consequentemente, a despertar o interesse da imprensa de então e mais ainda o dos folhetins e crônicas das décadas seguintes – aqui, novamente, o interesse pelo "cenário interno". E tudo isso contado com veia satírica e em tom supostamente despretensioso.

O terceiro, "Um Baile", versa sobre a ida de dois jovens ao baile do Catete: o próprio narrador, figura arredia, pouco afeita aos divertimentos sociais, e seu amigo Júlio. Lá encontram Henrique que, recém-chegado da Europa, ocupava o centro das atenções. Depois das devidas apresentações, o narrador participa do círculo de pessoas no qual se encontrava Henrique e, enquanto Júlio admirava a suposta galanteria e erudição deste em sua fala afrancesada, o narrador apenas o tomava como um tolo. Desdenhando de tudo e de todos, aos poucos Henrique vai se revelando, de fato, um engodo, na medida em que tropeça nas ideias políticas e nas teclas do piano que ele insistia em tocar. Ao final, diz o narrador: "cheguei à minha casa, escrevi toda esta cena ridícula, que agora vai ser publicada, certo que grande número de nossos patrícios que vai à Europa perde o seu tempo".[54] Além disso, o episódio serve de referência ao próprio veículo. Júlio, que não ia ao baile, apesar de ser "o moço mais estouvado e leviano que há no Rio de Janeiro", resolve acompanhar o narrador em sua empreitada, citando, entre os motivos de sua decisão, a personagem de "Um Primeiro Amor", de Pereira da Silva – que adiante analisaremos –, publicado no mês anterior:

"[...] vou empenhar-me para obter um bilhete, irei também ao baile, quando menos para divertir-me à tua custa, e respirar o ar perfumado que respirou Carolina ao lado do seu ingrato amante. Não se te lembras da história que nos contou no *Gabinete de Leitura* o nosso amigo doutor".[55]

Estampado em duas partes, nos dias 17 e 24 de dezembro de 1837, o quarto artigo, intitulado "Um Jantar no Campo", é o mais narrativo dos quatro até aqui analisados. Conta os eventos vivenciados pelo narrador durante um jantar dominical para o qual foi convidado pelo amigo Florindo. O campo em questão era o bairro de Cosme Velho. Lá, além do anfitrião e sua esposa, ele conheceria Bento – figura satírica da história, cujo único vício, segundo o próprio, era o tabaco –, a sua mulher, Rita, Emília e o seu marido. Depois de dois breves passeios pelos arredores da propriedade, o jantar seria servido,

---

[54] *Gabinete de Leitura*, op. cit., 3 dez. 1837.
[55] Idem.

ainda sem a presença de Rita. Os diálogos foram se sucedendo até o momento que uma chuva torrencial caiu, impedindo que os personagens retornassem às suas respectivas moradias antes do dia seguinte, com exceção de Bento, que era habitante das redondezas e, por conta disso, logo se veria em maus lençóis com a chegada de sua espalhafatosa esposa reclamando de sua ausência em casa durante o temporal. A primeira parte vai até o início do jantar; a segunda, em vez de dar continuidade imediata à narrativa, interrompe-a para inserir uma digressão metalinguística, dessa vez em forma de diálogo:

> – Então quando dará vossa mercê o resto do artigo que mandou para o GABINETE em que descrevia o seu jantar na casa de campo do seu amigo Florindo? Tal foi a pergunta que me dirigiu o editor daquele jornal, e eu remexendo na imensidade de papéis, jornais, livros, etc., que tenho em cima da mesa e em roda de mim, puxei por uma comprida tira escrita de ambos os lados, e lha dei.
> – Tenha a bondade de ler.[56]

A narrativa prossegue e o clímax fica por conta da mencionada cena entre Bento e Rita que, além de emprestar dicção satírica à história, serve para justificar a posição do narrador contrária ao casamento, como ele a defendera no decorrer do encontro, em conversa com a impertinente Emília. Ao final, o editor mais uma vez intervém: "– *O Editor*. – Agora vejo que vossa mercê enganou-me, eu queria um artigo original, e vossa mercê dá-me uma imitação de *Paul de Kock*.

---

[56] *Gabinete de Leitura*, op. cit., 24 dez. 1837 (grifo do autor).

– Pois então, meu amigo, diga isso mesmo para me não pilharem com o furto nas unhas".[57]

Caberia ainda destacar outros dois textos, só que agora no *Correio das Modas, Jornal Crítico e Literário das Modas, Bailes, Teatros, etc.*: "Venha o Artigo", de Josino do Nascimento Silva, e "Minhas Aventuras numa Viagem nos Ônibus", de Martins Pena. No primeiro, também em forma de diálogo, onde o redator parece conversar com o seu editor, diante da solicitação deste segue a resposta daquele:

> – Venha o artigo! Palavras são estas que me traspassam o peito como agudo punhal, que me fazem coar nas veias um gelo de morte, e todos os dias elas ressoam aos meus ouvidos como o estampido do trovão fere os delicados tímpanos das leitoras deste periódico, – que todas se assustam ao ouvi--lo; – e o mais é que eu prometi o artigo, nada me ocorre que escreva com vizos de agradar! Que farei em tais apertos.[58]

O redator chega a pensar em se desincumbir da tarefa, relatando alguma aventura por ele mesmo vivenciada, como a que ele havia transformado em texto que foi publicado anteriormente, em 5 de janeiro de 1839, intitulado "Minhas Aventuras na Véspera de Reis": "ora, aventuras não ocorrem sempre, que hei de contar-vos, amáveis leitoras?... Pensarei, não tenho outro remédio".[59] A cobrança só aumenta e o redator só faz protelar, ocupando o espaço da página com elo-

---

[57] Idem (grifos do autor).
[58] *Correio das Modas, Jornal Crítico e Literário das Modas, Bailes, Teatros, etc.* Rio de Janeiro, Tipografia de Laemmert, 16 fev. 1839.
[59] Idem, p. 51.

gios e agradecimentos aos proprietários do *Correio*, quando, uma vez mais, a solicitação é reiterada, e ele, finalmente, apresenta uma solução para o impasse criativo: "mas o artigo... É verdade! Em falta de talento próprio, deve-se aproveitar o alheio".[60] Segue, então, a tradução de uma novela recolhida no periódico francês *Journal des Enfants*, "A Morte de uma Filha", e a esperada criação do autor – "seja como for: este número deve ter um artigo seu",[61] transforma-se em preâmbulo à criação alheia. Curiosamente, Josino já havia redigido texto semelhante no folhetim de *O Cronista* de 11 de fevereiro de 1837, "Mais – Venha Dinheiro", em cujo final o autor, no limite do prazo, é pressionado pelo compositor do jornal: "– Originais. – Aí os tem, homem do diabo!".[62]

O segundo texto do *Correio das Modas* que nos interessa enfatizar, de autoria de Martins Pena, "Minhas Aventuras numa Viagem nos Ônibus", relata, como o próprio título já anuncia, os fatos que se sucederam durante um trajeto dominical de ônibus em que o narrador retornava do bairro das Laranjeiras. Como ele mesmo assinala na introdução, não se tratava de um programa desagradável, como seria a travessia para Niterói, segundo se constata em outro artigo que apareceria em abril do mesmo ano, também de Martins Pena, "Uma Viagem na Barca de Vapor", mas, sim, prazeroso, "depois de um baile, o que eu gosto mais é de uma viagem nos Ônibus", prazer esse fundado em determinada ordem social igualitária que o meio de transporte coletivo de certo modo favorecia:

---

[60] Idem.
[61] Idem.
[62] *O Cronista*, op. cit., 11 fev. 1837.

Lá, como em marmota animada, vê-se cenas sérias, ridículas, engraçadas, enfim tudo o que pode acontecer entre pessoas de diferentes condições. O modesto cruzado faz o que não tem podido fazer imensidades de livros e sermões; pois nivela as condições, e estabelece completa igualdade entre todas as pessoas que o possuem e querem fazer uma viagem nos Ônibus. Abençoados Ônibus![63]

Durante o percurso, o narrador se vê às voltas com personagens inoportunos e estereotipados que, contudo, não o enfastiam, ao contrário, o induzem a "passear nos Ônibus todas as vezes que pudesse".[64]

Traçando algumas aproximações, é possível observar que os redatores de "Vamos à Feira", "Um Baile", "Um Jantar no Campo" e "Minhas Aventuras numa Viagem nos Ônibus", diferentemente de "A Caixa e o Tinteiro", "Uma Visita" e "Venha o Artigo", escrevem o texto que se propuseram e não aquele que restou como alternativa à impossibilidade de efetuação do trabalho de escrita jornalística. Sendo assim, valorizam mais a narrativa – segundo a noção básica de uma história que vai ser contada – do que a digressão fática ou metalinguística que, por sua vez, prevalece nos outros três, sobretudo em "A Caixa e o Tinteiro". Entretanto, o que salta à vista em relação a todos esses textos é a presença marcante das três funções, variando, apenas, o grau de intervenção de cada uma delas. Seria ainda possível observar que, para alguns críticos, quando a narratividade prepondera, o texto se aproxima do conto, no sentido mais contemporâneo do termo, ou

---

[63] *Correio das Modas*, op. cit., 26 jan. 1839.
[64] Idem.

seja, de uma narrativa escrita, curta, na qual se relatam histórias de caráter ficcional, restritas a um único conflito – critério que, por exemplo, levou Barbosa Lima Sobrinho a incluir alguns desses textos em sua antologia intitulada *Os Precursores do Conto no Brasil*.

A crônica e o sublime literário

Para que se tenha ideia dessas diferenças e para que ampliemos a rede discursiva do período, seria importante confrontar brevemente essas produções jornalísticas com as que eram publicadas sob a égide de esfera mais literária. Os exemplos seriam inúmeros, principalmente de material traduzido da imprensa europeia. Contudo, alguns autores brasileiros já ganhavam visibilidade exatamente nesse período, produzindo as suas primeiras prosas de ficção, inclusive no *Gabinete de Leitura*, como o referido João Manuel Pereira da Silva. Foram seis ao todo, entre outubro e dezembro de 1837, assinados pelo autor: "Luísa, Legenda Brasileira" (15/10), "Uma Aventura em Veneza" (22/10), "Um Primeiro Amor" (05/11), "As Catacumbas de São Francisco de Paula" (12/11), "Um Último Adeus" (19/11) e "Maria" (10/12).

A primeira narrativa, que se passa na época da chegada de D. João VI ao Brasil, conta a história do amor entre a virtuosa Luísa e o vicioso Carlos que é interrompida quando esse é recrutado pelo exército e se vê obrigado a servir em Lisboa. Não obstante o abandono, Luísa ainda se mantém fiel ao seu amado, recusando durante certo tempo as investidas de Alberto, irmão de Carlos. Contudo, ao tomar conhecimento da morte deste, acaba cedendo. A cerimônia de casamento, então, se realiza, e, no decorrer da festa, Luísa recebe o recado de um desconhecido com quem ela se encontra às escondidas. O pai, Fernando, e o esposo percebem a sua ausência e dão início às buscas. Mais tarde, ela é encontrada morta nas águas do rio Iguaçu. O relato do que supostamente teria acontecido durante o sumiço da jovem esposa fica por conta das velhas senhoras da localidade que transformaram o episódio na lenda que elas transmitem àqueles que cruzam a região e se deparam com a roseira no local onde Luísa foi enterrada: o desconhecido era Carlos e, por tê-lo traído e não poder amar Alberto, Luíza se suicidou.

O cenário onde se desenrola o enredo que acabamos de resumir possui uma atmosfera lúgubre: "Às margens do rio Iguaçu há um lugar ermo e solitário, respeitado por todos os habitantes daquele país. É um bosque formado de árvores que se assemelham aos ciprestes europeus, elevando seus ramos ao céu, como se fossem as súplicas dos homens". O narrador ainda o associa a um "monumento gótico e antigo que com orgulho os habitantes mostram aos viajantes; é a sua média idade, onde colocam diversas legendas, diferentes histórias e romances".[65] A protagonista é descrita em "sua beleza ideal", semelhante às estátuas das "Vênus de Canova e de Médicis" e superior às formas angelicais de Correggio, Rafael Sanzio e Guido Reni, na pintura, e Byron, Shakespeare e Scott, na literatura. Carlos, por sua vez, apesar de ser "o mais perverso dos homens",[66] nutria por Luísa sincero amor. Além do es-

---

[65] *Gabinete de Leitura*, op. cit., 15 out. 1837.
[66] Idem.

tilo grandiloquente, a dicção da narrativa de Pereira da Silva é dotada de forte carga melodramática que se evidencia não só pelo emprego das tintas sombrias com que ele pinta os seus cenários e personagens – "e o pobre Fernando chorava com ela [Luísa], esforçava-se em vão em extirpar-lhe do coração o mortal veneno que a carcomia..." – como, também, pelo seu caráter cifrado, onde tudo se oculta, criando o clima de mistério que envolve todo o relato (por exemplo, as obscuras circunstâncias da morte de Luísa ou as que se relacionam ao suposto regresso de Carlos).

As outras produções de Pereira da Silva seguem o mesmo modelo.

Em "Uma Aventura em Veneza", um jovem brasileiro se encontra, em pleno carnaval, na bela cidade italiana à margem do Mar Adriático, quando descobre a tristeza das mães que frequentam os bailes carnavalescos para chorarem a perda de seus filhos, mortos ou presos, depois de se envolverem em insurreições contra a invasão do império austríaco.

"Um Primeiro Amor" é a história da jovem e bela Carolina que se apaixona pelo ambicioso Emílio que ela encontra em um baile no Catete. Tudo ia às mil maravilhas até que ela é abandonada pelo amado que se enamorou de uma rica viúva. Desolada, ela resolve ir para o convento de Santa Tereza. Dois anos depois, ela cai doente, "esta moléstia foi julgada efeito dos seus intensos sofrimentos",[67] e morre no momento em que Emílio subia ao altar.

Em idêntico clima lúgubre de "Luísa", "As Catacumbas de São Francisco de Paula" traz o relato de

---

[67] Idem, 5 nov. 1837.

um homem que, ao visitar o túmulo de seus pais, se depara com um negro "banhado em lágrimas" que lhe narra as tristes circunstâncias da vida de Matilde da Anunciação que se casara com Eustáquio, jovem que, depois de uma desilusão amorosa e influenciado pela "literatura de nosso século",[68] fechou-se para o amor, tornando-se cético, melancólico e dado aos vícios. Um dia após ouvir essa confissão, Matilde acorda febril e pouco tempo depois morre.

Henrique, um velho sacerdote, ao ouvir as lamúrias de um mancebo que acabara de perder o seu grande amor, revela que ele também fora vítima de infortúnio amoroso antes de "tomar o hábito de Santo Antônio"[69] e conta ao jovem como ele se viu privado de sua amada Eugênia: ao recusar o casamento imposto pelo pai, ela foi obrigada a entrar no convento de Nossa Senhora da Ajuda. Mais tarde, já sacerdote, Henrique faria a extrema-unção de Eugênia, não sem antes beijar-lhe a mão que ainda guardava o anel que ele a presenteara quando jovens amantes. Essa é a história de "Um Último Adeus".

Na última narrativa publicada de Pereira da Silva no *Gabinete de Leitura*, "Maria", temos o relato da tragédia da jovem do título que, desonrada por um pretendente, Camilo, a quem ela não amava, se suicida após assassiná-lo. A eloquência declamatória é, aqui, evidente: no início do texto, depois da descrição maravilhada da natureza da praia de São Domingos, em Niterói, na qual "a melancólica Maria passeava sozinha... e chorava!", o narrador

[68] Idem, 12 nov. 1837.
[69] Idem, 19 nov. 1837.

indaga veementemente: "Quem foi o bárbaro, que magoou-lhe o coração?... Quem o pérfido, que ousou rasgar-lhe o seio d'alma?".[70]

Cumpre, agora, resumir os principais aspectos que, em linhas gerais, prevalecem na prosa de ficção de Pereira da Silva, embora estejam disseminados no contexto literário da época, como atestaria um pouco mais tarde uma obra como *O Filho do Pescador*, de Teixeira e Sousa, publicada de forma seriada em 1843, no jornal *O Brasil*, e considerada por alguns o primeiro romance brasileiro: estilo grave e grandiloquente, efeito melodramático, ambiente lúgubre, tom moralizante, eloquência declamatória e enredo sentimental, sobretudo, de desventura amorosa, com exceção de "Uma Aventura em Veneza", onde sobressai a devoção materna. Ora, se confrontarmos essa prosa com o conjunto de artigos jornalísticos encabeçado por "A Caixa e o Tinteiro", é possível observar que os aspectos ressaltados na produção do autor de "Luísa" não preponderam quando encontrados no supracitado conjunto. Nesse, sobressai o estilo baixo da sátira de costumes através do qual as cenas de salão e do cotidiano urbano da corte, inclusive as da política, ganham contornos anedóticos, distanciando-se, assim, da sublimidade com que Pereira da Silva reveste os seus escritos, imputando-lhe alcance literário, pelo menos no sentido que ele emprestava ao termo, baseado na concepção de que a sublimidade fundamenta a literatura, como ele escreve em artigo intitulado "Schiller", no *Jornal dos Debates, Políticos e Literários*:

---

[70] Idem, 10 dez. 1837.

Demos por um momento tréguas à política, aos debates parlamentares, e à censura dos erros e desvios da atual administração, que toda se cifra no interesse particular e mesquinho de sua conservação e no desprezo para as grandes necessidades do país; elevemo-nos do pó, em que se envolvem os nossos governantes, e com que pretendem encobrir os seus adversários, à análise do belo, e do sublime filosófico, que predomina na literatura, que só pode influir sobre as nossas ideias, e que alarga o mundo e o espaço de nossos pensamentos.[71]

O que não significa dizer que a política estivesse alijada das Belas-Letras, ainda mais porque o autor não se volta contra a política em si, como prática humana imprescindível à organização do convívio social e, como tal, regida por determinados princípios éticos, mas, sim, contra aqueles que a exercem em desacordo com esses princípios, por exemplo, contrariamente às "grandes necessidades do país". Assim como no conjunto jornalístico acima analisado, a política também comparece com tintas suaves nas narrativas do escritor fluminense: em "Luísa", no momento em que o narrador se refere à atitude reticente de D. João VI diante da "fúria do leão do século 19";[72] em "Um Primeiro Amor", quando ironiza um deputado de Minas Gerais que pretendia a mão de Carolina; em "As Catacumbas de São Francisco de Paula", no modo indiscriminado com que Eustáquio se entrega à vida mundana: "venham todas essas ideias extremas, até

---

[71] *Jornal dos Debates Políticos e Literários*. Rio de Janeiro, Tipografia Imperial e Constitucional de J. Villeneuve, 2 set. 1838.
[72] *Gabinete de Leitura*, op. cit., 15 out. 1837.

mesmo o Sansimonismo, e a república!".[73] Novamente, "Uma Aventura em Veneza" se destaca dos outros textos, pois a política aí embasa o conflito, uma vez que é dela que emana o drama vivenciado pelas mães nos salões venezianos; algo semelhante ocorre, embora com muito mais contundência e tintas carregadas, em outro texto de Pereira da Silva, estampado no *Jornal de Debates*, em 8 de março de 1838, "A Vida Política no Brasil", no qual a narrativa se sustenta na exemplaridade trágica das carreiras políticas exercidas durante o período regencial.

Contudo, se a política pode provocar a "impressão do sublime", para retomarmos a formulação de Freire de Carvalho por nós utilizada quando discutíamos a minoridade da crônica, esse efeito só será possível mediante o emprego dos elementos em jogo no interior do quadro de referências do fazer literário da primeira metade do século XIX, até porque independe do tema a ser tratado, embora houvesse temas mais ou menos sublimes. O elenco de aspectos que sublinhamos nas narrativas de Pereira da Silva concorre para dotar a sua produção de feição mais literária, segundo os parâmetros da época. Entretanto, a ausência de um ou mais desses traços seria suficiente para conceder perfil mais jornalístico à "Caixa e o Tinteiro" ou a "Um Jantar no Campo"? Ou esse perfil dependeria mais da presença do elemento satírico? Por fim, qual seria o tratamento dispensado às outras modalidades discursivas mais diretamente vinculadas às notícias? A resposta demanda a ampliação da rede discursiva do período com a qual a crônica dialoga.

---

[73] Idem, 12 nov. 1837.

A crônica e o noticiário

Para lidarmos com as ponderações anteriores, contaremos com o auxílio de um texto noticioso publicado no *Jornal do Commércio* de 8 de fevereiro de 1839, na seção "Rio de Janeiro", que, a nosso ver, sinaliza para o modo como as notícias comuns, entendidas aqui como aquelas que se encontravam fora do campo privilegiado da política e do comércio, eram tratadas pelos periódicos de então. Intitulado "Os Assassinos da Caqueirada", o artigo versa sobre os acontecimentos iniciados no dia 5 do corrente, terça-feira, em que quatro condenados à pena capital, presos na ilha da Laje, protagonizaram uma sequência de atos aterradores: depois de fracassarem na tentativa de rebelião e sitiados pelos guardas que, com isso, buscavam a rendição pela fome e sede, três deles se suicidaram: José Martins Carlos, Albino José Pereira e José Vicente. O quarto, Antônio Joaquim da Silva, sem forças para atentar contra a sua própria vida, acabou sendo resgatado pelos policiais depois que esses, desconhecendo que só um vivia, lançaram vapor de enxofre no interior da cela, com o intuito de que os amotinados, finalmente, se entregassem. O sobrevivente seria enforcado três dias depois, conforme noticiaria o próprio *Jornal do Commércio*: "Foi executada ontem, no largo do Capim, a sentença de morte a que havia sido condenado Antônio Joaquim da Silva, um dos perpetradores do assassínio da ilha da Caqueirada".[74] O texto se presta ainda a fornecer informações mais detalhadas de cada um deles, inclu-

---

[74] *Jornal do Commércio*, op. cit., 9 fev. 1839.

sive de suas fichas criminais, e de relembrar o delito que os teria levado à pena de morte: os quatro tinham sido os responsáveis pela morte, em 12 de janeiro de 1838, do mineiro Antônio Gonçalves Liberal, "soldado da antiga guarda de honra do primeiro Imperador do Brasil"[75] e habitante da ilha da Caqueirada, onde se deu o crime.

Cumpre, ainda, salientar, antes de analisar o texto em questão, que o desdobramento dos fatos também foi acompanhado por outros jornais da época. O *Diário do Rio de Janeiro* de 5 de fevereiro de 1839 anunciava, na seção "Rio de Janeiro", o cumprimento da sentença dos quatro réus que se daria no dia seguinte; em texto conciso, destaca-se a breve descrição de cada um dos condenados e o elogio ao trabalho do chefe de polícia Eusébio de Queirós, que teria descoberto os verdadeiros criminosos. Em 6 de fevereiro, dava curta nota intitulada "Os Sentenciados à Pena Última", na qual se evidencia o modo como o redator se aproxima subjetivamente da decisão da força policial de sitiar os rebelados: "fácil era certamente matá-los, ou mesmo atirar-lhes às pernas para que caíssem em poder da justiça vivos, mas ambos esses meios pareceram talvez bárbaros, e por isso se acham reduzidos à sítio até que a fome, ou a sede, os obrigue a renderem-se".[76] No dia seguinte, uma nota ainda menor com o mesmo título, na seção "*Post-scriptum*", cujo possível espanto do redator com a revelação do que ocorreu dentro da prisão vem expressado pelas exclamações: "os outros três réus foram encontra-

---

[75] Idem, 8 fev. 1839.
[76] *Diário do Rio de Janeiro*. Rio de Janeiro, Tipografia do Diário de Nicolau Lobo Vianna, 6 fev. 1839.

dos suicidados!!!".[77] Em 8 de fevereiro, após a famosa coluna de Cincinato, breve anúncio do enforcamento de Antônio Joaquim da Silva que ocorreria naquele dia, despertando no redator certa consternação: "Consta-nos que ele se acha bastante constrito, e que fora [ele] mesmo quem pedira os santos sacramentos logo que chegou à Santa Casa de Misericórdia".[78]

O Despertador, por sua vez, transcreve, em 6 de fevereiro, o texto do dia anterior do *Diário*, adicionando que "os réus não seria[m] sentenciados amanhã, por estarem em ato de resistência".[79] No dia 7 de fevereiro, curtíssima nota no fim do exemplar, acrescentando pouca coisa.

O Sete de Abril também compila, na mesma data, o artigo do *Diário*. Contudo, diferentemente de *O Despertador*, faz o seu acréscimo no início, chamando a atenção para a atrocidade do crime e a morosidade da justiça. Ao final, comentando a sentença imputada aos criminosos, como um orador no púlpito dramatizando a cena, escreve: "a lembrança de que são eles nossos semelhantes, enluta o coração, e ofende a sensibilidade; mas a necessidade de realizar-se a pena que lhes foi imposta, dá de mão a todas as considerações filhas da filantropia. O patíbulo!!!... que horror! – eis o grito de Humanidade; – porém é para benefício da Sociedade que a Justiça ordena o castigo".[80] É no "*Post-scriptum*" da mesma edição que o jornal presta-

---

[77] Idem, 7 fev. 1839.
[78] Idem, 8 fev. 1839.
[79] *O Despertador: Diário Comercial, Político, Científico e Literário*. Rio de Janeiro, Tipografia da Associação do Despertador, 6 fev. 1839.
[80] *O Sete de Abril*. Rio de Janeiro, Tipografia Americana, de I. P. da Costa, 6 fev. 1839.

va conta dos graves incidentes no interior da prisão, mais uma vez dramatizando o evento: "entre outros gritos destes desgraçados, ouviram-se os venham, venham os Polícias que hão de pagar hoje, pelo muito que têm feito para levar à forca estes 4 inocentes!...".[81] No dia 8, curta notícia no "*Post-scriptum*", para no dia 9, na seção "Recopilação", a reprodução integral do artigo "Os Assassinos da Caqueirada" do *Jornal do Commércio*. Ainda nesse exemplar, a notícia do enforcamento de Antônio Joaquim da Silva, seguida da transcrição do discurso proferido pelo padre Candido do Amor Divino aos que assistiram a execução.

Por fim, não só os diários se ocuparam do episódio. *O Cronista*, em uma das poucas vezes que a série "Carta que a seu Amigo Y dirigem os Redatores do Cronista" se dedicou a um assunto que não fosse a política, comentou o acontecimento em 12 de fevereiro. O texto recua às circunstâncias, um ano antes, do crime na ilha da Caqueirada, depois aborda os trâmites que levaram à prisão e à condenação dos réus, aos incidentes da fortaleza da Laje e, por fim, defende Eusébio de Queirós das duras críticas por ele recebidas pelo modo como conduziu todo o processo. A repercussão do caso obtém do redator o seguinte comentário: "Estes acontecimentos sem exemplos e (permita Deus) sem imitadores têm sido objeto da atenção geral; nas conversações particulares não se fala se não da sanguinolenta tragédia da Laje, das circunstâncias com que se executou este tríplice suicídio, desfigurando a verdade a imaginação de cada um".[82]

---

[81] Idem.
[82] *O Cronista*, op. cit., 12 fev. 1839.

Como se pode perceber, foi essa desfiguração imaginativa que, em linhas gerais, permeou o tratamento dado ao episódio pela imprensa da época, em especial pelo artigo do *Jornal do Commércio*, ao qual retornamos.

Embora não exista nenhum recurso tipográfico de separação, podemos dividi-lo em cinco partes, ou seja, introdução, conclusão e, entre os extremos, três diferentes tipos de relato: o dos acontecimentos da ilha da Laje, o dos antecedentes criminais dos condenados e, mais especificamente, o do crime que os levou à situação presente.

O artigo se inicia, salientando a excepcionalidade da ocorrência: "O público desta capital ocupa-se, desde três dias, com os acidentes terríveis da prisão da Laje. Em verdade, ainda se não tinha visto revolta igual do crime sentenciado contra a execução judiciária; e muito menos as circunstâncias lúgubres deste drama".[83] Privilegiando esse último aspecto, o redator, já na segunda parte, informa sobre o pacto estabelecido pelos condenados de não morrer na mão da justiça, o que os levaria à referida rebelião e ao cerco policial cujas consequências – "uma série de atos trágicos que fazem estremecer",[84] ou seja, a sequência de suicídios – se converteriam em assunto principal do texto. O primeiro gesto suicida foi o de José Martins Carlos cujo relato ganha, através da fala do "personagem", dramaticidade narrativa:

> Às 2 horas da tarde de terça-feira, José Martins Carlos, dando fé do desígnio dos sitiantes, e sem

---

[83] *Jornal do Commércio*, op. cit., 8 fev. 1839.
[84] Idem.

proferir uma só palavra, lança mão de uma navalha, dá com ela um grande golpe ao pescoço, e grita aos seus companheiros, arremessando-lhes a navalha: – Quem quiser faça outro tanto. – Dito isto, cai e expira.[85]

No relato do segundo, há, como se observa no trecho por nós abaixo grifado, a presença de certa dicção declamatória através da ênfase exclamativa e o aumento expressivo da carga melodramática devido à intervenção subjetiva, mais propriamente interpretativa, do narrador:

> Albino José Pereira levantou logo a navalha para seguir-lhe o exemplo; mas o golpe, que deu em si, foi pequeno e não mortal. Deitou-se, e assim permaneceu até a meia-noite. A essa hora, principiou a queixar-se de que a morte vinha mui lentamente. As dores da ferida o dilaceravam; porém, falecia-lhe a coragem de consumar o suicídio. *Considere-se esse jovem de 25 anos, no albor da idade, cheio de vida, oscilando entre os instintos da conservação e o desígnio de destruir-se! Que desesperação! Que horrível painel!* Faz diversas tentativas, mas em vão. Enfim, reúne todas as forças, e abre com tamanha fúria a ferida, que quase separa a cabeça do tronco.[86]

No suicídio de José Vicente, podemos destacar o modo como o autor justifica, novamente em posição interpretativa, o criminoso ter cortado o braço em vez do pescoço, como fizeram os seus antecessores: "lembrando-se da sua antiga profissão de

---

[85] Idem.
[86] Idem (grifo nosso).

barbeiro sangrador, escolhe um gênero de morte menos doloroso".[87] Por fim, a escrita dos fatos em torno do único sobrevivente, onde sobressai, mais uma vez, a intervenção melodramática do narrador, quando procura perscrutar a consciência do criminoso em meio a um cenário de cores mórbidas, além de certa eloquência declamatória, como na passagem destacada, na qual o autor se vale de metáforas lancinantes:

> Restava somente Antônio Joaquim da Silva, que fora de si passeava de um lado para outro, escorregando de quando em quando no sangue dos seus cúmplices, que inundava o assoalho da prisão. Quais deverão ser os pensamentos, as atribulações de sua alma neste horrível momento? Devorado de fome e de sede, coberto de sangue, cercado dos cadáveres dos companheiros de seus crimes, irreconciliável com Deus, sem esperança de viver, sem coragem de matar-se, *aterrado pelo aspecto fúnebre dos lugares, abandonado a si mesmo, aos golpes da lâmina pungente do remorso, em meio do silêncio da noite*, que apenas interrompia um grito de agonia, Antônio Joaquim da Silva devia nestas circunstâncias amaldiçoar mil vezes o destino que o fez salteador e assassino.[88]

Na sequência, o redator reporta-se ao mencionado expediente do enxofre, ao enterro das vítimas e ao novo interrogatório ao qual foi submetido Antônio Joaquim após os acontecimentos, onde fatos seriam revelados e outros omitidos.

---

[87] Idem.
[88] Idem (grifo nosso).

A terceira parte tem o seu início bem marcado: "os nossos leitores desejarão, sem dúvida, conhecer os antecedentes e as circunstâncias do crime pelo qual foram condenados os quatro assassinos. Eis aqui alguns esclarecimentos".[89] Cada preso é descrito em sua aparência física, por meio de breves análises de tipo fisiognomônica, nas quais os traços corporais revelam características da personalidade, como na apresentação de José Martins Carlos: "Lavater, sem o conhecer, o teria tomado por um assassino. A expressão ferocíssima de sua fisionomia denunciava-lhe a perversidade do coração; no rosto trazia estampado o transunto do que era"[90] – nunca é demais recordar que, embora tenha surgido e se desenvolvido na esteira de trabalhos pretensamente científicos como os do citado Johann Kaspar Lavater, a fisiognomonia alcançou popularidade, no século XIX, através de romances e peças de autores como Victor Hugo, Balzac, Sue e Dumas.

Assim como a anterior, a quarta parte começa com um parágrafo que anuncia de imediato o seu conteúdo: "Passemos agora a dar a nossos leitores uma história sucinta do crime destes miseráveis que lhes granjeou a pena última".[91] Segue, então, a narrativa do crime da Ilha da Caqueirada em que o foco se aproxima bastante do ponto de vista dos que estavam envolvidos com os acontecimentos um ano antes, permitindo certa encenação dos fatos em perspectiva mais íntima: "Gonçalves Liberal dormia como quem nenhuns perigos [sic] temia, quando foi

---

[89] Idem.
[90] Idem.
[91] Idem.

repentinamente despertado pelo estrépito do arrombamento da porta de entrada. Bem que sobressaltado, o desgraçado teve ainda tempo de lançar mão de uma espingarda carregada, inútil meio de salvação!".[92] Apesar de ter acertado José Martins com um tiro, a reação não foi suficiente para que os outros recuassem, e ele acabou sendo golpeado até a morte. O redator ainda nos revela que um escravo teria escapado e conseguido avisar a vizinhança que, prontamente, se deslocou para a casa da vítima, mas não a tempo de evitar que os criminosos fugissem. Além disso, há breve informação sobre a captura dos assassinos quatro meses depois e sobre os trâmites jurídicos que os conduziriam ao veredicto final.

O texto se encerra com a seguinte sentença de âmbito moral:

> Os quatro assassinos tinham jogado, de companhia com o patíbulo, uma partida, cujo prêmio, em caso de perda, dever[i]a ser a própria cabeça. Perderam no jogo infernal, como sempre acontece, porém relutaram em pagar as dívidas ao algoz. Possa este exemplo produzir o seu efeito moral, e desarmar todas as inclinações que desumanam a humanidade.[93]

Pelo que foi até aqui apresentado de "Os Assassinos da Caqueirada", é possível perceber determinados traços que o aproximam bastante do sublime literário das narrativas de Pereira da Silva. Afora o enredo sentimental, cuja ausência pode ser atribuída às circunstâncias específicas do fato noticiado,

---

[92] Idem.
[93] Idem.

todos os outros elementos estão presentes em menor ou maior grau: o estilo grave e grandiloquente, o efeito melodramático – através, sobretudo, das intervenções interpretativas, diante da série de eventos que, aparentemente, não fazia sentido, tamanha a sua excepcionalidade –, o ambiente lúgubre – favorecido pelo próprio cenário onde o episódio se deu, a masmorra da fortaleza da Laje –, a eloquência declamatória e o tom moralizante. Ora, essa aproximação aponta para a possibilidade de que as práticas de escrita literária e jornalística pertenceriam, no contexto brasileiro da primeira metade do século XIX, a semelhantes campos discursivos, pelo menos no que tange aos princípios que regiam o tratamento dispensado à composição textual, salvaguardando, apenas, o caráter ficcional presente na primeira e não na segunda, ainda assim com algumas ressalvas.

Exemplifiquemos, brevemente, uma dessas ressalvas, valendo-se do folheto anônimo publicado no mesmo ano e baseado nos referidos acontecimentos. Intitulado *Últimos Momentos dos Quatro Sentenciados à Morte*, o texto possui o seguinte subtítulo: "Pelo assassinato e roubo na Ilha da Caqueirada, conforme as revelações feitas no Hospital da Misericórdia do Rio de Janeiro, pelo sobrevivente Antônio Joaquim da Silva, executado no dia 8 de fevereiro de 1839, no largo do Capim". Trata-se de um drama em uma única cena, cujos personagens são os quatro envolvidos no crime que, acorrentados na prisão da Fortaleza da Laje, dialogam em um tom declamatório, eivado de reticências e exclamações, como se observa logo na abertura, na fala de José Martins: "Condenados à morte! à forca!... E havemos [sic] ser enforcados amanhã! Inferno e maldição! Oh lá miseráveis! então vocês não dizem nada? Nenhum de vocês cuida em fugir, em evitar a forca? Querem servir de espetáculo ao povo ávido de nosso suplício?".[94] Ou quando José Vicente, após cortar o próprio pescoço, clama pelos seus familiares: "Minha mulher! meus filhos! Ah! Sim... Deus! O inferno me espera!... meus crimes... meu arrependimento... meus remorsos... Eu morro!".[95]

Ressalta-se, ainda, a forte repercussão do crime: o drama foi publicado pela tipografia de Laemmert na semana dos eventos, como atestam os anúncios que aparecem no *Diário do Rio de Janeiro* e no *Despertador* de 9 de fevereiro de 1839. Considerando que o aludido depoimento que serviu de base para o folheto foi concedido pelo sobrevivente no dia 7, a publicação não teve mais do que dois dias para vir a lume. E se ainda não bastasse, há, na folha de rosto, uma epígrafe, "condenado à morte",[96] retirada de *O Último Dia de um Condenado*, romance de Victor Hugo de 1829, que coincide com a frase que abre o drama, como se pode ler na fala de José Martins citada acima. Tudo leva a crer que o autor do folheto viu nos episódios da prisão da Laje a própria realização do que em Hugo era apenas fruto de uma prodigiosa imaginação – "pois quem não escreveu ou imaginou em sua mente *o último dia de um condenado*?"[97] –, como se os

---

[94] *Últimos Momentos dos Quatro Sentenciados à Morte*. Rio de Janeiro, Tipografia de Laemmert, 1839, p. 5.
[95] Idem, p. 11.
[96] Idem, p. 3.
[97] Victor Hugo, *O Último Dia de um Condenado*. Trad. Joana Canêdo. São Paulo, Nova Alexandria, 2010, p. 159.

limites entre a realidade e a ficção não fossem assim tão nítidos, bem como entre os respectivos discursos.

Voltando à exemplaridade de "Os Assassinos da Caqueirada", preceitos como os que aparecem em dicionários de editoração mais recentes, "a informação deve ser veiculada sem interpretações ou comentários"[98] ou nos manuais de redação dos grandes jornais contemporâneos, como o do *Estado de S. Paulo*, "faça textos imparciais e objetivos. Não exponha opiniões, mas fatos, para que o leitor tire deles as próprias conclusões",[99] não se coadunam com as realizações jornalísticas de boa parte dos periódicos oitocentistas, principalmente com a modalidade que vai se tornar ao longo dos anos "a base do jornalismo, seu objeto e seu fim":[100] a notícia.

Podemos agora traçar breve comparação entre o conjunto cronístico em torno de "A Caixa e o Tinteiro" e os textos literários e noticiosos, exemplificados pelos de Pereira da Silva e "Os Assassinos da Caqueirada", respectivamente, na qual se observa que o tipo de escrita íntima ou que pode provocar certa cumplicidade afetiva – no sentido de que o leitor seria passível de vivenciar sentimentos semelhantes àqueles transmitidos pelo texto como sendo os que foram vivenciados pelos agentes da trama, ficcional ou não –, perpassa todos eles, assim como a narratividade do qual nem os noticiosos estariam isentos. A diferença,

---

[98] Faria Guilherme, *Pequeno Dicionário de Editoração*. Fortaleza, EUFC, 1996, p. 84.
[99] Eduardo Martins, *Manual de Redação e Estilo*. São Paulo, O Estado de S. Paulo, 1990, p. 18.
[100] Benedito Juarez Bahia, *História, Jornal e Técnica: As Técnicas do Jornalismo*. 5. ed. Rio de Janeiro, Mauad X, 2009, vol. 2, p. 45.

então, residiria no tratamento sublime que os artigos literários e noticiosos recebiam em contraste com o colorido satírico dos cronísticos? Por mais que nesses últimos preponderem a dicção epigramática, a questão, como a entendemos, não passa apenas pelas nuanças de estilo, embora elas contribuam para certas diferenciações importantes, mas, sobretudo, pela dupla funcionalidade assumida pelo gênero jornalístico que então se configurava na imprensa brasileira do século XIX. Em outras palavras, ao privilegiarem a comunhão fática por meio da ênfase na necessidade de sustentação da interlocução estabelecida, inclusive na expectativa de sua continuidade, qualquer que seja a periodicidade da publicação, os textos cronísticos trazem à baila as suas condições específicas de produção, logo assumindo, também, função metalinguística, o que os tornam em certa medida mais jornalísticos do que os próprios artigos noticiosos.

Se voltarmos às questões suscitadas pelo surgimento e desenvolvimento da seção folhetim desde a matriz francesa até as folhas nacionais, podemos, a partir dos textos que vimos analisando, apontar alguns resultados provisórios sobre o funcionamento do periodismo da primeira metade do século XIX e, sobretudo, da modalidade cronística.

Do ponto de vista da materialidade, vimos, já na França, a importância do espaço à parte, situado ao rodapé da página, como dispositivo gráfico que facilitava a inserção de matéria cultural – no início, preponderantemente ligada à esfera do teatro – em jornais hegemonicamente políticos. Num primeiro momento, restrita a anúncios de espetáculos, tão logo a seção ganharia voz crítica, ampliando, ao mesmo tempo, o campo de abordagem, na medida em que incorporava a literatura, a história, a vida mundana, a ciência e até a política. Com isso a figura do folhetinista ganhava visibilidade, tornando-se uma espécie de agenciador preocupado em estabelecer as mediações entre a vida cultural da cidade e o seu respectivo público. No Brasil, apontamos para como a seção teria surgido no início da década de 1830 e o interesse que ela despertou alguns anos depois, já sob a influência da voga dos romances escritos ao correr da pena. Entretanto, foi nesse contexto que identificamos, também, o aumento do raio de ação do enfoque folhetinesco, uma vez que os assuntos que mal ou bem sempre estiveram sob sua alçada, assim como o seu modo peculiar de tratamento dos temas, passaram a ser compartilhados com outras seções dos jornais, apesar de encontrarem no espaço horizontal ao pé de página seu lugar por excelência – vínculo, aliás, que se tornaria mais intenso nas décadas seguintes, adquirindo contornos específicos, como veremos no capítulo a seguir.

Da perspectiva da composição textual, o jornalismo em geral trabalhava praticamente com os mesmos recursos estilísticos, não demarcando fronteiras tão nítidas entre as diferentes modalidades discursivas que figuravam em suas páginas. Se hoje, por um lado, em um artigo de fundo ou em qualquer texto de teor opinativo é possível a intervenção subjetiva de modo acentuado, por outro, na notícia, exige-se, segundo prescrevem os citados manuais, a imparcialidade, a objetividade, a clareza, valores que os redatores contemporâneos devem apresentar em seus textos mediante o emprego sintático de frases curtas e da ordem direta, evitando, entre inúmeros itens, preciosismos, formas pessoais, adjetivos que "envolvam avaliação ou encerrem carga elevada de subjetividade",[101] em suma, um conjunto de dispositivos linguísticos cuja presença tornaria o texto inapto a exercer a sua função primordial de informar com isenção. No século XIX, como vimos, prevalecem a subjetividade, a perspectiva íntima, a adjetivação eivada de visão pessoal, a despeito do gênero do discurso envolvido na elaboração textual e do posicionamento deliberadamente assumido pelo autor – mais adiante, veremos como Paranhos procurava não evidenciar as suas opções políticas. O que não quer dizer que não houvesse diferenças, apenas que essas não estavam sob a ingerência do mesmo conjunto prescritivo do atual jornalismo.

No caso da crônica, mais propriamente em relação aos textos que estamos tomando aqui como predecessores da prática do gênero na imprensa brasileira, podemos ressaltar como elementos constitutivos o veio satírico, a predominância da articulação entre as funções fática e metalinguística, a partir da qual se desenha a sua intimidade específica, pautada nas condições do próprio trabalho jornalístico, e, por fim, o envolvimento com o "cenário interno" em seus mais variados registros, inclusive o político, onde a cidade se torna elemento central da referencialidade do texto, o que demonstra certa afinidade da produção cronística com a diretriz principal de boa parte do jornalismo de então, principalmente o diário.

A situação discursiva da imprensa periódica brasileira que temos analisado até o momento diz

---

[101] Eduardo Martins, op. cit., p. 23.

respeito às suas condições de realização no decorrer da década de 1830, período no interior do qual acreditamos ter identificado determinadas manifestações que podem ser associadas ao surgimento da crônica no Brasil. No capítulo seguinte, abordaremos o desenvolvimento do gênero tal como se deu nas décadas de 1840 e 1850.

CAPÍTULO 3
NAS GALÉS DA IMPRENSA: A AUTONOMIZAÇÃO DA CRÔNICA A PARTIR DA DÉCADA DE 1840

A crítica, a crônica e o espaço folhetinesco

Vimos que, em 1839, o *Jornal do Commércio* incorporaria às suas páginas a seção *feuilleton*, já com o nome folhetim, publicando *Edmundo e sua Prima*, de Paul de Kock. Em janeiro de 1840, com a divulgação do romance *Catharina Corner*, de Alphonse Royer, o *Diário do Rio de Janeiro* seguiria os passos da concorrência, adotando a nova seção com o bem conhecido título "Apêndice". Ainda sob a influência do rival, o jornal de Nicolau Lobo Vianna trocaria a rubrica do seu rodapé no ano seguinte: "a palavra *folhetim*, adotada pelo *Jornal do Commércio* para dar ideia dos artigos de recreio que os franceses chamam de *feuilleton*, está geralmente recebida: nós, para não contrariar o uso, substituímos o nosso *apêndice* pelo *folhetim*".[1] Essa entrada em cena mais sistemática dos grandes jornais diários no campo das modalidades discursivas voltadas ao entretenimento acaba por diversificar o material publicado, atingindo, consequentemente, diferentes estratos de público leitor,

---

[1] *Diário do Rio de Janeiro*. Rio de Janeiro, Tipografia do Diário de Nicolau Lobo Vianna, 12 fev. 1841 (grifo do autor).

imprimindo novo direcionamento ao jornalismo de então. O caráter mais restrito do que vinha sendo feito até o momento, no qual prevalecia a especialização temática, começa a perder força, passando a conviver com a pluralidade discursiva, divulgada em um objeto único de leitura, ao contrário de disseminada em pequenas folhas cujo intervalo de tempo entre os exemplares era maior.

No espaço da seção folhetim, vão coabitar a crítica, sobretudo teatral, seja lírica ou dramática, e os romances. Como bem assinala Giron,[2] em diários como o *Jornal do Commércio* e *O Mercantil*, "a crítica, antes soberana no espaço dedicado ao recreio, esforça-se para aparecer de vez em quando, quinzenal ou esparsamente. O devaneio de uma história de capa e espada revela-se tão importante quanto informar-se sobre o movimento lírico da capital". Não teria sido diferente um pouco antes, no início do ano de 1840, na crítica dedicada exclusivamente ao teatro. No *Jornal do Commércio* de 3 de janeiro de 1840, sob a rubrica "Teatro de S. Pedro d'Alcântara", a recensão ao espetáculo *O Gaiato de Lisboa*, de Aristides Abranches, dividia o espaço do folhetim com o romance *O Quebrador de Imagens, História Flamenga do Tempo do Duque d'Alba*, do hoje quase esquecido escritor francês Emmanuel Gonzalès. Entre 8 e 11 de janeiro, reinaria sozinho o já citado "Jerônimo Corte-Real", de Pereira da Silva. Por sua vez, o comentário teatral poderia vir desacompanhado, como o que aparece publicado em 12 de janeiro sobre a tragédia "Nova Castro", de João

---

[2] Luís Antônio Giron, *Minoridade Crítica: A Ópera e o Teatro nos Folhetins da Corte*. São Paulo, Edusp; Rio de Janeiro, Ediouro, 2004, p. 126.

Baptista Gomes Junior. Ou seja, compartilhando a seção ou se revezando nela, crítica e romance caminhavam lado a lado, e se algumas vezes este sobrepujava aquela era porque ele já vinha pronto, como material importado, e ainda contava com a velocidade de vorazes tradutores para colocá-lo imediatamente em circulação na língua pátria, como Justiniano José da Rocha, Henrique César Muzzio e Paula Brito.

Talvez a crítica ganhe maior força com a entrada em cena de Martins Pena. O jovem dramaturgo vai se dedicar, entre 1846 e 1847, à prática hebdomadária, depois de transitar, como vimos, pelo *Correio das Modas* e *Gabinete de Leitura*, além de já ter iniciado a sua obra teatral. Sob a denominação "A Semana Lírica", era no *Jornal do Commércio* que o autor de *Juiz de Paz da Roça* comentava óperas e operetas, entre outros espetáculos cantados ou como define o próprio autor, em 14 de janeiro de 1847:

> Quando escrevemos nosso folhetim temos unicamente em vista comunicar ao público que peças subiram à cena durante a semana lírica, e como foram executadas. Naturalmente a crítica deve ter grande parte nos nossos escritos, já para a correção dos artistas, já para reduzirmos às suas devidas proporções e limites certas *pretensões* exageradas.[3]

Para que se tenha uma vaga ideia da objetividade pretendida por Martins Pena em seus textos, nesse mesmo folhetim, o crítico analisa a montagem, no Teatro de São Pedro de Alcântara, da ópera *A Filha*

---

[3] *Jornal do Commércio*. Rio de Janeiro, Tipografia Imperial e Constitucional de J. Villeneuve e Comp. e Sucessores de Plancher, 14 jan. 1847 (grifo do autor).

do Regimento, de Donizetti, descrevendo minuciosamente o cenário, o desempenho da orquestra, o desenvolvimento do enredo e, por fim, a atuação dos cantores e do maestro. Essa objetividade também pode ser percebida na justificativa que Martins Pena apresenta para o atraso na publicação do artigo citado: "Há mais dias que este folhetim devia ter saído à luz: quisemos fazer uma experiência, qual a de ouvir a nova ópera quatro ou cinco vezes para melhor firmarmos nossa opinião, e retificar em uma noite os enganos da outra".[4] Assim, o percurso de Martins Pena vai de aspectos técnicos, quando sugere que o cantor italiano Filippo Tati teria transposto, indevidamente, o tom de uma ária da ópera *Norma*, de Bellini, a questões administrativas, como a crise que levou à demissão de todos os membros da orquestra do Teatro de São Pedro de Alcântara (folhetins de 7 de outubro 1846 e 19 de agosto de 1847, respectivamente), passando por considerações a respeito da vida social típica dos frequentadores das casas de espetáculos. Em todos os casos, qualquer que fosse o assunto, os textos apareciam entremeados de humor.

Como o nosso trabalho não está voltado para a análise da formação da crítica brasileira no século XIX, não nos interessa aqui discutir o embasamento argumentativo de Martins Pena, como o faz muito bem Luís Antônio Giron, em livro já por nós mencionado, mas, sim, chamar a atenção para um dos aspectos estratégicos da elaboração textual da crítica que pode ter contribuído para a realização da crônica. Estamos aludindo ao aspecto com o qual trabalhamos

[4] Idem.

quando abordávamos as contribuições de Geoffroy ao jornalismo, ou seja, o processo de autonomização do *feuilleton* mediante o desprendimento do folhetinista cuja voz crítica torna-se importante elemento agenciador da vida cultural da cidade. Contudo, há no processo certa tendência à circunscrição discursiva na medida em que essa voz concentrava-se em uma única atividade cultural: se, no início, privilegiava o teatro, mais tarde abarcaria também a música, como atestam, no *feuilleton* do *Journal des Débats*, as "Chroniques Musicales" assinadas por X.X.X, pseudônimo de Castil-Balze, e depois por Hector Berlioz; as artes plásticas, nos artigos de Boutard; a literatura, na pena de Nordier, em suma, para cada atividade uma voz específica compartimentando a seção em pequenas outras sob a assinatura de diferentes críticos. Na verdade, tratava-se do exercício da velha crítica agora como prática jornalística que, manifestando-se até então em diferentes meios impressos ou em outros quadrantes das páginas dos periódicos, começava, a partir do espaço privilegiado do folhetim, a ocupá-lo como se dele nascesse – fenômeno igualmente válido para o romance. O que não quer dizer que ela corresponderia integralmente ao gênero específico que aí se formou, o folhetim. A crítica vai, sem dúvida, se constituir em uma das forças motrizes desse gênero, mas foi necessário que a voz deixasse de ser apenas crítica e passasse a ser, também, como diria Alencar, volúvel, para que no interior da seção ao pé da página, e não só nela, uma nova modalidade jornalística fosse engendrada, o que só vai ocorrer no início da década de 1850: "O folhetim, até então dividido em gêneros (teatral, romance, baile, político, etc.), transforma-se em peça digressiva, que aborda os mais variados assuntos em um mesmo texto".[5]

Sob esse prisma, já o início da década foi pródigo em publicações. Além da contribuição daquele que alguns historiadores literários apontam como o inaugurador do gênero folhetim na imprensa brasileira e, por extensão, da crônica moderna, o advogado e poeta Francisco Otaviano de Almeida Rosa, com os artigos de "A Semana", impressa no rodapé do *Jornal do Commércio* a partir de dezembro de 1852, podemos ressaltar ainda no mesmo jornal "Cartas ao Amigo Ausente" (1850-51), série atribuída a José Maria da Silva Paranhos, o surgimento dos semanários *O Álbum Semanal, Cronológico, Literário, Crítico e de Modas*, ao final de 1851, redigido por Augusto Emílio Zaluar e Carlos Antônio Cordeiro, *O Jornal das Senhoras, Modas, Literatura, Belas-Artes, Teatros e Crítica*, cuja primeira redatora foi a dramaturga e romancista Joana Paula Manso de Noronha, e o *Novo Correio de Modas, Novelas, Poesias, Viagens, Recordações Históricas, Anedotas e Charadas*, ambos do início de 1852. Como se pode perceber pelas datas, as "Cartas" e os semanários precedem a série de Otaviano, o que coloca entre parênteses certa preocupação com a identificação da origem do gênero. Até porque, pelo percurso até aqui apresentado, acreditamos que já tenha ficado claro que a crônica, tal como ela acabaria se configurando no século XX, surge de diversas fontes discursivas, advindas tanto do próprio universo jornalístico quanto do extrajornalístico. Nesse sentido, o conjunto cronístico por nós apresentado relativo à segunda metade da década de 1830, cujos

---

[5] Luís Antônio Giron, op. cit., p. 173.

textos, que não se limitavam à seção folhetim e ainda se nutriam da antiga tradição da anedota, teriam contribuído, assim como a crítica que ganhava fôlego nos anos 1840, e, como veremos, o folhetim dos 1850, para informar a crônica. Quando Luís Martins[6] escreve que "a crônica nasceu do folhetim" ou que ela é "um folhetim que encurtou",[7] ele está, ao nosso ver, eliminando a diversidade discursiva que provê a crônica no contexto do século XIX, inclusive quando minimiza a importância da seção folhetim para a compreensão do gênero. Embora o modo como o folhetim se realizaria a partir da década de 1850 seja decisivo para a configuração da crônica e, nesse sentido, faz diferença o fato de a produção de Otaviano ter sido divulgada em uma folha diária, e na mais importante do país naquele momento, não cabe restringir os vínculos intertextuais e materiais apenas ao folhetim, correndo o risco de simplificar demasiadamente a questão.

Historiar a semana: "Cartas a um Amigo Ausente"

Deixando a produção de Otaviano para mais adiante, cuidemos dos seus antecessores imediatos, primeiramente das "Cartas" do futuro Visconde do Rio Branco. Veiculadas entre 23 de dezembro de 1850 e 28 de dezembro de 1851, elas saíam anonimamente às segundas-feiras na coluna "Comunicado" do *Jornal do Commércio*, ou seja, fora da seção folhetim que, por

---

[6] Luís Martins, *Suplemento Literário*. São Paulo, Comissão Estadual de Cultura, 1972.
[7] Ibidem, p. 11.

sinal, durante todo o período de vigência da série, foi ocupada por cinco romances e uma peça teatral. Talvez essa circunstância seja uma das razões – além, é claro, de se tratar da produção intelectual de um dos mais proeminentes políticos do Segundo Reinado, assim como de servir de precioso documento da vida política e cultural do período – para que quase somente historiadores se refiram aos textos de Paranhos e pouco se encontre a seu respeito nas páginas das historiografias literárias que tratam da crônica, o que em parte ajuda a entender a posição de Otaviano como precursor do gênero sustentada pelas mesmas. Entretanto, a dicção empregada pelo autor e o modelo discursivo por ele adotado não fogem aos parâmetros da crônica que se configuravam à época, como se pode observar já no primeiro artigo da série que, embora simule o gênero epistolar, assume a finalidade cronística:

> Só como historiador de fatos tocarei em matéria que se refira à bifaceira política do belo, fértil, mas infeliz Brasil. A crônica do que nesta pequena Babel se passar de mais notável e divertido, e que puder ser tirada à luz sem ofensa da moral e da decência pública, e sem perigo para o incógnito cronista, é o assunto sobre que versarão as minhas missivas a datar desta, que, nem por ser a primeira, escapou aos meus inveterados hábitos de escrever tarde, e, portanto, muito de afogadilho.[8]

"Historiar"[9] os acontecimentos da semana e, já na primeira, uma variedade considerável: a mor-

---

[8] *Jornal do Commércio*, op. cit., 23 dez. 1851.
[9] Idem, 13 abr. 1851.

te de eminente professor da Escola de Medicina, doutor Francisco Júlio Xavier, as férias do "mundo escolar", a evasão dos políticos e da família imperial para estâncias mais amenas, por conta do verão e da iminência de mais um surto de febre amarela, a Comissão de Higiene Pública que, apesar de criada, ainda não entrara em funcionamento, a polêmica em torno de questões alfandegárias e os novos regulamentos do comércio. Por fim, o expediente com que Paranhos vai assinar toda a série e que expressa bem o tom satírico que a permeia: a imagem da cruz, "com que afugento as tentações, e que, demais, é também aquela de que se valem os analfabetos, que pouco menos são do que este seu ingênuo amigo e muito humilde criado".[10]

Assim, o formato epistolar empregado por Paranhos serve apenas de motivo para passar em revista os fatos notáveis da semana nos mais diversos campos da vida social e cultural da cidade do Rio de Janeiro. Nem mesmo o caráter intimista do gênero comparece em seus textos, a despeito das "Cartas" serem dirigidas a um suposto amigo e do discurso da intimidade se encontrar em voga na literatura em geral pelo menos desde o século XVIII, em especial no romance que, por isso mesmo, teve uma de suas principais modalidades designada pela expressão "epistolar" – veremos mais adiante como esse discurso vai interessar mais de perto a um cronista como Otaviano. Talvez isso se deva ao fato de que o modelo assumido por Paranhos, assim como o das "Cartas que a seu Amigo Y dirigem os Redatores

[10] Idem, 23 dez. 1851.

do Cronista", se avizinhe mais ao de certos filósofos franceses, como as *Provinciais*, de Pascal, e as *Cartas Persas*, de Montesquieu, ou mesmo espanhol, como as *Cartas Marruecas*, de José Cadalso, do que ao do universo romanesco.

Em suas crônicas, Paranhos buscava isenção, sobretudo política, razão pela qual uma das poucas vezes em que o referido amigo aparece mencionado como destinatário do texto foi para lembrá-lo que as cartas estavam sendo escritas "para dar-lhe notícias da Corte, que não tenham sido publicadas por este *Jornal*, que é o seu predileto".[11] E acrescenta: "só me sujeito às condições tipográficas – pontualidade, comedimento, imparcialidade, exatidão –, e nada de política: e sujeito-me por gosto, e porque ninguém me faria tanto, tão bem e por tão pouco".[12]

Não cabe aqui discutir se o cronista seguia esses preceitos à risca – o que o aproximaria anacronicamente da imagem do típico jornalista do século XX – ou se, escondido sob o anonimato, ele apenas resguardava a sua trajetória política passada, de vocação liberal, para não comprometer a presente, que cada vez mais se ligava aos conservadores. Paranhos tinha sido eleito, com o apoio dos liberais, deputado provincial e geral, além de ter assumido a vice-presidência da província fluminense, antes mesmo de ingressar no *Jornal do Commércio*. Em outubro de 1851, abandonaria a redação das "Cartas", ao ser convocado para auxiliar Honório Hermeto Carneiro Leão em missão diplomática à conturbada região do

---

[11] Idem, 17 fev. 1851.
[12] Idem.

Rio da Prata. O cronista já evidenciara em seus artigos posição favorável à política externa adotada pelo então ministério conservador liderado por José da Costa Carvalho, o visconde de Monte Alegre, cuja pasta das Relações Exteriores estava sob o comando de Paulino José Soares de Sousa, a quem o autor das crônicas admirava politicamente. Na crônica de 3 de fevereiro de 1851, comentando a reação do futuro Visconde de Uruguai às atitudes ofensivas do governo inglês que insistia em combater o tráfico negreiro na costa brasileira, Paranhos tornava patente a sua admiração: "A nota com que o Ministro dos Negócios Estrangeiros, o Sr. Paulino José Soares de Sousa, respondeu à intimação dos novos insultos com que nos ameaça Lord Palmerston, é um trabalho que faz honra ao talento, e ao país cujos interesses e dignidade defendeu".[13] Daí em diante, a partir do ingresso na supracitada missão, a carreira de Paranhos trilharia rota ascendente sempre ligada ao Partido Conservador: em 1861, se elegeria senador e ocuparia diversos ministérios até se tornar presidente do Conselho de Ministros no 25º Gabinete, em 1871. Além disso, um ano antes, receberia o título de Visconde do Rio branco.

Contudo, como vimos, não só de política vivia o "historiar" empreendido pelo notável estadista. O desenvolvimento das condições de vida nas cidades brasileiras, em especial na corte, interessava-o constantemente. Com o humor que lhe era peculiar, do qual trataremos mais adiante, ele aceitou a alcunha de "materialão", termo cujo significado ele

[13] Idem, 3 fev. 1851.

mesmo apresenta: "quem no meado do ano da graça de 1851 clama por melhoramentos materiais para este pobre Brasil".[14] A construção de estradas, a iluminação a gás, a melhoria do estado de higiene pública, a criação de novos bancos eram fatos que obtinham do cronista comentários entusiasmados e poderiam estar sujeitos a uma tentativa de intervenção efetiva mesmo que através do texto, quando, por exemplo, ele passou a estampar o obituário de cada semana, com intuito de oferecer subsídios estatísticos para o controle da febre amarela – na lista, era a única doença que aparecia discriminada.

Sobre qualquer tema a sua atitude era quase sempre intervencionista. O que poderia ser apenas um comentário às leis de reforma da instrução pública que estavam sendo discutidas naquele momento nas Câmeras Legislativas, traduz-se, em seu texto, não apenas em diagnóstico da situação, mas em verdadeira proposta defendida como se o autor estivesse na tribuna, em pleno debate parlamentar: "As escolas do primeiro grau devem ter por fim o desenvolvimento regular das faculdades do homem pelo ensino mais ou menos extenso dos conhecimentos usuais de que não podem prescindir as classes inferiores das cidades e dos campos".[15]

O outro importante tema do qual se ocupava Paranhos era o do "mundo elegante",[16] os espetáculos líricos e os bailes que cada vez mais invadiam a vida social do Rio de Janeiro. Seguindo o fluxo do cotidiano da cidade, o cronista acompanhava o

---

[14] Idem, 8 jun. 1851.
[15] Idem, 13 jul. 1851.
[16] Idem, 3 fev. 1851.

aumento dessas manifestações no decorrer do ano. Como a série só se iniciou em dezembro de 1850, no período em que as ilustres famílias fugiam do rigoroso calor da estação e a classe política encontrava-se em recesso, como ele mesmo noticiara logo na primeira carta, pouca coisa ocorria em termos de lazer público nos meses de verão, exceção feita ao carnaval e às festas de santos. Era em maio que o ciclo das "reuniões dançantes" principiava, insuflado pelo momento em que "a quadra parlamentar coincide com a estação própria dos bailes nesta boa cidade",[17] em que a retomada das atividades políticas confluía com o retorno das famílias à corte, sob a égide do outono mais ameno. As reuniões se intensificavam no inverno, levando o cronista a afirmar: "Não exagero dizendo que uma febre dançante se apossou do espírito ou antes das pernas dos habitantes desta boa cidade do Rio de Janeiro".[18] E como se não bastasse, a temperatura corporal iria subir ainda mais no limiar da primavera, exatamente no dia 19 de setembro, com o baile promovido pelo imperador Pedro II. Paranhos já se ocuparia da festa na crônica publicada dois dias depois: "tudo quanto pode tornar um baile suntuoso e agradável houve no baile de ontem. Era um verdadeiro Éden o palácio imperial".[19] Segue-se uma descrição minuciosa do evento, na qual se destacam, como símbolos dessa suntuosidade, as três orquestras de dezenove músicos cada, distribuídas por diferentes aposentos, criando distintos ambientes dançantes.

[17] Idem, 27 abr. 1851.
[18] Idem, 24 ago. 1851.
[19] Idem, 21 set. 1851.

Quanto às cenas lírica e dramática, Paranhos se comportava muito mais como abalizador de políticas públicas do que como crítico, uma vez que pouco se dedicava às análises dos espetáculos propriamente ditos, como fizera Martins Pena alguns anos antes. Se por um lado enfatizava a decadência do Teatro de São Pedro de Alcântara, o mais importante da época, por outro elogiava os "teatrinhos particulares"[20] geridos por pequenas sociedades, como a Melpomene, que atuavam em salas menores, como a do Teatro de São Francisco. Já as récitas eram quase que só anunciadas. Para exemplificarmos com um nome bem conhecido, a temporada da ópera *O Fantasma Branco*, de Joaquim Manuel de Macedo, recebeu do cronista apenas um breve comentário a respeito de sua boa recepção, referindo-se, inclusive, à apresentação em que o autor de *A Moreninha*, presente na plateia, foi devidamente saudado pelo público. No parágrafo seguinte, concentra-se no contrato estabelecido entre João Caetano e a diretoria do Teatro de São Pedro de Alcântara, onde a ópera era montada, explicando ao mesmo tempo os trâmites que envolveram a cessão de direitos da peça por parte de Macedo ("Carta" de 6 de julho de 1851). Sobre o libreto, a partitura ou mesmo a encenação, nenhuma palavra. Curiosamente, a única vez que Paranhos analisou um pouco mais atentamente um espetáculo foi quando escreveu sobre os ensaios de preparação de *A Sonâmbula*, de Bellini, destacando as performances da prima-dona Zecchini e do tenor Labocceta.

---

[20] Idem, 24 fev. 1851.

Do ponto de vista dos recursos textuais empregados por Paranhos, a sátira é um dos que mais se destaca, o que reforçava a tendência da prática cronística desde a década de 1830. Além dos exemplos que já brevemente mencionamos, cumpre relacionar o modo como o autor se vale de um provérbio para noticiar a viagem do presidente da província, o conselheiro Luiz Pedreira do Couto Ferraz, como se lê no texto de 12 de janeiro de 1851:

> O presidente do Rio de Janeiro segue à risca o antigo adágio – o seguro morreu de velho –: foi o que ouvi a certa má-lingua, por que S. Ex.ª safou-se para Serra no dia 30 do mês último, e então aconteceu falar-se muito em um caso de febre amarela. Não se pode ser autoridade hoje em dia! Até exigem que se não preservem da febre amarela![21]

Em outra crônica, ao saudar a chegada do navio *Teviot* ao porto do Rio de Janeiro, primeiro da recém-inaugurada linha de vapores entre a Inglaterra e a América Meridional, Paranhos lamenta a pouca atenção dada ao acontecimento que ele julgava ser mais uma importante contribuição às melhorias materiais do país. Duas razões teriam contribuído, segundo ele, para o descaso da população: a tensa relação diplomática com os britânicos e a sempre conturbada política interna brasileira. Quanto a essa última, o comentário veio em tom epigramático: "em vez de discutir-se o futuro que nos pressagia o *Teviot*, entraremos na fertilíssima, sublime e proveitosíssima discussão de santas-luzias,

---

[21] Idem, 12 jan. 1851.

saquaremas, lisos, cabeludos, cristãos, judeus, guabirus, praieiros, caranguejos, equilibristas, e por aí além, *sine fine*".[22]

Um outro expediente textual que se sobressai nas "Cartas" do futuro visconde é o da descrição. Afora o baile imperial já aqui aludido, há inúmeros exemplos, mas gostaríamos de ressaltar apenas dois, nos quais se percebe a diferença de tratamento do relato em sua adequação com o tema: o da inauguração do vapor de guerra *Pedro II* e o de um baile no Campestre. O primeiro caso alude à confecção de "um vaso digno da mais minuciosa descrição pelo gosto e perícia com que foi construído e mobiliado",[23] que acabara de sair do estaleiro para o seu primeiro teste, tendo a bordo o próprio Pedro II. Ainda na mesma "Carta", o cronista, entusiasmado, inicia assim a sua descrição: "tem de quilha 168 pés, de boca 26½, e de pontal 17. Seu maquinismo de vapor é duplo, e de força de 200 cavalos; contém dois jogos de caldeiras independentes um do outro".[24] Na sequência, não faltará o detalhamento dos camarotes do comandante e dos oficiais, incluindo aí todo o mobiliário. O segundo refere-se ao baile da sociedade que mais agradava Paranhos, a Recreação Campestre. Na crônica de 29 de junho de 1851, a dicção descritiva mudaria consideravelmente, assumindo contornos líricos: "era noite de baile [...]. O mais puro azul celeste coloria o firmamento, Sirius, Canopos, todas as lâmpadas celestes cintilavam como que desvanecidas de si mesmas, gozando essas poucas horas

---

[22] Idem, 10 fev. 1851.
[23] Idem, 17 fev. 1851.
[24] Idem.

de soberania que únicas lhes outorga o déspota das regiões etéreas".[25]

É interessante notar que conforme o ano se aproximava do inverno, estação que, como vimos, era tomada pela "febre dançante", o lirismo, quase inexistente no início da série, vai ganhando cada vez mais espaço, inclusive sem a ironia que frequentemente surgia quando a veia lírica irrompia, como na crônica de 7 de abril de 1851: saudando a chegada do novo mês, Paranhos lista provérbios franceses relacionados ao tema, cuja tradução suscita-lhe arroubos poéticos, imediatamente satirizados pela suposta reação do leitor: "que reverendíssima maçada terão dito os que sabem encher varas quadradas de papel semeando rosas e boninas em cada linha, sempre com graça e conceito! Tenham, porém, paciência esses 'espíritos de ambrosia, esses cérebros eminentemente racionais', que já agora, em que lhes pese, estou resolvido a entreter-me com o mês de abril, e lá vai mais um".[26] Daí por diante, entre o outono e a primavera, rosas e boninas enfeitariam cada vez mais o texto das "Cartas" à medida que aumentava a "febre dançante". Esse ajuste temporal, ou melhor, esse ajuste do modo como a sociedade organiza sazonalmente o seu cotidiano através de eventos e práticas culturais encontra na periodicidade do jornal e sobretudo na serialidade da crônica o seu correlato discursivo.

No âmbito da comunhão fática, Paranhos se via constantemente às voltas com a inevitável falta de assunto que atormentava todos que "rema[va]m nas

---

[25] Idem, 6 jun. 1851.
[26] Idem, 7 abr. 1851.

galés da imprensa". Como em "A Caixa e o Tinteiro", a situação sempre se tornava mais complicada na medida em que o prazo de envio do texto ia chegando ao fim. E tal como no texto de Justiniano José da Rocha, a dificuldade da situação acabava gerando uma reflexão sobre as condições de realização do próprio gênero:

> Passa a segunda-feira, vem a terça, e depois a quarta, chega a quinta, e logo no dia seguinte a sexta, e o pobre cronista, obrigado a aviar a encomenda num dia determinado, acha-se nesse dia sem uma sexta, sem uma quarta, e até sem uma terça de novidades. E embora esteja estéril como as areias do deserto, vazio como um discurso dos nossos parlamentares na discussão do voto de graças, impertinente e de mau humor como a moça a quem a mucama quebrou o vidrinho de sua mais predileta essência, sabe que há de se dar a todos os diabos para ter espírito, ou supor que o tem, no dia em que se comprometeu para com o público. Pobres dos que remam nas galés da imprensa! Nem mesmo o inexaurível *Jules Janin* deixa às vezes de assim exclamar.[27]

Contudo, diferentemente do redator de *O Cronista*, o das "Cartas" foi salvo pelo gongo. A chegada do navio *Teviot* o livrou "de uma quebra vergonhosa perante a turbamulta dos leitores do *Jornal do Commércio* ou do pecado da maledicência, cujo repertório é sempre fértil e inesgotável".[28] Ou seja, a metalinguagem pode ser interrompida, uma vez que deixou de

---

[27] Idem, 11 mai. 1851 (grifo do autor).
[28] Idem.

ser necessária como meio de sustentação do diálogo estabelecido com o leitor. Além disso, considerando a remissão a Jules Janin, nunca é demais recordar que, àquela altura, em 1851, o escritor francês era o mais importante folhetinista da imprensa francesa, pelo menos desde a década de 1830. Com uma trajetória que já contava vinte anos de atuação ininterrupta no *Journal des Débats*, Janin, a despeito de outras tantas qualidades jornalísticas apontadas pelos seus companheiros de profissão, acabou se transformando no modelo de escritor que sabia muito bem honrar os seus compromissos e sustentar uma boa "conversação", tanto que ele a manteria até 1873. No entanto, se, por um lado, ao contrário de Janin, a contribuição de Paranhos esteve limitada a poucos meses, por outro, semelhante ao mestre francês, ela nunca deixou de ser "inexaurível", afinal, em nenhum momento a suposta falta de assunto foi suficiente para que ele se sentisse obrigado a suprir, metalinguisticamente, tal carência.

De certo modo, podemos dizer que Paranhos entendia muito bem a equação básica do gênero: dar conta dos eventos da semana, inclusive daqueles nos quais esteve presente, e ocupar determinado espaço no jornal, cumprindo o calendário previamente estabelecido. O simples caráter autorreferencial da metalinguagem impediria que o primeiro termo da equação fosse devidamente contemplado. Daí que, em suas crônicas, a metalinguagem não aparece como elemento substitutivo, agente mantenedor do diálogo instituído, mas apenas limitada à função reflexiva de direcionamento do texto que deve ser evidenciada como um modo de auxiliar o leitor:

Demos agora um salto de Leucates, e vamos banhar-nos às margens do Uruguai. Tendo traçado-lhe as feições da semana, descrito-lhe suas cenas mais divertidas e episódios mais importantes, seja-me lícito entrar um pouco pelo mundo político, subir aos Andes, e das regiões do condor americano observar as riquezas do nosso continente, e as desgraças dos nossos vizinhos.

Mas não saltemos de chofre, que correríamos o risco de não vencer o espaço; ganhemos terreno, tomemos carreira de mais longe.[29]

Quer dizer, de salto em salto, tratava-se de organizar o espaço da página, alongando ou encurtando o texto conforme a quantidade de notícia ao seu dispor. E, sem dúvida, a sua qualidade, se grave ou frívola, afetava o modo como ela deveria ser ordenada no texto e o tom que deveria ser empregado em seu tratamento. No caso da passagem acima, Paranhos transitava da narração dos festejos da Semana Santa – em que o desconforto por ele vivenciado no meio da multidão, que se deslocava esbaforida entre os diferentes locais de celebração, é abordado satiricamente –, para a complexa Questão do Prata cuja gravidade é acentuada pela posição assumida pelo cronista: "em minha opinião a guerra entre o Império e o tirano de Palermo é inevitável".[30] Paranhos enfrentava, assim, o mesmo dilema de Justiniano que era, na verdade, o de todo jornalista, sobretudo cronista. A diferença é que enquanto em Justiniano a metalinguagem quase que anula a referencialidade do texto, o "cenário interno",

[29] Idem, 20 abr. 1851.
[30] Idem.

em Paranhos ela contribui para concatenar melhor aquilo que deve ser referenciado pelo texto. As consequências dessa diferença podem ser percebidas em quase todas as crônicas produzidas no decorrer da década de 1850.

É o que veremos a seguir.

O mundo elegante e gracioso dos Semanários

Chegando aos semanários *O Álbum Semanal, Cronológico, Literário, Crítico e de Modas, O Jornal das Senhoras, Modas, Literatura, Belas-Artes, Teatros e Crítica* e o *Novo Correio de Modas, Novelas, Poesias, Viagens, Recordações Históricas, Anedotas e Charadas*, de imediato, é possível observar que os títulos e os subtítulos, sintetizando perfeitamente o programa de cada jornal, sugerem publicações que se assemelham à originária seção folhetim, já que, como esta, pretendiam dar conta de boa parte da demanda social por entretenimento por meio de rubricas diversas. Em certa medida, teria sido essa a vocação das gazetas de modas e de literatura pelo menos desde a década de 1830, em especial aquelas que procuravam escapar dos debates políticos, como o *Gabinete de Leitura* ou o *Correio das Modas*, vocação essa motivada também pelo aumento significativo das atividades associadas ao "mundo elegante", ou seja, bailes, salões e teatro, sobretudo após o retorno das apresentações líricas em 1844, suspensas desde 1831. Entretanto, apesar dessa correlação, esses semanários dedicavam amplo espaço aos artigos folhetinescos que, em sua autonomia, através de um único texto, procuravam cobrir os eventos mais significativos da semana, como se pode ler na coluna "A Semana" do primeiro número do *Álbum Semanal*:

> Neste curto espaço, que se chama a semana, e que é apenas um instante no curso dos séculos, se resolvem muitas vezes os maiores problemas da sociedade; e quem sabe se dependerá talvez de uma semana os futuros destinos do gênero humano? Resolvam lá as questões os historiadores predestinados e os filósofos acérrimos, que por mim, só me cumpre relatar-vos, caríssimo leitor, os acontecimentos que durante os oito dias passados, atraíram mais a atenção de todos, dando assunto às conversações do movimento do espírito.[31]

Do ponto de vista da materialidade, não se trata da seção folhetim, até porque o periódico não a possuía. O texto segue a mesma disposição vertical das outras seções e se encontra sob a rubrica mais abrangente "Crônica", na qual também consta, subdividida em "lírica" e "dramática", uma "Revista Teatral": enquanto nesta prevalecia a dicção crítica dos eventos dramatúrgicos, em "A Semana" nada lhe escaparia: "foi-me preciso um esforço inaudito para conciliar todas estas distrações [o autor se refere a uma ópera no Teatro Lírico, ao baile no Cassino Fluminense, à regata na praia de Botafogo e à corrida de cavalos no Prado Fluminense]. Mas felizmente não perdi nenhuma".[32] Conquanto muitos habitantes da cidade tivessem feito o mesmo, poucos tiveram "de

---

[31] *O Álbum Semanal, Cronológico, Literário, Crítico e de Modas*. Rio de Janeiro, Tipografia de Vianna, 2 nov. 1851.
[32] Idem.

escrever uma crônica, suponho eu, pelo menos do gênero desta, que me parece será mais intricada do que a teia de Penélope".[33] O redator, que unicamente nesse artigo adotou o pseudônimo Fausto, chama a atenção para três aspectos que nos parecem fundamentais ao trabalho do cronista em meados do século XIX: a diversidade dos eventos que deve ser por ele abordada, a sua presença efetiva em cada um deles e a conversão desse trânsito social em um texto jornalístico, da escolha do que deve figurar no texto à forma como esse será articulado. O entrelaçamento entre as partes, que o redator aqui compara à "teia de Penélope" – Alencar mais tarde vai se referir ao "Proteu moderno" –, e que é externo e interno ao mesmo tempo, acabaria se tornando o nó górdio a ser desatado pelos cronistas do período e não é à toa que vai aparecer como um dos principais elementos de remissão metalinguística do gênero, mesmo quando não corresponde à integralidade do texto, como em Paranhos e no próprio cronista de *O Álbum*.

O *Novo Correio de Modas* reservava também significativo espaço para os seus ensaios folhetinescos. Coube, então, a D. Salústio a tarefa. Assim como *O Álbum Semanal*, o jornal não dispunha de uma seção folhetim, o que não impediu que eles fossem estampados sob a rubrica "Folhetim da Quinzena" e o autor se autodenominasse folhetinista:

> Vou me vestir de ponto em branco, minhas amáveis leitoras: é o dia em que venho dar-vos as boas festas, e conversar com uma por uma de vós, mais orgulhoso do que um rei mouro, e mais dedicado

[33] Idem.

do que um paladino. E não tenho eu motivos? Não é grande a honra que recebo, eu pobre e obscuro folhetinista, de poder acompanhar-vos, (até sem testemunhas!!)... à sombra dos arvoredos, nos passeios deleitosos, e quantas vezes também no silêncio do vosso toucador, escrupulosamente *fermé* ao bafo profano da curiosidade teimosa, para vos narrar, contar, descrever com entusiasmo agora, com paixão logo, os acontecimentos que durante o espaço de quinze dias tiverem ocorrido, e que possam interessar-vos? Oh! Eu seria uma alma de gelo se esta ideia não despertasse em mim profundas emoções![34]

Além da nomenclatura associada ao campo folhetinesco, percebe-se no texto a voz que se destaca, assumindo, em tom íntimo, a conversação com a leitora sobre os assuntos da quinzena. Na sequência, após se despedir do ano que passou, 1851, o autor vai listar as promissoras novidades do ano que estava iniciando: o futuro lançamento da coleção de músicas de José Amat, intitulada *Álbum*, a construção de novos teatros, a abertura da temporada de bailes com o da Sociedade Portuguesa de Beneficência, a próxima corrida de cavalos no Prado Fluminense, boa oportunidade, segundo o folhetinista, de se contemplar as tão arredias donzelas da cidade, embora com sério risco de não acontecer, devido ao intenso calor que seria por certo forte motivo para inibi-las a sair de suas casas, calor conveniente apenas a Antônio Francioni, "sorveteiro de SS.MM.II", como nos informa o

---

[34] *Novo Correio de Modas, Novelas, Poesias, Viagens, Recordações Históricas, Anedotas e Charadas*. Rio de Janeiro, Tipografia Universal de Laemmert, 1852, p. 2.

Almanaque Laemmert. Entre os breves anúncios, curtos comentários, como a admiração expressada pelo redator ao talento de Amat, "eu com antecedência lh'a consagro, porque ele a merece" e o desapreço à "água chilra" vendida por Francioni.[35]

Quinze dias depois, D. Salústio voltava à carga, lamentando as fortes chuvas que teriam compelido os cariocas a permanecerem encerrados em suas casas. A despeito das intempéries, ele empreendeu, "dotado pela natureza de uma insaciável força de locomoção", as suas andanças pelas ruas da cidade, contudo sem obter muito êxito em sua busca, já que achou pouca coisa que valesse "a pena de ser narrado pelo vosso cronista ou folhetinista, como se diz à moderna".[36] Restou apenas o fruto do que ouviu e leu, assim sendo anexou a tradução em prosa de um poema do alemão Heinrich Heine, "O Elefante Branco". Aqui, como vimos desde "A Caixa e o Tinteiro", passando pelas "Cartas", surge a dificuldade de realização de um texto para preencher o espaço da coluna e, por conta disso, a metalinguagem se evidencia através do diálogo estabelecido com o leitor, no qual as condições de sua realização se tornam objeto do próprio texto. Todavia, há duas pequenas diferenças que gostaríamos de ressaltar: se no artigo de Justiniano José da Rocha o relato das dificuldades equivale à integralidade do texto, no caso do folhetim de D. Salústio ele representa uma parte onde a outra coincide com o poema de Heine. Na ausência do que se dizer, compartilha-se o dito alheio, como quem compartilha o livro lido,

---

[35] Idem.
[36] Idem, p. 38.

desde que se preencha o espaço da página e o diálogo seja mantido, fazendo valer aí a comunhão fática.

É desse ponto que emerge a segunda diferença: no redator de *O Cronista*, a carência de assunto é decorrente da falta ocasional de criatividade, enquanto no folhetinista do *Novo Correio*, como diversas vezes em Paranhos, é devido à inexistência de fatos notáveis em uma quinzena chuvosa. Nunca é demais recordar que, no primeiro, há uma premência maior de tempo, já que a periodicidade é bissemanal, enquanto no segundo o intervalo é de quinze dias. Além do mais, o escritor de 1836 não parecia lamentar de ter diante de si a série de temas comuns ao ofício, que ele inclusive apresenta, o que lhe faltava mesmo era inspiração depois de uma noite mal dormida. No texto de 1852, o motivo talvez não fosse ausência de inspiração, imbuído que estava do lirismo de Heine, porém carência de fatos. Em suma, se as diferenças não afetam a comunhão fática dos textos, afinal eles acabam sendo escritos e publicados, elas evidenciam o caráter mais referencial do segundo, num momento que o jornalismo ganhava contorno mais noticioso, embora sem perder de todo a articulação com a antiga vocação opinativa, sobretudo em torno dos assuntos políticos.

Ainda no mesmo trecho citado do *Novo Correio*, D. Salústio apresenta uma sinonímia que merece nossa atenção: o autor alude ao termo "folhetinista" como o modo "à moderna" de se dizer "cronista". Em outras palavras: folhetim é como se dizia, em meados do século XIX, o que era até então crônica. Quanto a esta, estaria o redator se remetendo aos modelos historiográficos de passado mais remoto? É bem possível, tanto do ponto de vista da etimologia – afinal a palavra origina-se do grego *chronos*, expressão que, em suas várias acepções, sempre indica a noção de tempo –, quanto do pseudônimo empregado, já que se trata do nome do historiador latino Caio Salústio Crispo. Entretanto, a remissão encontra-se cronologicamente mais próxima, na medida em que está associada ao próprio jornalismo. Vimos, em breves passagens, quando discorríamos sobre a nacionalidade do gênero, que o termo correspondente em inglês para designar os relatos históricos medievais, *chronicle*, teria sido utilizado pela imprensa anglo-saxã em títulos de jornais, o mesmo sucedendo no jornalismo francês com o designativo *chronique*. Em Portugal, Almeida Garrett redigiria, em 1827, *O Cronista*, nove anos antes do homônimo brasileiro de Justiniano José da Rocha, e poderíamos ainda assinalar a *Crônica Constitucional de Lisboa*, de 1833-34, novo título atribuído à oficial *Gazeta de Lisboa*, quando D. Maria II assume o trono.

Se não bastassem os títulos, a palavra apareceria também no interior dos próprios periódicos, nesse caso, denominando seções, sobretudo nas folhas francesas, onde seriam criadas sentenças com o substantivo "Chronique" seguido pelos mais variados epítetos de acordo com o tema a ser tratado, "dramatique", "musicale", "du jour", "judiciaire", "des théatres et des arts", entre outros, ou ocorrendo sozinho como na seção que abre o *Figaro* a partir de novembro de 1836, na mesma época em que Alphonse Karr era aí o redator-chefe e, provavelmente, o autor dos artigos. Não foi diferente nos jornais espanhóis – *La Revista Española* possuía a sua "Crónica extranjera" – e portugueses – o já mencionado *O Cronista*, de Garrett, tratava de política na seção "Crônica da Semana".

Nos brasileiros, *O Beija-flor*, em sua curta vida, por três vezes chamou de "Crônica" uma seção que compilava notícias estrangeiras (exemplares de números 4, 5 e 8). "Crônica da Semana" era o nome da seção com a qual *O Cronista* noticiava os fatos mais importantes, depois desdobrada em "administrativa" e "legislativa". No *Correio das Modas*, apareceria uma "Crônica dos Bailes e Concertos", na qual o redator fez o comentário da apresentação da Sociedade Filarmônica ocorrida no dia 20 de julho de 1840 – a edição é de 23 de julho. O *Jornal das Senhoras* tinha a sua "Crônica", assinada por Estrela, variando também de acordo com o tema, "dos Salões", "Teatral", etc. Depois, sob a responsabilidade de Belona, mais tarde substituída por Délia e Gervina, teria a "Crônica da Semana" e, por fim, "da Quinzena". O próprio *Novo Correio de Modas*, um mês depois de sua estreia, alteraria a rubrica "Folhetim da Quinzena" para "Crônica da Quinzena" sem divulgar qualquer justificativa nem modificar minimamente a diretriz da coluna, alternando ainda os termos dois anos depois: "Como há de um pobre folhetinista achar assunto numa vida tão parva para escrever uma crônica?".[37] Otaviano falava da suposta "monotonia da crônica" que escrevia[38] em sua série "A Semana", estampada no rodapé da página sob a rubrica "Folhetim do Jornal do Commércio". Machado de Assis vai publicar os seus textos de "Ao Acaso" também no rodapé, no caso, o do *Diário do Rio de Janeiro*, entre 1864 e 1865, referindo-se a eles como "folhetim" – "eu cismo nos

---

[37] *Novo Correio de Modas*, op. cit., 1º sem de 1854, p. 64.
[38] *Jornal do Commércio*, op. cit., 6 fev. 1853.

meus folhetins a horas mortas",[39] embora o subtítulo da série fosse "Crônica da Semana".

Mesmo fora do âmbito jornalístico, a acepção do termo não seria diferente da que se encontrava dentro, como atesta passagem da carta de Francisco Otaviano a José Antônio Saraiva, mais tarde barão de Penedo: "Desde a última vez que te escrevi têm-se passado em minha vida tantas coisas, que não sei por onde principie esta crônica triste!".[40] O que se segue vai da morte de sua irmã ao seu recente ingresso na Câmara dos Deputados.

A despeito da designação, crônica ou folhetim, a finalidade a ser cumprida pelo redator, segundo D. Salústio, não seria outra senão a de "narrar todos os quinze dias as notícias mais notáveis dos acontecimentos dignos de mencionar-se".[41] Contudo, diferentemente das crônicas que apareciam em outros setores das páginas dos jornais, as que se confundiam com o folhetim ou que se encontravam inseridas na homônima seção tendiam a privilegiar os assuntos de entretenimento e, sobretudo, a voz que devia comentá-los, mantendo com o leitor o diálogo inicialmente estabelecido, mesmo quando não havia nada de notável a ser comentado, "sinceramente confesso que nem o próprio Jules Janin era capaz de encontrar nesta escansalada [sic][42] quinzena assunto para escrever os seus espirituosos

---

[39] *Diário do Rio de Janeiro*, op. cit., 1º ago. 1864.
[40] Wanderley Pinho (org.), *Cartas de Francisco Otaviano*. Rio de Janeiro, Civilização Brasileira, 1977, p. 82.
[41] *Novo Correio de Modas*, op. cit., 1852, p. 183.
[42] Provavelmente "escanzelada", ou seja, segundo o Houaiss, "magra como um cão que passa fome".

folhetins", já que, afora o baile do Cassino, "nada mais encontramos no decurso destes quinze dias que mereça as honras de figurar nas colunas de uma crônica, escrita com toda a consciência de um moderno historiador";[43] ou ainda quando a suposta impossibilidade de realização do texto era ficticiamente apresentada como algum contratempo com o próprio escritor, similar ao que teria ocorrido com o autor de "A Caixa e o Tinteiro": "mas a grande questão é que eu tenho de escrever uma Crônica da Quinzena, e nunca me vi mais destituído de veia, de inspiração, do que hoje, para semelhante fim".[44] Na sequência, o autor lembra imediatamente da data de comemoração da revolta dos *Comuneros*, na Espanha de Carlos V, em 1520, depois destaca a expectativa em torno da estreia da prima-dona Rosine Stoltz, as mortes dos cantores Giovanni Bassadona e Bianchi di Mazzoletti, acometidos pela febre amarela, a recuperação do mágico Herr Alexander e, por fim, cita mais uma vez o poema de Garrett cujo trecho aparecera no início. Como o próprio D. Salústio nos recorda em crônica de 1854, "haja ou não haja assunto, a imprensa não espera, e é preciso improvisar quando os fatos escasseiam ou faltam completamente"[45] ou, acrescentemos, quando o cronista não parece muito disposto.

Não seria diferente com a redatora do *Jornal das Senhoras*. Na "Crônica dos Salões" de 9 de maio de 1852, Belona procura justificar a sua ausência na semana anterior, alegando problemas pessoais, uma

---

[43] *Novo Correio de Modas*, op. cit., 1852, p. 183.
[44] Idem.
[45] Idem, 1854, p. 31.

vez que duas de suas amigas haviam perdido os seus filhos, entre as quais, Maria Luíza de Azevedo, mãe do poeta Álvares de Azevedo, morto em 25 de abril: "Senti vivamente essa perda fatal; e a dor e o pranto da amiga tornaram-me incapaz de tudo que não fosse sentir com ela a morte do seu querido filho".[46] A título de homenagem, publica do autor paulista o hoje famoso "Se Eu Morresse Amanhã". Como o contratempo não era de âmbito fictício, como o que aparece em "A Caixa e o Tinteiro", não foi possível à cronista manter o compromisso estabelecido do diálogo semanal. O que não a impediu de, antes de apresentar a justificativa, apelar para certa intimidade com a leitora como modo de compensar a falta, simulando uma interessantíssima aproximação física:

> Pois façamos as pazes agora, querida leitora, neste momento mesmo, sim? E mostremos aos praguentos que nós não sabemos guardar ofensas, quanto mais – arrufos! Ora venha, venha lá esse abracinho... Bravo! Agora, muito bem; vou dizer-vos a razão que tive para vos faltar domingo, e vede em vossa alma e consciência se não vos mereço desculpa.[47]

Por sinal, o desenho dessas cenas íntimas que vinha compondo as crônicas desde a década de 1830 ganha bastante força no texto de Belona. No segundo artigo da série "Crônica da Semana", evocando a diretora do jornal, ela se vale de expediente ficcional bem interessante: anuncia a promoção de Santos, porteiro de sua casa, a auxiliar do seu trabalho de redação.

---

[46] *Jornal das Senhoras, Modas, Literatura, Belas-artes, Teatros e Crítica*. Rio de Janeiro, Tipografia Parisiense, 9 mai. 1852.
[47] Idem.

O próprio teria recomendado o novo serviço, depois de ter sido portador de uma mensagem de sua patroa, na qual ela comunicava à responsável pelo jornal o abandono do ofício de "escrever a semana" por não ter como, na condição de mulher, se envolver com "essas coisas",[48] ou seja, circular livremente pela cidade com o intuito de colher dados para a redação de seus textos. Santos assumiria, então, o novo cargo:

> – Está bem, Santos, não te aflijas por isso; eu vou dar-te provas do contrário. De hoje em diante deves passear por essas ruas da cidade quando e como quiseres; para, conversa, escuta, dá fé de tudo, mas que ninguém te suspeite, sentido Santos! Depois volta quando entenderes que assim o deves fazer, e dá-me conta do que viste e ouviste durante o dia.[49]

A partir daí, Santos passa a funcionar como interlocutor privilegiado através do qual Belona vai, com humor e graça, prestando contas ao leitor do exercício jornalístico da escrita de crônicas – além do trabalho de coleta de dados, o de contínuo, pois lhe caberia a tarefa de entregar os originais na redação: "– Santos! – Minha ama! – Vai levar esta papelada toda a mui digna Redatora em chefe do *Jornal das Senhoras*, e dize-lhe que o dito, dito: pedra em cima, se lhe não agradar";[50] ou como alguém que não a deixa esquecer o compromisso, cuidando de sua agenda: "Apre com o tal meu *fidus Achates*! Ainda o dia está em casa de Nosso

---

[48] Idem, 18 abr. 1852.
[49] Idem.
[50] Idem.

Senhor Jesus Cristo, e já me bate à porta o meu velho *Santos*, que me vem lembrar a tarefa de cronista".[51]

Quanto à inexistência de fatos notáveis, no exemplar de 11 de julho, em que *O Jornal das Senhoras* passava para as mãos de Violante de Bivar e Vellasco e a crônica deixava de ser hebdomadária para ser quinzenal – essa última mudança talvez fosse decorrente da dificuldade de sustentar a periodicidade, já que a crônica não saiu por mais duas vezes, em 23 de maio e 13 de junho –, o argumento de Belona já não é debitado às razões íntimas, mas, sim, à carência de assunto: "tão fartos de divertimentos foram os últimos dias do mês passado, quão escassos têm sido os do mês atual – e por isso pouco teremos que dizer-vos".[52] Contudo, o texto teria mais ou menos a mesma extensão dos outros das semanas anteriores.

Há ainda o caso em que nem é falta de matéria nem impedimento do cronista, mas recorrência de acontecimentos notáveis. Na "Crônica da Quinzena" de 1º de maio de 1853, Gervina, que havia assumido a coluna no mês anterior, no lugar de Délia, inicia o texto: "Ei-las aqui. Não precisam que sejam muito curiosas as minhas leitoras para que perguntem: – Quem? A crônica e a cronista. A Gervina. Encarregada de relatar-vos os fatos mais importantes que se deram nestes longos quinze dias. De que sorte cumpre-me satisfatoriamente satisfazer o meu compromisso? [...] Eis o grande problema!".[53] Quando ameaça nada dizer, reaparece a leitora indignada: "'– Nada? Então o que é isso?... Nada, senhora Cronista das dúzias? E não se

---

[51] Idem, 30 mai. 1852 (grifo do autor).
[52] Idem, 11 jul. 1852.
[53] Idem, 1º mai. 1853.

lembra que está comprometida a não nos deixar em branco?'".⁵⁴ Dando curso às suas obrigações, Gervina faz uma série de perguntas à sua leitora cuja suposta reação desta aparece em seguida:

> Mas o que quereis que vos diga desta quinzena? Que houve baile em tal noite, no qual dançou-se? Que teve lugar em tal igreja a festa deste ou daquele santo, na qual o padre ou frade no púlpito pregava o sermão? Que houve espetáculo neste ou naquele teatro, onde os cômicos representavam *em cena*, a música tocava *na orquestra*, regida *pelo regente*, e o pano subia *para cima* e descia *para baixo*? Que na Câmara os digníssimos e augustos representantes dos representados, o Exmo. presidente abria e fechava as sessões preparatórias, os expedientes sucediam-se à leitura das atas, pelo 2º secretário encarregado da segunda secretaria, e os taquígrafos escreviam em taquigrafia o que os nobres deputados diziam? Se desta sorte a Crônica noticiar-vos o que tem havido, de mais saliente, com toda a razão direis a cada uma de suas novidades: – Ora essa é boa! – Isso é velho. – Vire folha. – Até aí morreu o Neves, etc.⁵⁵

A utilização do pleonasmo é a forma que Gervina encontra para expressar a monotonia de um cotidiano que, se não deixava de ser notícia por exigência do ofício, deixava de ser notável, em face de sua recorrência. Como alternativa, pensa, então, em descrever minuciosamente os eventos, como o baile ocorrido na

---

⁵⁴ Idem.
⁵⁵ Idem (grifos do autor).

Sociedade Phil'Euterpe, todavia reconhece de imediato a inviabilidade da solução, uma vez que ocuparia muito espaço no jornal, prejudicando os outros colaboradores. Por se tratar de sociedades semelhantes, ou talvez por eufonia, a menção à Phil'Euterpe remeteu Gervina à Philarmônica, recentemente extinta, e, por extensão, à cantora Henriqueta Santos, a "Stoltz brasileira".

De remissão em remissão, um evento na Sociedade Melpomene, a mesma incensada por Paranhos, detona uma série de reminiscências que a conduz à infância, mais propriamente ao "teatrinho que há dez anos meu pai construiu ao lado de um belo jardim da nossa chácara, em Andaraí", no qual ela teria tido uma atuação desastrosa. É quando ela conclui o texto: "Olá! Cinco tiras de papel já!... e a redatora que me recomenda o laconismo em meus escritos!!... E a crônica?...[56]

Diferentemente dos impedimentos decorrentes da situação de quem escreve ou da ausência de fatos, como destacávamos em textos anteriores, aqui não só a cronista desfrutava de perfeitas condições como, também, havia acontecimentos suficientes para a realização da tarefa. Se, por um lado, o problema que Gervina levanta coloca em xeque a própria tarefa, na medida em que aponta para o paradoxo que a sustenta, ou seja, a obrigatoriedade de enunciar algo notável esbarra na falta de notabilidade dos fatos que se repetem, por outro, uma vez que o texto acaba sendo escrito e publicado, ela autonomiza a sua voz, estabelecendo com o leitor um diálogo o qual ela direciona ao bel-prazer de suas reminiscências.

[56] Idem.

A autonomia do cronista: Francisco Otaviano

Passemos, agora, ao nosso quarto autor, o último a estrear no ano de 1852, Francisco Otaviano. Em 12 de dezembro, saía, no folhetim do *Jornal do Commércio*, o primeiro artigo da série "A Semana", nome comum, já utilizado pelo *Álbum Semanal*. Em um texto dividido em partes numeradas, seis ao todo, logo na primeira, Otaviano procura sintetizar a sua proposta com dose de lirismo: "Céu azul, manhã serena, coração folgado... Conversemos. Conversemos sobre modas, bailes, teatros, romances, salões, música, poesia. Conversemos sobre política".[57] Na sequência, aparecem outros cinco itens, cada qual tratando, na ordem, dos seguintes temas: as eleições gerais, os bailes de fim de estação, a inauguração, em Botafogo, do Hospício dos Alienados, a apresentação de *Lúcia de Lammermoor*, de Donizetti, juntamente com o "furo" de Mme. Stoltz e, por fim, uma reflexão lírica que culmina com a transcrição de um poema intitulado "Fugido". Na política, apesar de uma ironia aqui e ali, o tratamento do texto é mais grave, assim como na notícia da fundação do Hospício. Na esfera do mundo elegante, o estilo desanuviado prevalece, dando margens a digressões sentimentais em um tom quase confessional. Comentando a animação do último baile do ano da Sociedade Campestre, escreve Otaviano:

> O ofego dos valsadores, a animação das conversas, a precipitação da orquestra, a confusão do serviço, tudo denunciava uma noite de despedida. Viam-se

---

[57] *Jornal do Commércio*, op. cit., 12 dez. 1852.

ali as moças mais lindas da capital, e entre elas... Dobrai-vos, páginas de minha infância: não é no meio da multidão, no bulício de um baile, ao ruído da dança, que se pode cismar. Guardai-vos para a volta, para a hora do silêncio, para a hora da saudade.[58]

Algo semelhante vai acontecer quando o autor recrimina Stoltz por não cumprir, antes de retornar à Europa, a promessa de um espetáculo beneficente. No Teatro Provisório, para assistir a mais uma apresentação da meio-soprano francesa interpretando *Lúcia de Lammermoor*, o autor passou "a noite, e não foi lá das piores; (mas não concluam daí que me diverti com as viragens de Lúcia e com a choradeira de seu amante; o que me deu prazer foram certos olhos... não digo de quem porque ainda é segredo)".[59] A iminência de uma confissão dita ao pé de ouvido que termina não se concretizando aproxima o redator do leitor, ou melhor, da leitora, por meio do recurso estilístico que Araripe Júnior chamava de "grácil" ou "gracioso",[60] quando se referia, um tanto pejorativamente, ao modo como Alencar lidava com as suas personagens femininas.

Contudo, convém lembrar que não é segundo essa acepção negativa e muito menos com o intuito de entender o recurso como efeito de uma índole intelectual e artística específica, como o faz o crítico cearense a respeito de seu ilustre conterrâneo, que recorremos ao estilo gracioso na tentativa de

---

[58] Idem.
[59] Idem.
[60] Tristão de Alencar Araripe Junior, *Luizinha/Perfil Literário de José de Alencar*. Rio de Janeiro, José Olympio, 1980, p. 140.

compreender a escrita cronística da década de 1850. Ao contrário, o nosso interesse é com a configuração do gênero, tanto assim que, mais adiante, veremos que o recurso comparece também na pena alencariana: a função do gracioso é contribuir para o estabelecimento da interlocução, reforçando o princípio fático do gênero.

Sob esse prisma, o gracioso e a digressão poética parecem ser os recursos textuais prediletos de Otaviano em contraposição à observação meticulosa de cronistas como Paranhos:

> Mas voltemos ao baile. Os cronistas costumam descrever os vestuários, desenhar os ramalhetes, incensar as rainhas da beleza, segundo suas inclinações de bom ou mau gosto. Pois que continuem: quanto a mim, que sempre desamei descrições, direi dos vestuários que não reparei neles; dos ramalhetes, que lhes não senti o perfume – e das rainhas, que *ou brune, ou blonde / pourquoi choisir? / Le roi du monde / c'est le plaisir.*[61]

De fato, a incidência de descrições acabou sendo pequena no decorrer de toda a série. E mesmo quando as utilizou, Otaviano poucas vezes atingiu certas minúcias descritivas. Em alguns casos, demonstra mais preocupação com a atmosfera do que com os detalhes físicos do cenário, como na crônica de 28 de agosto de 1853, em que relata a visita do imperador Pedro II ao novo Hospício de Alienados, em Botafogo, o que o fez relembrar de como era o antigo, no prédio do Largo da Misericórdia:

---

[61] *Jornal do Commércio*, op. cit., 12 dez. 1852.

Entrava-se por um corredor úmido e obscuro; ouviam-se uns rugidos e vozes lamentáveis como se rompessem das paredes, e então, acostumando-se os olhos à pouca luz que ali penetrava, podiam lobrigar pelas frestas das grades pesadas uns miseráveis cobertos de imundícies, com feições decompostas, tratados com aversão e desprezo, e condenados aos sarcasmos e à malevolência dos vadios que de propósito iam provocá-los.[62]

Em outros, o funcionamento de determinada instituição interessa-lhe mais do que o espaço onde ela se encontrava instalada. É o que se percebe na visita que o cronista faz à prisão do Aljube e à penitenciária do Catumbi, sobretudo nesta, em que só a "grossa muralha [que] cinge todo o espaço demarcado para as construções"[63] é mencionada sem nada além do que aparece nessa citação, enquanto o sistema de funcionamento da penitenciária ocupa todo o resto do relato.

Há ainda um outro exemplo em que Otaviano contradiz, conscientemente, aquilo que ele mesmo formulava no texto de abertura, quando atestava o seu desamor às descrições, sobretudo de *toilletes*:

> Já uma vez por todas declarei que não sabia avaliar os *toileittes*. Mas não posso furtar-me ao desejo de dar um conselho às nossas elegantes. Para que não suprimem elas algumas varas de seda ou de filó nas caudas de seus vestidos? Que prazer acham em saírem ao baile descosidas e laceradas (*scilicet*, nas roupas)! Como é que meninas tão galantes, tão

---

[62] Idem, 28 ago. 1853.
[63] Idem, 17 jul. 1853.

bem feitas pedem a ornatos extravagantes e à goma acessória que as enfeiam, que lhes tiram a graça e a beleza dos movimentos?[64]

Depois da reprimenda, segue o conselho que parece ter sido transcrito do *Correio de Modas* ou do *Jornal das Senhoras*: "uma flor singela no cabelo, um vestido mais à inglesa, dão realce à mocidade. O abuso das flores artificiais e dos saiotes faz com que as meninas pareçam nichos de igreja ou balões de noite de S. João".[65]

Otaviano abre uma exceção por justa causa e não sem humor.

Se atentarmos para as datas, veremos que essa última citação dista quase um ano do início da série, ou seja, muita coisa se passou durante esse período, e o cronista que depende desse trânsito diário não consegue muitas vezes se manter coerente com os compromissos assumidos, a não ser, é claro, com aquele de sustentar a comunhão fática. No entanto, até esse falha, e as causas são as mais variadas: por motivo de ordem pessoal, como vimos, Belona saltou uma semana no *Jornal das Senhoras*; já por razão profissional, no caso férias, Otaviano deixou de publicar nos dias 18 e 25 de dezembro de 1853, e, sem justificativa aparente, não imprimiu "A Semana" entre 19 de junho e 3 de julho de 1853, no total de três folhetins, sendo os dois últimos substituídos pelas "Primeiras Impressões", de Adadus Calpe.

Tudo levaria a crer que a parcimônia descritiva de Otaviano seria fartamente compensada pela sua verve lírica, representada tanto pelo gracioso do tom

---

[64] Idem, 4 dez. 1853.
[65] Idem.

quanto pelos poemas com os quais ele encerrava cada texto semanal. De modo programático, Otaviano publicaria, desde a primeira crônica, com o mencionado "Fugido", composições transcritas, em sua maioria, segundo ele, do "volume inédito de poesias de um estudante que conheci em S. Paulo".[66] Outros poemas apareceriam desse suposto volume que, ao que tudo indica, seria de autoria do próprio Otaviano – poeta bissexto que, se nunca publicou um livro com os seus versos, conseguiu ainda assim ter alguns de seus poemas estampados em antologias, inclusive no século XX, como a de poetas românticos organizada por Manuel Bandeira.

Além disso, na sequência da série, o cronista vai se ocupar por diversas vezes, conforme o prometido, da pauta relativa aos eventos culturais e aos bailes. No texto de 19 de dezembro de 1852, dos seis itens que o compõem, quatro são dedicados ao tema. O quarto trata do aniversário do Instituto Histórico e Geográfico Brasileiro (IHGB) e da Associação Literária Fluminense, e da necessidade de se criar uma academia de ciências e letras no país; o quinto dos bailes de encerramento dos colégios; e o sexto traz a tradução de um poema de Lord Byron, "Crepúsculo da Tarde". O terceiro item, que bem poderia ser sobre *O Barbeiro de Sevilha*, afinal foi a ópera encenada naquela semana no Teatro Provisório, é, na verdade, sobre os encontros sociais que se realizavam no interior do teatro. Sob a alegação de subir ao salão do teatro no intervalo entre os dois primeiros atos da ópera de Rossini, o cronista desloca a atenção, geralmente devotada ao

---

[66] Idem, 12 dez. 1852.

palco, para a plateia, relatando as mais variadas conversas que ele, desapontadamente, vai presenciando entre os diversos tipos de *dilettante*: "Era no entanto curiosa a perspectiva. Gazeteiros, estudantes em férias, ministros de Estado, moças loquazes e velhas andejas, davam exercício à língua e às pernas, só para não perderem o hábito".[67]

O desapontamento se justificaria uma vez que Otaviano considerava inadequada tal postura do público. Em artigo de 2 de outubro de 1853, tendo de comentar uma corrida no Prado Fluminense, escreve o autor: "ainda assim ninguém foi domingo ao Prado com a ideia de ver cavalos africanos e nacionais alongarem as pernas e atirarem com os jóqueis em terra. Quase todas as pessoas que lá se achavam tinham ido, como vai muita gente ao teatro italiano, para se mostrarem, ou namorarem, ou conversarem".[68] Daí uma das razões, como ele assinalava no início do texto, de os espetáculos contemporâneos não alcançarem a grandiosidade daqueles que se realizavam na antiguidade. Curiosamente, o próprio autor se vale de expediente semelhante, ou seja, de deslocar o foco do objeto principal de determinado gênero, do espetáculo para os espectadores, do assunto a ser tratado para os leitores, como forma de sustentar a comunhão fática. É como se o alvo das crônicas não fosse os eventos em si, tratados como objetos que demandassem uma análise estritamente crítica, mas um conjunto mais amplo, no qual estariam inseridos outros componentes ativos do evento, como o burburinho do público

---

[67] Idem, 19 dez. 1852.
[68] Idem, 2 out. 1853.

que, apesar de inconveniente, acaba sendo mimetizado pela comunhão fática do texto.

Ainda dentro da esfera cultural, Otaviano se dedica um pouco mais à crítica literária do que os outros cronistas até aqui analisados. Para ele, trata-se, na verdade, de princípio do "jornalista que tem obrigação de antecipar-se ao público, e de emitir um juízo antes que o mesmo tome a iniciativa de achar bom ou mau qualquer livro sem prévia licença da crítica dos jornais".[69] Em artigo de 20 de fevereiro de 1852, discute a questão da nacionalidade literária, tendo em vista a obra de Tomás Antônio Gonzaga, assunto que lhe ocorreu devido à morte de Maria Doroteia Joaquina de Seixas, aos 83 anos, em 9 de fevereiro do corrente, a suposta Marília do livro de Gonzaga. Na semana seguinte, discorre sobre o volume de Richard Hildreth, *The White Slave, or Memoirs of a Fugitive*, de 1852. Na sequência, a 6 de março, comenta as memórias de Alexandre Dumas. A lista poderia ser estendida, mas paremos por aqui.

Como ressaltávamos, tudo levaria a crer que o gracioso ocuparia lugar de destaque na escrita de Otaviano, e de fato ocupa. Entretanto, como a sua "revista hebdomadária tem de satisfazer a dois artigos de sua constituição, que vem a ser, tratar de tudo, e tratar brevemente",[70] uma única dicção não seria suficiente para dar conta dessa diversidade – articulação a que Alencar chamaria mais tarde de "volubilidade de estilo". Por um lado, como bem expressa Otaviano no trecho acima, a crônica se articula com a varie-

---

[69] Idem, 16 out. 1853.
[70] Idem, 4 dez. 1853.

dade de assuntos de determinada semana; por outro, como vimos em Paranhos, o vínculo se dá tanto com o movimento sazonal característico de uma produção seriada, cuja dinâmica depende da organização cíclica do tempo (a abertura das câmaras, a temporada dos bailes, datas comemorativas, etc.), quanto com o desenrolar dos eventos, cuja sucessão temporal extrapola o limite da semana ou do ciclo. O que significa dizer que as diferentes dicções podem ser organizadas no interior do texto assim como no interior da série, variando a dominância de acordo com a qualidade temporal dos fatos tematizados.

No caso de Otaviano, apesar dos elementos aqui apresentados que apontam para o privilégio do gracioso em suas crônicas, podemos dizer que, gradativamente, na medida em que se aproximava a abertura das câmaras, o seu texto cedia espaço ao tom grave dos assuntos políticos, em geral, e ao irônico das contendas partidárias, em particular. E o primeiro sintoma dessa mudança é o desaparecimento dos poemas que encerravam o artigo do dia. Entre 27 de março, quando ele publica "Canção de Goethe", e 11 de dezembro de 1853, no qual aparece "Vergiss-Mein-Nicht (imitação)", Otaviano não estampa um poema sequer. Ora, como sabemos, o início da quadra legislativa ocorria em maio e o seu término em setembro. Em 25 deste mês, lamentava Otaviano:

> Com efeito encerra-se hoje a primeira sessão da atual legislatura. Recai o país na orfandade e o jornalismo no marasmo; perdem-se os bailes muitas figuras distintas e valsarinos famosos; a Rua do Ouvidor fica silenciosa e triste; [...] enfim há uma

revolução no sentido oposto a que se tinha efetuado em maio, e por isso uma foi recebida com alegria e folgança, a outra o vai sendo com lágrimas de muita gente boa [...].[71]

Otaviano corrobora o que constatara Paranhos, quando este escreveu que "a quadra parlamentar coincide com a estação própria dos bailes nesta boa cidade". Todavia, o diagnóstico do jovem advogado é mais contundente: não só os bailes se alimentavam da atividade legislativa, mas toda a vida cultural e social da corte. A diferença de diagnóstico manifesta-se também nas distintas reações dos cronistas no decorrer de suas respectivas séries: entusiasmado com os bailes, foi na estação parlamentar que Paranhos, já tendo exercido cargos públicos, inclusive no Legislativo, deixou aflorar o seu lirismo, enquanto o poeta Otaviano dedicou-se mais ao temário político, inclusive na vida, uma vez que se elegeria deputado geral em 1852, assumindo em 1853, e senador em 1867 (a título de curiosidade, o entusiasmo de Paranhos parecia ser realmente grande, pois, estando em missão diplomática no Uruguai, ofereceu um baile em comemoração do aniversário da imperatriz Teresa Cristina, como noticiou o próprio Otaviano em crônica de 17 de abril de 1853).

Nesse sentido, pode-se dizer que Otaviano foi agraciado pelo curso dos acontecimentos, pois no último mês da legislatura de 1853, deu-se um evento político notável apesar de recorrente, lembrando aqui o paradoxo de Gervina: a queda do 11º Gabinete

---

[71] Idem, 25 set. 1853.

Ministerial presidido pelo senador Rodrigues Torres. O cronista comenta o fato no texto de 11 de setembro, já noticiando o nome daquele que assumiria o gabinete seguinte, Honório Hermeto Carneiro Leão, o Visconde do Paraná. A expectativa em torno da composição do corpo ministerial e o efeito benéfico da nova política conciliatória adotada pelo então presidente renderiam assunto até o mês seguinte, protelando o marasmo jornalístico típico do final do ano, pelo menos na visão de Otaviano.

Afora o gracioso, a contribuição de Otaviano à crônica se notabilizaria pelo modo como ele organiza a diversidade dos fatos em seu texto. Num primeiro momento, o autor optou pela solução mais simples, numerando os seus artigos em consonância com a variação do assunto tratado. Posteriormente, vai abandonando aos poucos o procedimento. Em 27 de fevereiro e 6 de março de 1853, a numeração não apareceria. Entretanto, já em 13 de março, ela seria retomada, prosseguindo até 3 de abril, quando, definitivamente, deixaria de ser utilizada. Otaviano passaria, assim, a enfrentar o desafio do cronista que tentava alinhavar o texto por meio de ganchos, evitando sempre que possível os "salto[s] de Leucates", como se referia Paranhos às transições bruscas. Apresentemos dois exemplos.

O primeiro se deu na "Semana" de 10 de julho de 1853. No meio dos fatos notáveis de sempre, teria surgido uma legítima novidade, vinda dos Estados Unidos: a notícia das experiências "espiritualistas" de Anne Fish e das irmãs Margaret e Catherine Fox que fizeram uma mesa "girar", após supostamente evocarem espíritos do além-túmulo. Como a repercussão ocorreu primeiro nos jornais europeus, Otaviano a comenta, concluindo não sem certa dose de ironia:

> Alucinação ou verdade, imaginação ou fato real, aí está no entanto a mesa a girar diante de nossos olhos: dois professores de física, um operador muito positivo, homens céticos, que não se contentam com qualquer historieta, fizeram repetidas experiências e presenciaram a dança mágica, e um deles me asseverou que hoje não duvidaria acreditar nas almas do outro mundo, nos lobisomens, no mau-olhado, nas sortes e nos feitiços, e até na ressurreição dos capuchos.[72]

No parágrafo seguinte, o cronista faz a transição para o novo tema, aproveitando o que foi mencionado no anterior: "e o que haveria aí de notável? A época é de ressurreições e de estranhezas. Quem nos havia de dizer, por exemplo, que a municipalidade da corte seria prestimosa e que cuidaria dos interesses públicos algum dia? Pois esse fenômeno se vai realizando".[73]

O segundo exemplo consiste na transição entre o elogio ao ato de heroísmo do marinheiro Simão, responsável pelo salvamento de inúmeras vidas do naufrágio do vapor *Pernambucana*, na costa de Santa Catarina, no início de outubro de 1853, e a crítica severa aos espetáculos da última semana no Teatro Provisório:

> Ah! Que se o Teatro Provisório encontrasse um marinheiro Simão para salvar os *Lombardos* e a *Lúcia*, não teriam naufragado por certo os Lombardos para

---

[72] Idem, 10 jul. 1853.
[73] Idem.

nunca mais se lhe descobrirem os ossos, e a Lúcia boiando até a praia, como a Virginia de Bernardin de Saint-Pierre. A diretoria merece indulgência, porque encontrou um teatro sem damas e sem mestres, mas essa indulgência não pode ser tanta que não se censure o açodamento de execução de peças mal ensaiadas e ainda não prontas para irem à cena.[74]

Otaviano demonstra maior destreza ainda, quando, em crônica onde a transição não seria *a priori* necessária, já que ela vinha devidamente numerada, ele consegue alinhavar o texto a partir do reconhecido tema da falta de assunto: "Que hei de dizer ao público, se a semana foi estéril? Sobre que conversaremos, leitor amigo? *Nihil sub sole novum*; não há uma só notícia de interesse".[75] O impasse não poderia ser outro que o enfrentado por quase todos os que "remam nas galés da imprensa": "aí está o papel sobre a mesa. Escreve, infeliz cronista; ninguém te levarás em conta a nulidade destes sete dias".[76] E como já analisávamos, o compromisso assumido da manutenção do diálogo estabelecido, a comunhão fática do texto, seria mais uma vez possível com a metalinguagem: "se não há fatos a registrar, inventa-os; se não podes fazer um quadro histórico, esboça um painel de fantasia; mas cumpre o teu dever, tortura a tua inteligência, e dessa mente *erma de ideias* extrai algum fruto, embora disforme, que reduzido a artigo de jornal, encha as colunas do folhetim hebdomadário".[77]

---

[74] Idem, 6 nov. 1853.
[75] Idem, 6 fev. 1853.
[76] Idem.
[77] Idem (grifo do autor).

A reflexão do impasse corresponde ao primeiro item do artigo. No segundo, o cronista procura se desincumbir da tarefa, cuidando do carnaval que, apesar de ser assunto do agrado do leitor, não recebe do autor mais do que considerações genéricas. Ao final, contudo, tendo de variar o tema, Otaviano pondera: "Ah! Leitor amigo, confessa ao menos que é uma crueza o arredarem-me dessas cenas para a monotonia da crônica".[78] A monotonia corresponderia à matéria árida, como a febre amarela, que não estaria no âmbito do interesse do leitor em época de carnaval, mas que acabaria sendo mencionada no terceiro item enquanto supostamente excluída do texto pelo cronista. Afinal, "a conversa te vai importunando", o que não o impediria de continuar lidando com essa modalidade de assunto nos itens seguintes. No último, com o dever cumprido, o autor escreve aliviado:

> Ah! Que respiro, e respiras também, leitor que me aturastes. Podemos ir para o baile, folgar, dançar, e consumir o tempo. Aproveitemos estes poucos momentos de distração e de alegria: já nos está acenando com suas cinzas e dobres a próxima quarta-feira. Do teatro se caminhará para a igreja; o órgão abafará a lembrança das valsas e quadrilhas de Strauss. Os lustres, os perfumes e as flores se transformarão em brandões, velas ornadas e turíbulos de incenso; e a penitência nos absolverá dos pecados e loucuras das três noites. Oh! Bendita penitência, tu me desvaneces todos os escrúpulos que ainda me lidavam na alma. Ao baile, leitor, ao baile![79]

---

[78] Idem.
[79] Idem.

Otaviano consegue, assim, alinhavar todo o texto a partir de um evento, o carnaval, que acaba não sendo propriamente tema da crônica. Quer dizer, embora mencionado na curta digressão do segundo item, o carnaval apenas se mantém no texto como objeto da expectativa do leitor, não como assunto a ser tratado pelo cronista, mas, sim, como acontecimento a ser, de fato, vivenciado. Se, por um lado, o leitor sustenta a comunhão fática, aturando o cronista no cumprimento de seu dever, por outro, espera ansiosamente o término do texto, o fim da interlocução. No calor do evento em curso, o cronista deve esperar a semana seguinte para historiá-lo, afinal, "tudo tem a sua ocasião", como ele mesmo escreve no artigo subsequente, de 13 de fevereiro, quando finalmente falaria do tema se não fossem os imponderáveis de uma escrita ao correr da pena: "domingo falei do carnaval como quem se achava sôfrego pelas folias do entrudo; hoje receio falar dos bailes mascarados porque estamos na quaresma e já perdi o entusiasmo de quarta-feira para cá".[80]

Na verdade, nessa última crônica, o carnaval vai servir apenas de pretexto, como na récita de Stoltz no artigo inaugural da série, para destilar o gracioso, quando o autor descreve um suposto encontro com um *domino noir* que o salvou da monotonia de um baile de máscaras: "a originalidade, a graça, a delicadeza, a vivacidade, tudo ressaltava nesse demoninho, que me atormentou deliciosamente". Ou ainda, quando contempla "o gracioso oval de um rosto de 17 anos que orlava o camarote da ordem nobre".[81] Nesse

---

[80] Idem, 13 fev. 1853.
[81] Idem.

momento, um mascarado, que andou de braço com a *domino noir*, o desilude, citando Dante Alighieri: "é como as outras: '*non ragionam di lor, ma guarda e passa*'". Após uma digressão melancólica sobre as mulheres, segue-se o poema "Máscara da Vida (imitação)", encerrando a crônica.

Já é tempo de nós alinhavarmos a produção cronística da primeira metade da década de 1850.

Há algumas páginas atrás, aludíamos brevemente ao caráter folhetinesco dos semanários, uma vez que eles correspondiam, no conjunto de suas páginas, ao que era representado, setorialmente, pelo folhetim em um jornal diário. A semelhança aí assinalada dizia respeito à demanda social por entretenimento suprida tanto pelos semanários quanto pelo folhetim. No entanto, uma primeira diferença fundamental deve ser considerada: a diretriz editorial dos periódicos. Nesse caso, o tratamento dispensado à política pode ser tomado como sintoma: enquanto nos diários esta ocupava lugar proeminente, nos semanários de variedades ela mal comparecia. Diferentemente de alguns periódicos que tentaram fugir ao domínio da política na década de 1830, como o *Beija-flor* e *O Gabinete de Leitura*, abarcando os mais variados assuntos, inclusive a ciência, os semanários dos anos de 1850 poucas vezes extrapolavam as fronteiras do mundo elegante. O que também não os impedia de noticiar fatos diversos, como o assassinato do capitão José Augusto Cisneiro, como se deu em "A Semana" do *Álbum Semanal* de 7 de dezembro de 1852.

Já nos diários, as crônicas, inseridas ou não no rodapé das páginas, encontravam-se tematicamente integradas ao todo diversificado deles; consequentemente podiam contemplar todos os assuntos, embora, em geral, se ocupassem mais com os de entretenimento; ou seja, nem sempre a crônica servia de sobremesa ao banquete de leitura, como pretendia Justiniano José da Rocha em *O Cronista*, com a sua "folha" ao pé de página; ao contrário, podia ser o prato principal, sobretudo se a demanda fosse política.

Daí, uma segunda diferença pode ser assinalada, e que remete à dicção assumida pelos cronistas em seus textos. Há não só uma maior padronização entre as diversas seções que integram os semanários como também no interior das próprias crônicas que eram aí publicadas. Exemplifiquemos com o primeiro número de 1852 do *Novo Correio de Modas*. Além do já aqui citado "Folhetim da Quinzena", o jornal conta, nessa edição, com a seção "Modas", na qual o redator descreve os figurinos que aparecem na estampa publicada, a primeira parte de uma narrativa intitulada "O Serralheiro de Filadélfia", um poema de Augusto Emílio Zaluar, um artigo sem assinatura sobre as virtudes das mulheres, um ensaio do naturalista Georges Buffon, "Afeição da Galinha por seus Pintinhos" e outro do médico Jean-Louis Alibert, "O Cão", que, apesar das fontes científicas, aparecem valorizados pelo enfoque moral que exibem, uma seção de parágrafos curtos cujo título anuncia bem o seu conteúdo, "Extravagâncias, Hábitos e Gostos Singulares de Alguns Personagens Célebres", e, finalmente, uma charada em verso. E tudo isso enfeitado por belos adornos tipográficos: gravuras no cabeçalho e no início de algumas seções; molduras ornamentadas envolvendo os textos, alguns iniciados por letras capitulares; e bem torneados bigodes. Sendo assim, não havia variações bruscas entre as dicções assumidas em cada seção, e o mesmo vale para os cronistas, que poucas vezes precisavam dar saltos de Leucates entre os temas tratados, como vimos no "Folhetim" desse mesmo exemplar, redigido por D. Salústio.

Ora, nos jornais diários a diretriz da crônica era outra, pautada, sobretudo, na diversidade temática. Era possível transitar, em uma mesma seção, da política à vida mundana, passando pela febre amarela, naufrágios, crimes célebres ou guerras, fossem na região do Rio da Prata ou na Crimeia. Vimos que, desde a matriz francesa do folhetim, as diferentes rubricas eram assumidas por distintos autores, apesar de publicadas no mesmo exemplar. Agora, tratava-se de alinhavar o texto, estabelecendo ganchos – ou seja, determinado aspecto mencionado no tratamento de um assunto serve de elo para a introdução de outro – que operassem transições mais suaves, garantindo, assim, uma maior coesão entre as suas variadas partes como forma de enfrentar a potencial dispersão característica da volubilidade do gênero. E tudo isso em um único texto, sob a égide de uma única voz autoral.

Se, provavelmente, em semanários de modas dedicados quase exclusivamente ao público feminino, o gracioso não era tão perceptível porquanto o seu emprego fosse aí generalizado, o mesmo não se pode dizer quando ele aparecia nas páginas dos principais diários da corte no qual preponderava os assuntos graves, inclusive no interior da seção "Folhetim" que, afinal, abarcava tudo, "até mesmo a política", assertiva machadiana confirmada pelos artigos de "A Semana", de Francisco Otaviano. Talvez por isso a contribuição do jovem advogado ao desenvolvimento da crônica tenha repercutido ao ponto de, como já dissemos, o autor ter sido considerado "o introdutor do folhetim leve, insinuante, em nosso meio jornalístico",[82] ou de suscitar afirmações como a de Afrânio Coutinho:[83] "a crônica brasileira propriamente dita começou com Francisco Otaviano de Almeida Rosa em folhetim no *Jornal do Commércio* do Rio de Janeiro",[84] e a produção do visconde do Rio Branco ter ficado um pouco à margem da historiografia literária, afinal o seu esporádico arroubo lírico apenas tangenciava o gracioso. Vale lembrar que essa situação periférica não coincide com a repercussão que as "Cartas" tiveram à época de sua publicação. Embora já tivesse iniciado uma série intitulada "Carta Prometida a Epifânio Pedrosa Correspondente da Marmota, na Bahia", assinada por Próspero Diniz, em 14 de setembro de 1849, ou seja, antes dos textos de Paranhos, *A Marmota na Corte*, ao dar continuidade à mesma série com o novo título, "Carta", em 3 de janeiro de 1851, remete à abrangência dos artigos do futuro visconde: "as cartas do *amigo ausente* do *Jornal do Commércio*, tem dito já muito do que eu lhe poderia dizer; repetir as mesmas coisas não devo".[85] Um pouco mais tarde, Otaviano, ao começar as suas "Páginas Menores" em julho de 1854, lembrava do "costume" inaugurado, segundo ele, pela "Pacotilha" e pelas "Cartas ao Amigo Ausente": "Bom

---

[82] Xavier Pinheiro, *Francisco Otaviano: Carioca Ilustre nas Letras, no Jornalismo, na Política, na Tribuna e na Diplomacia*. Rio de Janeiro, Edição da Revista de Língua Portuguesa, 1925, p. 25.
[83] Afrânio Coutinho, "Ensaio e Crônica". In: *A Literatura no Brasil*. Rio de Janeiro, José Olympio; Niterói, EDUFF, 1986, vol. 6.
[84] Ibidem, p. 124.
[85] *A Marmota na Corte*. Rio de Janeiro, Tipografia de Paula Brito, 3 jan. 1851.

ou mau grado, há de se escrever para o domingo um retrospecto dos fatos da semana".[86]

Entretanto, embora as diferenças textuais decorrentes das linhas editoriais sejam importantes, as semelhanças são mais decisivas, uma vez que envolvem aspectos pertinentes à configuração do gênero. Em todas as séries, de "A Semana", do *Álbum Semanal*, à "Semana", do *Jornal do Commércio*, há o privilégio da voz enunciativa articulando a interlocução típica da comunhão fática. E tal como vimos desde Justiniano José da Rocha, muitas vezes a comunhão é mantida com o auxílio da metalinguagem, em que o cronista traz à tona, no nível do enunciado, as próprias condições do trabalho jornalístico tanto da redação do texto quanto do envolvimento direto com os eventos que aparecem comentados. Além disso, a voz ganha também relevância na medida em que os textos se tornam mais coesos, em um trabalho de escrita no qual o cronista busca alinhavar os mais diversos fatos e as suas respectivas dicções, conferindo-lhes certa unidade textual, diga-se de passagem, nem sempre alcançada.

Nesse sentido, ainda que presente em quase todos os cronistas do período, especialmente em Gervina, é com Francisco Otaviano que essa escrita ganha impulso. E não tanto pela leveza que, como vimos, lhe foi atribuída pelos críticos, já que essa era uma qualidade disseminada pelas crônicas da época, devido, sobretudo, à presença da veia satírica. Na verdade, podemos dizer que Otaviano funde em seus artigos

---

[86] *Correio Mercantil*. Rio de Janeiro, Tipografia do Correio, 9 jun. 1854.

os aspectos mais típicos dos semanários de moda e entretenimento com os que preponderam nos diários: daqueles, o gracioso, o lirismo, o tom mais desanuviado; destes, a maior amplitude de notícias, o comentário crítico envolvendo as diversas artes e o debate político. O resultado dessa fusão é um texto em que o cronista não anula a diversidade; muito pelo contrário, ele busca a todo custo expressá-la dentro de uma unidade formal delimitada pelas condições materiais do próprio jornalismo: por um lado, o espaço da página, o quinhão que cabe ao cronista no interior do jornal e que deve ser devidamente ocupado; por outro, a periodicidade, o compromisso que, uma vez assumido, deve ser mantido com assiduidade.

Ora, com os cronistas da primeira metade da década de 1850, a crônica só fez reforçar o seu caráter jornalístico. Afora os condicionamentos do meio de publicação e da ênfase metalinguística, vimos como determinados procedimentos formais emprestavam à produção do período nova dicção. O emprego do pleonasmo em Gervina, como modo de tornar a referencialidade do texto algo manifesto nele mesmo, assim como a forma de Otaviano trabalhar a expectativa do leitor em sua crônica podem ser tomados não como procedimentos que sinalizam para a literariedade da crônica, mas como elementos que acentuam a dinâmica jornalística do texto. Em outras palavras, se a crônica foi se tornando um gênero autônomo com características próprias de produção isso não se deu por conta de suposto afastamento de suas condições de emergência, como se ela tivesse de deixar de ser jornalística para ser crônica, mas, sim, por tratar toda essa dinâmica como elemento constitutivo de sua realização. O movimento de escrita impetrado por esses cronistas não foi direcionado à superação do efêmero do modo de publicação, visando transcender o aqui e agora dos fatos cotidianos rumo a dimensões supostamente literárias, na presunção de que literatura fosse sinônimo de transcendência, como discutimos no primeiro capítulo; ao contrário, Rocha, Gervina, Paranhos, Otaviano, entre outros, buscaram incorporar esse cotidiano em uma forma textual específica que vai se corporificar nas penas de José de Alencar e Machado de Assis.

É o que veremos a seguir.

O colibri alencariano e a volubilidade

A transição da escrita de Francisco Otaviano para a de José de Alencar não poderia ser mais emblemática. Em junho de 1854, o jovem advogado carioca abandonaria a redação do *Jornal do Commércio* para ingressar na do *Correio Mercantil*. Imediatamente, ele extinguiria a "Pacotilha", "antes um pregão de partido do que uma revista hebdomadária",[87] e criaria, no rodapé da folha, as "Páginas Menores". Não só o título traduzia, como vimos, a expressão "feuilleton", como também a disposição gráfica era semelhante àquela dos primórdios da seção na imprensa francesa, na qual a diversidade de temas encontrava variadas assinaturas, contrariando a tendência mais recente da unidade autoral. Assim, no interior do espaço, apareceriam subseções como a "Revista da Semana", de responsabilidade do próprio Otaviano, "Revista dos

---

[87] Idem, 9 jun. 1854.

Teatros", "Poesias do Álbum", etc., que seriam assumidas por A., provavelmente Manuel Antônio de Almeida, remanescente do tempo da "Pacotilha", e M.

Já nesse período, Alencar colaborava no *Correio Mercantil*, assinando colunas sobre assuntos jurídicos, como o artigo intitulado "Reforma Judiciária", que aparece estampado em 14 de julho de 1854, abrindo o exemplar da data, e que continuaria no dia 19 de julho.

Todavia, o aparecimento de "Ao Correr da Pena" dá-se apenas em 3 de setembro, quando Francisco Otaviano é alçado a redator principal do *Correio Mercantil*, como se lê logo no início do exemplar do dia: "o sr. F. Otaviano tomou conta da redação desta folha, como seu redator principal. O sr. Dr. J. de Alencar encarregou-se da revista hebdomadária das 'Páginas Menores'. Hoje começa uma nova série daquelas revistas sob o título 'Ao correr da pena'".[88]

E a transição não implicaria apenas em troca de posição dos redatores e de rubricas, da "Revista da Semana" para "Ao Correr da Pena". Logo no texto de abertura, Alencar daria o tom da passagem, criando uma pequena fábula, na qual, primeiramente, descreve o próprio Otaviano:

> Um belo dia, não sei de que ano, uma linda fada, que chamareis, como quiserdes, a poesia ou a imaginação, tomou-se de amores por um moço de talento, um tanto volúvel como de ordinário o são as fantasias ricas e brilhantes, que gostam de admirar o belo em todas as formas. Ora, dizem que as fadas não podem sofrer a inconstância, no que lhes acho

[88] Idem, 3 set. 1854.

toda a razão; e por isso a fada de meu conto, temendo a rivalidade dos anjinhos cá deste mundo, onde os há tão belos, tomou as formas de uma pena, pena de cisne, linda como os amores, e entregou-se ao seu amante de corpo e alma.[89]

Depois, apresenta o processo de escrita de seu predecessor:

> Só vos direi, e isto mesmo em confidência, que depois de muito sonho e de muita inspiração, a pena se lançava sobre o papel, deslizava docemente, brincava como uma fada que era, bordando as flores mais delicadas, destilando perfumes mais esquisitos que todos os perfumes do Oriente. As folhas se animavam ao seu contato, a poesia corria em ondas de ouro, donde saltavam chispas brilhantes de graça e espírito.[90]

Por fim, a narrativa do que sucedeu quando a pena mudou de proprietário e passou a ser manuseada pelo atual cronista:

> Com efeito, a fada tinha sofrido uma mudança completa: quando a lançavam sobre a mesa, só fazia correr. Havia perdido as formas elegantes, os meneios feiticeiros, e deslizava rapidamente sobre o papel sem aquela graça e faceirice de outrora. Já não tinha flores nem perfumes, e nem centelhas de ouro e de poesia: eram letras, e unicamente letras, que nem sequer tinham o mérito de serem de praça, o que consolaria um pouco o espírito mais prosaico.

---

[89] Idem.
[90] Idem.

Por fim de contas, o outro, depois de riscar muito papel e de rasgar muito original, convenceu-se que, a escrever alguma coisa com aquela fada que o aborrecia, não podia ser de outra maneira senão – *Ao correr da pena*.[91]

A fábula ilustra bem algumas opções formais do período. De um lado, uma escrita que, apesar de ter muitas vezes privilegiado o grave dos assuntos políticos, se destacou pelo gracioso do entretenimento; de outro, a posição de Alencar, cuja interpretação que apresenta de seu antecessor evidencia as suas próprias escolhas e o caminho que pretendia seguir, acentuando o que em Otaviano, a despeito do destaque, não teria adquirido plenitude em sua pena. A diferença entre as séries "A Semana" e "Revista da Semana", de Francisco Otaviano, e "Ao Correr da Pena", de José de Alencar, não seria apenas de intitulação, embora os títulos possam ser tomados como sintoma da diferença: "Ao Correr da Pena" exprime bem o cuidado maior que seria dispensado por Alencar na elaboração textual de suas crônicas. O gracioso, o trocadilho e o gancho vão ser fartamente utilizados como modo de alinhavar a potencial dispersão típica da crônica.

Nesse mesmo artigo de abertura, após a fábula que serviu de introito, Alencar se vale de um gancho para anexar novo assunto que acabaria não sendo desenvolvido: a notícia, vinda da Espanha, da queda do ministério de Luis José Sartorius diante do aumento das forças revolucionárias lideradas pelo general Leopoldo O'Donnell: "Quanto ao artigo correi os olhos, como já vos disse, deixai correr a pena, e posso

[91] Idem.

assegurar-vos que, ainda assim nem uns nem a outra, correrão tão rapidamente como os ministros espanhóis diante das pedradas e do motim revolucionário de Madri".[92] Se o tema não avançou, foi para dar lugar a outro que estava se tornando cada vez mais palpitante: a Guerra da Crimeia ou, como era então conhecido o evento, a Questão do Oriente. Na transição para o fato seguinte, o insucesso do tenor Giovanni Matteo Mario em Londres, Alencar elabora um gancho baseado em um trocadilho antitético: "Enquanto os ingleses na Finlândia se conservam *frios*, não por causa dos gelos do norte, mas sim por causa do fogo da Rússia, os ingleses de Londres saíram do sério, e deram a mais formidável pateada em Mário, o belo tenor, que cantava *Cujus animam* numa noite de representação em Convent-Garden".[93]

A série prossegue no dia 10 e 17 de setembro em artigos nos quais, além da diversidade de eventos com a efetiva participação do cronista e a presença do gracioso, ressaltam-se os trocadilhos com as palavras "fumo" e "graça", respectivamente, que ocupam boa parte dos textos. Entretanto, é na crônica de 24 de setembro que o autor vai produzir a primeira reflexão significativa sobre o gênero:

> É uma felicidade que não me tenha ainda dado ao trabalho de saber quem foi o inventor deste monstro de Horácio, deste novo Proteu, que chamam folhetim; se não aproveitaria alguns momentos em que estivesse de candeias às avessas, e escrever-lhe-ia uma biografia, que com as anotações de certos

---

[92] Idem.
[93] Idem (grifo do autor).

críticos que eu conheço, havia de fazer o tal sujeito ter um inferno, no purgatório onde necessariamente deve estar o inventor de tão desastrada ideia.[94]

A reflexão é suscitada pelo domingo anterior, cujos acontecimentos notáveis – a primeira corrida do Jockey Club, no Prado Fluminense, em São Cristóvão, e a inauguração do Instituto dos Cegos, na Saúde – anunciavam uma semana repleta e cansativa que exigiria do folhetinista um trabalho árduo de observação e estilo:

> Obrigar um homem a percorrer todos os acontecimentos, a passar do gracejo ao assunto sério, do riso e do prazer às misérias e às chagas da sociedade; e isto com a mesma graça e a mesma *nonchalance* com que uma senhora volta as páginas douradas do seu *álbum*, com toda a finura e delicadeza com que uma mocinha loureira dá sota e basto a três dúzias de adoradores! Fazerem do escritor uma espécie de colibri a esvoaçar em ziguezague, e a sugar, como o mel das flores, a graça, o sal e o espírito que deve necessariamente descobrir no fato o mais comezinho![95]

De um lado, o "monstro de Horácio", figura com a qual o poeta latino explicava a falta de unidade em arte; de outro, o "novo Proteu", divindade marinha que se metamorfoseava de tal modo e em tal velocidade que era quase impossível capturá-la – não para Menelau que o faz no Canto IV da *Odisseia*. Ora, na continuação, o próprio Alencar dá a receita do pleno

---

[94] Idem, 23 set. 1854.
[95] Idem (grifo do autor).

êxito: graça, *nonchalance*, finura, delicadeza e volubilidade. Astúcia do folhetinista com o intuito de – e o verbo empregado nos parece bastante significativo – "passar" de um tema a outro, de uma forma a outra, com vistas à determinada unidade final.

É nesse sentido que a ressalva do talvez primeiro grande crítico da obra de Alencar, Joaquim Nabuco, possa ser lida positivamente: "tudo se acha misturado nesses folhetins, a política e os teatros, o Cassino e a praia de Santa Luzia, anúncios de alfaiates e trocadilhos, mas tudo isso sem transições, sem artes, um *pot-pourri*, em que nada falta, senão o gosto".[96] A resposta de Alencar é imediata: "o meu crítico, dando ainda uma vez prova de sua ingenuidade, chama o folhetim uma salada, e taxa-lhe como defeito seus maiores realces: a variedade do assunto e a volubilidade do estilo".[97] Como é possível perceber, Nabuco, ao contrário do que supõe Alencar, não estende as suas considerações ao folhetim como um todo, rebaixando-o como pode parecer à primeira vista, mas as restringe àqueles produzidos em "Ao Correr da Pena": o "defeito" do autor de *Iracema*, a sua falta de gosto, diz respeito à sua inabilidade em operar a arte da transição peculiar ao gênero. A despeito da polêmica, Nabuco formula com outras palavras aquilo que o escritor cearense dissera vinte anos antes – nunca é demais recordar que a polêmica entre os dois grandes escritores ocorreu em 1875. Assim, a positividade da

---

[96] Joaquim Nabuco, "Aos Domingos I". In: Afrânio Coutinho, *A Polêmica Alencar-Nabuco*. Rio de Janeiro, Tempo Brasileiro; Brasília, UnB, 1978, p. 69.

[97] José de Alencar, "Às Quintas II". In: Afrânio Coutinho, *A Polêmica Alencar-Nabuco*, op. cit., p. 81.

crítica de Nabuco coincide com a própria configuração do gênero: arte da transição ou, em termos de Alencar, da volubilidade. Cumpre ressaltar que não se trata aqui de concordar ou não com a posição de Nabuco quanto à qualidade dos folhetins alencarianos: bons ou maus, o que importa é a semelhança de critérios, baseada na mesma compreensão do gênero.

Voltando ao texto de 24 de setembro, nos parágrafos seguintes, Alencar reforça o traço de volubilidade:

> Ainda isto não é tudo. Depois que o mísero folhetinista por força de vontade conseguiu atingir a este último esforço da volubilidade, quando à custa de magia e de encanto fez que a pena se lembrasse dos tempos em que voava, deixa finalmente o pensamento lançar-se sobre o papel, livre como o espaço. Cuida que é uma borboleta que quebrou a crisálida para ostentar o brilho fascinador de suas cores; mas engana-se; é apenas uma formiga que criou asas para perder-se.[98]

A imagem do colibri, na passagem anterior, e as da borboleta e formiga alada, no trecho mais acima, podem ser tomadas como símbolos tanto do folhetinista quanto do folhetim, na medida em que estabelecem o elo mimético entre ambos: a volubilidade do texto deve reproduzir o volutear do redator que se encontra "metido no meio de tudo isto [os acontecimentos da semana], com uma pena, um pouco de tinta e uma folha de papel".[99] Embora as imagens de seres alados não fossem novas – a borboleta, por exemplo, já aparecia no texto de

---

[98] Ibidem.
[99] Ibidem.

Soulié por nós citado: "se eu tivesse que representar o Folhetim em uma forma palpável, algo que eu ousaria propor aos meus leitores seria de imaginar o Folhetim como uma grande borboleta" –,[100] em Alencar elas concorriam para determinada configuração do gênero, baseada no que ele entendia ser a sua equação fundamental: "variedade do assunto e volubilidade de estilo".

Nesse sentido, a menção a Horácio não é gratuita. Alencar percebe já na quinta crônica da série que o gênero com o qual estava lidando não só não encontrava respaldo nos padrões clássicos como também parecia contrariá-los; afinal, como escrever um texto que era quase uma súmula de todos os gêneros prescritos pela tradição, tarefa ainda agravada pelo espaço reduzido da seção e pelo compromisso temporal inadiável? Não seria diferente alguns meses depois, quando diante de várias transições, o cronista se perde: "Mas onde já ando eu? Comecei num salão de baile, e parece-me que estou nalgum corpo de guarda. Eis aí o risco de escrever ao *correr da pena*".[101] A solução imaginada para evitar o perigo, absolutamente incompatível com a escrita jornalística, remete novamente a Horácio, à sua concepção do trabalho meticuloso do texto, cujo resultado final só seria publicado "quando se findassem os nove anos de correção que impõe o preceito da *Arte Poética*".[102]

---

[100] *La Presse*. Paris, Imprimerie de Béthune et Plon, 1º jul. 1836.
[101] *Correio Mercantil*, op. cit., 3 dez. 1854 (grifos do autor).
[102] Idem. Na verdade, Horácio refere-se a oito e não a nove anos: "Você não dirá nem fará nada contrariando a Minerva; tal é o seu sentir, o seu feitio. Se, porém, alguma vez vier a escrever algo, sujeite-o aos ouvidos do crítico Mécio, aos de seu pai e aos meus e retenha-o por oito anos, guardando os pergaminhos" (Horácio, "Arte Poética". In: *A Poética Clássica*. São Paulo, Cultrix/Edusp, 1981, p. 66).

Todavia, apesar da inadequação horaciana, a realização da tarefa dependia do enfrentamento direto da equação sem perder de vista uma possível unidade.

É importante assinalar que a questão não ficou restrita a Alencar, repercutindo na imprensa do período. Quase um mês depois do artigo do autor de *O Guarani*, o cronista da série "O Álbum", do *Diário do Rio de Janeiro*, com intuito de discutir a "aplicação das regras clássicas à literatura folhetinesca", e constatando o desrespeito dos redatores contemporâneos às "unidades [...] dos nossos antepassados", escrevia: "o tempo, o lugar e a ação confundem-se de tal maneira nos escritos modernos, que depois de sua leitura, as ideias do homem, por mais circunspecto que seja, ficam num estado análogo àquele que produz o vinho de Champanhe!".[103]

Na crônica seguinte, de 1º de outubro de 1854, Alencar já encarava o desafio ao estabelecer certa correspondência entre o quadro de referências característico de uma revista hebdomadária e o seu próprio texto. Valendo-se do gênero epistolar, o cronista se dirige ao redator principal, comunicando o não envio da "Revista costumada dos domingos".[104] Seguindo dia após dia, ele lista as razões que o levaram supostamente a não fazer nada durante a semana, embora no decorrer do artigo ele mencione eventos que certamente figurariam em um texto habitual: na segunda-feira, foi, à noite, assistir ao *Trovatore* no Teatro Lírico; na terça, enquanto esperava o baile do Cassino Fluminense, leu as notícias

---

[103] *Diário do Rio de Janeiro*, op. cit., 15 out. 1854.
[104] *Correio Mercantil*, op. cit., 1º out. 1854.

internacionais; na quarta, ficou entre um baile e um salão; na quinta, uma missa fúnebre no convento de Santo Antônio. Havia ainda muito mais a noticiar, inclusive a nomeação do novo chefe de Polícia da corte, o desembargador Figueira de Melo. Escreve o cronista: "Veja que pena! Com tanta notícia importante, não temos artigo hebdomadário!".[105] Por fim, a carta é assinada e datada, "S.C. 30 de setembro". Entretanto, segue um *post-scriptum*:

> Agora, quase ao fechar esta, lembrei-me de um expediente aproveitável em tão críticas circunstâncias. A liberdade do folhetinista é ilimitada, a carta longa: portanto escreva-lhe em cima o nosso título – *Ao correr da pena*, – e mande para a composição. Não deixe transpirar coisa alguma; e amanhã o leitor com toda a sua finura pensará, que isto foi uma ideia original que tivemos. Há de ver que no fim de contas o negócio arranja-se às mil maravilhas.[106]

Lembremos que essa espécie de *mimesis* do transcurso da semana já tinha sido trabalhada por Otaviano. No *Jornal do Commercio* de 15 de janeiro de 1854, o autor chamava a atenção, ironicamente, para a abundância de fatos que "embaraçaria o melhor cronista do mundo".[107] Daí, como Alencar, vai enunciando cada dia:

> Logo na segunda-feira... mas deixemos este dia que se espreguiça sonolento e fatigado com saudades da véspera.

---

[105] Idem.
[106] Idem.
[107] *Jornal do Commercio*, op. cit., 15 jan. 1854.

Terça-feira o dia começou por uma manhã, e fechou-se por uma noite. Na quarta houve sérias apreensões a respeito do que poderia suceder na quinta.

E de fato neste justo meio da semana, tão cheio de gratas recordações para aqueles que foram estudantes de latim, a cidade do Rio de Janeiro estremeceu de contentamento logo pela manhã, lendo nos jornais a notícia de que haveria à noite ópera italiana com as cantoras atuais *enquanto* não chegam as que têm de chegar.

A sexta-feira foi consagrada ao restabelecimento dessa comoção.

No sábado cada qual tratou de seus negócios para poder folgar no domingo.

E no domingo procura-se com ânsia saber o modo por que o redator da *Semana* pode redigi-la, sem haver matéria para a redação.

Eis aí como esta semana foi fértil.[108]

Aqui, como em Gervina, a mesma dificuldade diante da falta de notabilidade dos fatos que se repetem. Diferentemente de Alencar, a passagem de Otaviano acima transcrita corresponde apenas ao início do artigo, já que boa parte do que se segue trata de política, cabendo ainda, ao final, a transcrição de um poema – o autor de *Lucíola*, ao contrário, converte todo o percurso da semana em texto, destacando as notícias como se elas, aparentemente,

---

[108] Idem (grifo do autor).

não tivessem importância alguma. E, mais uma vez, como vinha ocorrendo desde Justiniano José da Rocha, Alencar realiza um texto que desnuda, metalinguisticamente, o exercício da escrita jornalística, tornando-o público, através da interlocução engendrada pela utilização de um gênero de grande apelo íntimo, a carta.

Por sinal, a intimidade vai ser também perceptível em Alencar por meio do estilo gracioso. Em 25 de fevereiro de 1855, comentando o carnaval daquele ano, Alencar destacava o desempenho do *Congresso das Sumidades Carnavalescas*, sociedade voltada à organização do novo evento sem o entrudo, recentemente proibido. No desfile pelas ruas da corte, a congregação "foi geralmente recebida, nos lugares por onde passou com flores e buquês lançados pelas mãozinhas mimosas das nossas patrícias, que se debruçavam graciosamente nas janelas para descobrirem entre a máscara um rosto conhecido, ou para ouvirem algum dito espirituoso atirado de passagem".[109] Na crônica seguinte, após o tom grave da reflexão sobre a pobreza da classe proletária, o cronista assume o gracioso ao imaginar as leitoras se preparando para o confessionário em época de quaresma. O resultado é a aproximação do leitor por meio do estabelecimento de um diálogo, mesmo que interrompido:

> Que interessante coisa não deve ser o exame de consciência de uma menina, pura e inocente, quando à noite, entre as alvas cortinas de seu leito, com os olhos fitos numa imagem, perscruta os refolhos

[109] *Correio Mercantil*, op. cit., 25 fev. 1855.

mais profundos de sua alma à cata de um pecadinho que lhe faz enrubescer as faces cor de...

Arrependi-me! Não digo a cor. Reflitam e adivinhem se quiserem. Tenham ao menos algum trabalho em lerem, assim como eu tenho em escrever.[110]

Alencar permaneceria no *Correio Mercantil* até julho de 1855. Ao ter um de seus artigos censurado pela direção do jornal, pediu demissão, não sem antes reivindicar para si o título da série. Em carta, com a mesma data de sua última crônica, 8 de julho de 1855, e publicada no dia seguinte, o autor solicita a Otaviano que "tenha a bondade de fazer cessar o título com que escrevi as minhas revistas. Não tem merecimento algum, há muitos outros melhores: mas é meu filho, e por isso reclamo-o para mim, mesmo porque talvez me resolva mais tarde a continuá-lo em qualquer outro jornal que me queira dar um pequeno canto".[111] Na verdade, não seria um "pequeno canto", mas um jornal inteiro, pois em 6 de outubro de 1855, José de Alencar assumiria o *Diário do Rio de Janeiro* como redator gerente. E não demoraria para que "Ao Correr da Pena" voltasse a circular. No dia seguinte, reapareceria entusiasticamente: "Correi, correi de novo, minha boa pena de folhetinista! És livre, como tuas irmãs, que cortam os ares nas asas ligeiras; abri o voo, lançai-vos no espaço. Avante".[112]

Na nova casa, a série parece mudar um pouco de feição. Há uma ênfase maior no corte metalinguístico como forma de sustentar a comunhão fática.

---

[110] Idem, 4 mar. 1855.
[111] Idem, 9 jul. 1855.
[112] *Diário do Rio de Janeiro*, op. cit., 7 out. 1855.

No texto de 21 de outubro, partindo da velha dificuldade do redator sem assunto para escrever, o cronista, observando o fundo de seu tinteiro, indaga: "de fato o que é um tinteiro?".[113] A suposta insignificância do objeto poderia ser compensada se ele estivesse na Europa, à disposição de poetas como Lamartine e Victor Hugo, de banqueiros como Rothschild, de músicos como Meyerbeer e Rossini, do papa, enfim, de grandes nomes que fariam bom uso de sua tinta. "Para mim porém, para mim, obscuro folhetinista da semana, o que podia haver de interessante nas ondas negras da tinta que umedecia os bicos de minha pena?".[114] Poderia escrever sobre a vida mundana. "A minha pena porém já não presta para essas coisas; de travessa, de ligeira, e alegre que foi em algum tempo, tornou-se grave e sisuda, e olha por cima do ombro para todas essas pequenas futilidades do espírito humano".[115] O caráter utilitário do período teria refreado o interesse pela crônica elegante: "De fato, como se pode hoje brincar sobre um assunto, escrever uma página de estilo mimoso, falar de flores e de música, se o eco da cidade vos responde de longe: – Pão, – epidemia, – socorros públicos, – enfermarias!".[116] Fiel ao seu trabalho, apesar das condições adversas, o cronista volta-se ao Teatro Lírico, para falar de seus espetáculos, quando é surpreendido pela presença de um "amigo velho": "– Bem-vindo, meu bom amigo, bem-vindo amigo sincero dos folhetinistas e dos escritores, bem-vindo,

---

[113] Idem, 21 out. 1855.
[114] Idem.
[115] Idem.
[116] Idem.

ponto final!".[117] Abaixo, em tipo maior do que o resto do texto, aparece um ponto entre parênteses.

É interessante notar como a metalinguagem alencariana reflete sobre a própria materialidade do suporte no qual o texto se encontra impresso e o seu modo de divulgação. Não seria novidade, pois, quando ainda no *Correio Mercantil*, o autor de *Senhora* valeu-se de expediente semelhante. Em 11 de fevereiro de 1855, o cronista anunciava uma ideia, segundo ele, sublime: na semana seguinte, o "Correr da Pena" seria publicado em verso. No dia marcado, 18 de fevereiro, o que se via estampado nas "Páginas Menores" era um texto intitulado "Um Pierrot": "Estamos no carnaval, e por isso não vinha muito fora de propósito apresentar a minha revista mascarada e de modo que nem um dos meus leitores pudesse conhecê-la. Para isto, o meio mais simples era deixá-la no tinteiro, isto é, vesti-la de dominó preto".[118] Antevendo a surpresa do leitor, o cronista imediatamente lembra do compromisso assumido, abortando, assim, a ideia de uma "revista mascarada": "embora sacrifique uma boa inspiração, o meu leitor há de ter hoje o seu *Correr da pena* em verso".[119] O texto prossegue e, ao final, depois de arrolar uma lista de provérbios, lê-se: "agora, meu leitor, queira ter a bondade de voltar a folha, e achará o *Correr da pena* em verso, tal como lhe prometi domingo passado".[120] De fato, no rodapé da segunda página, encontra-se a revista habitual, mas não escrita em metro: "Estamos no *verso* da página; por

---

[117] Idem.
[118] *Correio Mercantil*, op. cit., 18 fev. 1855.
[119] Idem.
[120] Idem.

conseguinte temos cumprido a nossa promessa em todo o rigor da palavra".[121] Em um único lance significativo, Alencar articula a ambiguidade do trocadilho à materialidade da página, em uma atitude que poderíamos chamar de fisiognomônica, na medida em que a palavra não só designa o objeto, como, também, procura coincidir com o objeto designado.

Na curta fase do *Diário*, onde estampou apenas sete revistas, Alencar vai valorizar bastante essa articulação. Além do ponto final em destaque, o sinal de interrogação serviria de mote para a reflexão do artigo de 4 de novembro de 1855, e não só pela função que exerce na frase como também pelo seu desenho em forma de anzol que remete à palavra "pescar", com a qual ela vai alinhavar o texto. Quando resolve escrever um livro, o "Livro da Semana", Alencar transforma o rodapé da página num volume onde constam folha de rosto, dedicatória, prólogo, introdução e índice com os respectivos títulos dos capítulos, num total de dez.

O último artigo de "Ao Correr da Pena" apareceria em 25 de novembro de 1855. Ao contrário do que ocorrera na época do *Correio Mercantil*, a série deixou de ser publicada sem aviso prévio. Só em 16 de dezembro, Alencar se desculparia com os leitores pela ausência da revista hebdomadária, lembrando-lhes que isso seria resolvido prontamente, pois "um dos nossos redatores que se assina *L.a* acha-se incumbido da redação desta revista, que começará a publicar-se regularmente de domingo em diante".[122] De fato, na semana seguinte, a revista retornaria,

---

[121] Idem (grifo do autor).
[122] *Diário do Rio de Janeiro*, op. cit., 16 dez. 1855.

só que não mais "Ao Correr da Pena" e, sim, "Livro do Domingo", sob a responsabilidade, ao que tudo indica, de seu irmão, Leonel de Alencar. O autor de *Iracema* não deixaria o jornalismo de imediato; permaneceria ainda na direção do *Diário* até julho de 1858. Durante esse período, deu início à famosa polêmica de *A Confederação dos Tamoios*, em 1856, além de publicar em capítulos seriados os seus três primeiros romances: *Cinco Minutos* (1856), *O Guarani* (1857) e *Viuvinha* (1857), este incompleto. Até o fim da vida, publicaria os mais variados textos em diversos periódicos, chegando a criar o seu próprio, na verdade dois: *Dezesseis de Julho*, em 1869, e *O Protesto*, em 1877.

Apesar de intensa, a produção cronística de Alencar não foi muito além de "Ao Correr da Pena". O autor só retornaria ao formato vinte anos depois com "Beotices", rubrica publicada em *O Protesto* – o jornal que contava com a colaboração do seu irmão, Leonel de Alencar, e com o escritor e crítico de arte Félix Ferreira. Mesmo assim, a série de estreia repercutiria significativamente, pois, ainda em 1855, ela seria parafraseada pelo *Correio da Tarde*: logo no número inaugural, na seção "Variedades", apareceria, sem assinatura, a revista semanal "Ao Voar da Pena". E vinte anos depois, grande parte das crônicas seria reunida em livro, já aqui mencionado, organizado por Pinto Coelho; atitude editorial que, a partir de então, começava a ganhar impulso e que seria imediatamente bem recebida por Luís Guimarães Júnior em seu folhetim de *O Globo*, de 7 de março de 1875: "coligir esses formosos folhetins, esplêndidas migalhas do grande pecúlio do célebre escritor ou coligir pérolas, é a mesma coisa".[123] Se a contribuição de Alencar foi escassa, o mesmo não se pode dizer a respeito do jovem escritor que surgiria ao final da década e que trabalharia incansavelmente na criação de séries durante aproximadamente quarenta anos: Machado de Assis.

O urso machadiano e a autonomização da crônica

A perspectiva machadiana a respeito dessa "frutinha de nosso tempo"[124] não se distancia aparentemente daquela proposta pelos cronistas do decênio. Nas "Aquarelas", publicadas em *O Espelho*, em passagem de cujo final já nos aproveitamos anteriormente, o folhetinista era assim definido por Machado: "o folhetinista, na sociedade, ocupa o lugar do colibri na esfera vegetal; salta, esvoaça, brinca, tremula, paira e espaneja-se sobre todos os caules suculentos, sobre todas as seivas vigorosas. Todo o mundo lhe pertence; até mesmo a política".[125]

Não obstante as "Aquarelas" serem, como vimos no capítulo inicial deste livro, uma espécie de caricatura em que o autor satiriza determinados tipos sociais, incluindo aí o folhetinista, isso não o impede de ser ele mesmo um praticante do gênero. Ainda em 1859, Machado foi designado, pela direção de *O Espelho*, para o cargo de redator da seção "Revista dos

---

[123] *O Globo: Órgão dos Interesses do Comércio da Lavoura e da Indústria*. Rio de Janeiro, Tipografia de O Globo, 7 mar. 1875.
[124] *O Espelho: Revista Semanal de Literatura, Modas, Indústria e Artes*. Rio de Janeiro, Tipografia de F. P. Brito, 16 out. 1859.
[125] Idem, 30 out. 1859.

Teatros", no qual se incumbia da tarefa de comentar as montagens teatrais do momento. Segundo Massa,[126] Machado "ficou orgulhoso"[127] ao assumir o novo ofício, como se percebe em trecho de um dos artigos da seção, no qual discorria sobre um sarau artístico em benefício do violinista Paul Julien: "Lá estive no posto oficial que me confere o cargo de cronista: e pude embeber-me, como todos, em um *mare magnum* de emoções novas".[128]

Nesse primeiro momento de atividade jornalística mais sistemática – é importante frisar que Machado já vinha colaborando esparsamente, desde 1858, nos jornais *A Marmota*, *Correio Mercantil* e o *Paraíba* –, o autor de *Dom Casmurro* ainda não ocupava a posição de destaque que tornaria célebres os seus antecessores mais ilustres: Francisco Otaviano e José de Alencar. Curiosamente, é no *Diário do Rio de Janeiro*, até bem pouco tempo dirigido pelo autor de *O Guarani*, que Machado, em 1860, ingressa de fato na carreira jornalística. Contudo, é no ano seguinte, em outubro, quando surgem os "Comentários da Semana", que ele inicia o seu percurso de cronista. Como o próprio título da coluna evidencia, tratava-se de destacar os acontecimentos mais significativos da semana, da política aos lançamentos literários, passando pelas estreias teatrais e eventos sociais, comentando-os, afinal "todo o mundo lhe pertence". Cumpre ainda acrescentar que a série não figurava no rodapé da página; vinha no corpo

---

[126] Jean-Michel Massa, *A Juventude de Machado de Assis*. Rio de Janeiro, Civilização Brasileira, 1971.
[127] Ibidem, p. 254.
[128] *O Espelho*, op. cit., 23 out. 1859.

principal, inicialmente dentro da seção "Comunicado", como as "Cartas" de Paranhos, e era assinada pelo pseudônimo Gil e depois, a partir de 16 de dezembro, por M.A., quando o título passa a ser a rubrica da própria seção. Não tinha dia certo para sair e nem página fixa, podendo vir na primeira ou segunda; além disso, a partir do segundo artigo, o texto viria precedido de um cabeçalho.

Na crônica que abre a série, em 12 de outubro de 1861, cinco temas são aludidos pelo cronista: a encenação da ópera cômica *Les Diamants de la Couronne*, de Daniel-François-Esprit Auber e Eugène Scribe, uma regata em Botafogo, a corrida de escaleres, o recebimento da Comenda de Aviz pelo ministro de Obras Públicas, o senador Manoel Felizardo de Souza e Melo, a publicação do *Álbum Pitoresco*, de Victor Frond e a montagem de *História de uma Moça Rica*, de Francisco Pinheiro Guimarães – o comentário sobre a peça é adiado para o número seguinte. Interessante é o introito do artigo, no qual se constata a reação metalinguística ao inevitável "salto de Leucates": reportando-se a duas mulheres, achacadas pela imprensa, e "cuja profissão é adivinhar os sucessos do futuro", Machado pergunta-lhes pela sorte da série que ora se inicia: "se for boa a predição, tornar-me-ei forte, se contrária me for, quebrarei a pena e me recolherei à tenda, como o velho guerreiro, sem me queixar de ninguém".[129] E prossegue: "não podia melhor encabeçar o meu escrito; mas o que é doloroso é o salto mortal que sou obrigado a dar do prefácio às ocorrências do dia".[130]

---

[129] *Diário do Rio de Janeiro*, op. cit., 12 out. 1861.
[130] Idem.

É possível perceber, também, certa pretensão polemista. O tom irônico, identificado na consulta às "pobres sibilas profetizas"[131] – as quais, afinal, o advertem da necessidade de se proteger em "rijo baluarte contra todas as suscetibilidades e azedumes",[132] como se lê na crônica seguinte –, já aponta para determinado procedimento crítico que encontraria melhor realização a partir de "Bons Dias!" (1888-89), quando Machado adota uma "atitude agressiva"[133] para com os leitores.

Podemos, ainda, observar certos traços inerentes ao folhetim, associados, conforme já vimos, à volubilidade característica do gênero. O primeiro traço diz respeito à própria volubilidade como empecilho ao tratamento mais detido dos eventos. Comentando a ópera de Auber e Scribe, diz Machado: "não me cansarei, nem cansarei a paciência dos leitores, em falar da ópera em si".[134] Em 24 de dezembro de 1861, ao tecer considerações a respeito do trabalho dos atores na apresentação de *Os Homens Sérios*, de Ernesto Biester, Machado torna ainda mais evidente o limite de sua função, diametralmente oposta àquela exercida por Martins Pena: "se eu fizesse crítica de teatros entraria em apreciação mais detida do desempenho. Mas não é assim. Só me cabe apontar muito de leve os fatos".[135] O segundo corresponde aos procedimentos textuais por meio dos quais Ma-

---

[131] Idem.
[132] Idem, 18 out. 1861.
[133] John Gledson, "Bons Dias!". In: *Machado de Assis: Ficção e História*. Rio de Janeiro, Paz e Terra, 1986, p. 120.
[134] *Diário do Rio de Janeiro*, op. cit., 12 out. 1861.
[135] Idem, 24 dez. 1861.

chado, tal como Paranhos, Otaviano e Alencar, problematiza a necessária transição que o cronista deve operar entre os fatos e o folhetim escrito "ao correr da pena" e que se traduz, obviamente, na própria estrutura do texto que será lido. Sistematizando o que vimos falando dos cronistas das décadas anteriores, destaquemos três procedimentos: os mecanismos formais que tornam possível ao redator encadear textualmente os acontecimentos aludidos, a relação estabelecida entre estes e os comentários e a situação espaçotemporal do cronista em face dos eventos e o momento da leitura.

Vejamos o primeiro desses procedimentos.

Nos "Comentários da Semana", na edição de 1º de novembro de 1861, Machado aborda sete diferentes temas. Entre a irônica crítica ao livro *Ensino Praxedes*, que apresenta um novo método de instrução do abecedário, e a possível homenagem ao criador da *História de uma Moça Rica*, o autor recorre a uma solução metalinguística de transição: "a obrigação de comentar leva-me a fazer transições bruscas; por isso passo sem preâmbulos do novo livro à oferta que por parte de alguns amigos e admiradores acaba de ser feita ao Sr. Dr. Pinheiro Guimarães".[136] Voltaria a solução semelhante, quando, em 1º de dezembro do mesmo ano, após reportar-se à morte do general Pereira Pinto e antes da apreciação do drama *A Resignação*, de Antônio Aquiles de Miranda Varejão, Machado introduz uma sequência de pontos, a qual imediatamente acrescenta: "Esta linha de pontinhos indica que vou passar a assuntos de outro gênero,

---

[136] Idem, 1º nov. 1861.

para os quais não achei uma transição capaz. A franqueza não será das minhas menores virtudes".[137] O mesmo expediente seria utilizado mais duas vezes no decorrer da série, em 11 e 24 de dezembro de 1861: na primeira, as reticências aparecem depois do comentário às mortes do rei de Portugal, Dom Pedro V, e seu filho, Dom Fernando, e ao naufrágio do vapor *Hermes*, no qual, entre as vítimas, encontrava-se Manuel Antônio de Almeida; na segunda, após escrever sobre o falecimento de Paula Brito. Em ambos os casos, Machado não chega a desnudar o processo como fez no primeiro momento, provavelmente contando com o conhecimento prévio do leitor de que o dispositivo gráfico correspondia à passagem dos acontecimentos tristes para os alegres da semana.

No mesmo texto de 1º de novembro de 1861, Machado emprega outro mecanismo de transição que se tornaria, com o passar dos anos, mais recorrente em sua escrita jornalística como, também, na produção cronística em geral: os fatos são encadeados textualmente através de ganchos. Isso se dá na passagem que liga o tema da falta de uma política ministerial ao da exposição da indústria: "é sob a gerência deste ministério que vai efetuar-se em nossa capital uma festa industrial, a exposição de 2 de dezembro".[138]

Na série seguinte, publicada no jornal *O Futuro, Periódico Literário*, entre 1862 e 1863, o gancho já assume um tom nitidamente irônico. Na crônica de 30 de novembro de 1862, após comentar a exumação dos ossos de Estácio de Sá, Machado escreve: "estas reflexões

[137] Idem, 1º dez. 1861.
[138] Idem, 1º nov. 1861.

sobre ossos e ruínas levam-me naturalmente ao teatro, que está ameaçado de passar ao estado de monumento curioso, a despeito dos esforços individuais".[139] Contudo, em "Ao Acaso", conjunto de folhetins publicado no *Diário do Rio de Janeiro* entre 1864 e 1865, Machado parece ainda suspeitar da eficácia do recurso: "Isto vai – ao acaso – e conforme os assuntos me vão ocorrendo, sem curar do efeito que possa causar a contiguidade de um assunto triste e de um assunto alegre".[140]

Entretanto, é na década seguinte que tal mecanismo será fundamental à elaboração de suas crônicas, a partir das que aparecem divulgadas na revista quinzenal *Ilustração Brasileira, Jornal de Artes, Ciências e Letras*, sob o título "Histórias de Quinze Dias" – rubrica que seria alterada para "Histórias de Trinta Dias", quando a publicação passou a mensal em janeiro de 1878. Como são inúmeros os exemplos, ressaltemos apenas dois. Logo na primeira crônica da série, a 3 de julho de 1876, à reflexão política sobre a guerra do Oriente, na qual Machado relata um diálogo no reino dos mortos, cujo interlocutor principal é o "último sultão ortodoxo", o turco Abdul-Azziz, segue-se a inusitada notícia de um sujeito que fora enterrado vivo no Ceará: "ao menos Abdul, se foi enterrado, foi morto e bem morto. Não aconteceu o mesmo àquele sujeito do Ceará, a quem quiseram dar a última casa, estando ele vivo, e mais que vivo".[141]

---

[139] *O Futuro: Periódico Literário*. Rio de Janeiro, Tipografia de Brito e Braga, 1º dez. 1862.
[140] *Diário do Rio de Janeiro*, op. cit., 12 jun. 1854.
[141] *Ilustração Brasileira, Jornal de Artes, Ciências e Letras*. Rio de Janeiro, Tipografia Imperial Instituto Artístico, 3 jul. 1876.

O outro exemplo encontra-se na edição de 15 de agosto de 1876. Discorrendo sobre as corridas de cavalo e sobre sua aversão a esse animal "elegante perverso", ao contrário do burro, manso e filantrópico, o cronista passa a outro assunto: "e por falar neste animal [o burro], publicou-se há dias o recenseamento do Império, do qual se colige que 70% da nossa população não sabem ler".[142]

Como é possível perceber nesses exemplos, os elementos empregados pelo cronista na tentativa de encadeamento dos seus textos, ou seja, o desnudamento do processo por meio do corte metalinguístico, a utilização de recursos tipográficos e a elaboração de ganchos, visando à coesão textual em face da diversidade de assuntos, aproximam a sua produção à dos autores até aqui analisados, na medida em que ela se insere na busca de certa unidade que, paradoxalmente, minimizaria os efeitos da volubilidade característica do gênero. Todavia, é possível que a análise do segundo procedimento, isto é, a relação entre os eventos referidos e os respectivos comentários, forneça subsídios para se pensar a contribuição diferenciada da crônica machadiana.

Gustavo Corção, discorrendo sobre os textos machadianos de "A Semana", propõe, como forma de abordar a sua peculiaridade, a seguinte distinção: "[...] de um lado teríamos as crônicas que se submetem aos fatos, e que pretendem fornecer material contemporâneo à peneira dos historiadores; e de outro teríamos aquelas crônicas que se servem dos fatos para superá-los, ou que tomam os fatos do tempo

[142] Idem, 15 ago. 1876.

como pretextos para as divagações que escapam à ordem dos tempos".[143]

Corção entende que a crônica machadiana enquadra-se na segunda espécie, derivando daí o caráter transcendente dos seus textos que remete, ao nosso ver, à mesma ideia de perenidade discutida por nós no primeiro capítulo como modo de afirmar a literariedade da crônica. Contudo, o que nos parece mais significativo no trecho citado diz respeito aos termos mencionados ("fatos", "crônicas", "historiadores" e "divagações") e às possíveis relações entre eles, submissão ou superação. Sob a égide daquela, a primeira espécie corresponderia a um documento, a um registro do tempo, à crônica, enfim, na acepção antiga de relato histórico; a segunda, a um texto de caráter reflexivo, ou mesmo ensaístico, cuja finalidade incidiria nos próprios comentários.

É interessante notar que, justapondo as duas espécies, encontramos o modelo de Otaviano e, sobretudo, o de Alencar. Este estabelece um paralelo quando se refere aos possíveis críticos de seu texto: "de um lado um crítico, aliás de boa-fé, é de opinião que o folhetinista inventou em vez de contar, o que por conseguinte excedeu os limites da crônica".[144] Ora, se o folhetinista deve contar e não inventar, sendo assim "cronista dos acontecimentos de uma semana",[145] é possível afirmar que o folhetim articula-se com a crônica enquanto relato histórico: caracterizado pela presença de um redator em trânsito e marcado pela

---

[143] Gustavo Corção, "Machado de Assis Cronista". *Obra Completa*. Rio de Janeiro, Nova Aguilar, 1986, vol. 3, p. 328.
[144] *Correio Mercantil*, op. cit., 24 set. 1854.
[145] Idem, 15 out. 1854.

volubilidade ao mesmo tempo estilística e vivencial, o folhetim é uma modalidade que se atém ao imediato do presente histórico. Daí "o fato o mais comezinho" do qual se nutre o colibri alencariano. Ao assinalar "os limites da crônica" como um dos traços da volubilidade do gênero, o autor de *Iracema* o faz exatamente por conta de seu alcance histórico. Assim, se, por um lado, esses limites pretendem garantir o "positivo da crônica", o "desfia[r] fato por fato, dia por dia",[146] por outro, é tensionando-os que Alencar adentra a esfera discursiva propriamente jornalística:

> A respeito do folhetinista não falemos. Na segunda-feira tem a cabeça que é um caos de recordações, de fatos, de anedotas e observações curiosas. A imaginação toma ares de pintor chinês, e começa a desenhar-lhes flores e arabescos de um colorido magnífico. As ideias dançam uma contradança no Cassino. A memória passeia no meio do salão de braço dado com a ironia, gracejando e fazendo reflexões a propósito.[147]

Embora seja possível observar no trecho acima inúmeros elementos que seriam até certo ponto perceptíveis na prosa jornalística de Machado (a imaginação, a ironia, o gracejo, a reflexão, etc.) – elementos que, na verdade, pertencem ao gênero como um todo –, ele nos interessa na medida em que evidencia, como vimos, o vínculo que, se não chega a ser de submissão, partilha de uma natureza mimética: a volubilidade do texto (ou do estilo) reproduz a volubilidade dos fatos

---

[146] Idem, 19 nov. 1854.
[147] Idem, 1º out. 1854.

da semana. O caráter vivencial do ofício, que requer a presença do folhetinista no interior dos acontecimentos e que exige, posteriormente, no ato da escrita, determinado esforço de recordação, corresponde ao limite documental da crônica. Entretanto, é no vazio que se abre entre os fatos vivenciados e a imaginação do escriba (o "pintor chinês" de arabescos) que o gesto folhetinesco se interpõe, constituindo uma modalidade discursiva que se afasta do meramente histórico ao mesmo tempo em que o absorve.

Voltando a Machado de Assis, já em os "Comentários da Semana", é possível observar a validade da afirmação de Corção. Na introdução ao texto de 21 de novembro de 1861, lamentando a sua ausência na semana anterior, o cronista evidencia o propósito de sua tarefa: "adormeci, digo eu, em teu seio [refere-se à pachorra, tratando-a como uma deusa], e deixei passar a semana sem vir dizer em letra redonda o que pensava das ocorrências dela".[148] A atividade de comentarista dos fatos passados não corresponde, em Machado, ao mero registro histórico, até porque o público receptor que lhe é contemporâneo já possui o conhecimento daqueles. Sendo assim, a expectativa do leitor é pelos comentários, por aquilo que pensa o redator. O que não significa dizer que algo semelhante não ocorresse em Otaviano ou Alencar. Contudo, em Machado, trata-se de assumir a dissensão: os fatos tornam-se pretextos para reflexão. Vejamos o início da crônica de 16 de dezembro de 1861: "Dizia um filósofo antigo que as leis eram as coroas das cidades. Para caracterizá-las assim deve supor-se que

---

[148] *Diário do Rio de Janeiro*, op. cit., 21 nov. 1861.

elas sejam boas e sérias. As leis más ou burlescas não podem ser contadas no número das que tão pitorescamente designa o pensador a que me refiro".[149]

O acontecimento, do qual a passagem acima é reflexão, corresponde à lei de condecorações de autoria do ministro do Império, o senador José Ildefonso de Souza Ramos. Como se pode observar, a reflexão antecede o fato na sequência de apresentação do enunciado, invertendo a ordem em que provavelmente se deu a sua gênese. Ou seja, ao subsumir o particular no geral, Machado elabora a crônica como um registro não dos fatos e, sim, da própria reflexão. É como se o cronista desenhasse arabescos, todavia não de caráter pictórico, muito menos mimético, e, sim, de pensamento, arabescos cuja imaginação despendida para a sua realização não aderisse integralmente aos fatos.

Como sugere Corção, acreditamos que há nas crônicas machadianas um afastamento gradativo do lastro documental e uma ênfase cada vez maior na autonomia dos comentários. Contudo, isso não significa uma fuga "à ordem dos tempos". Sem nunca perder de vista os fatos dos quais se nutre, mas minimizando o seu efeito no resultado formal do texto, Machado enfraquece a volubilidade característica do gênero. Talvez seja esse enfraquecimento que leva muitos críticos a afirmarem a transcendência da crônica machadiana e, consequentemente, a sua literariedade. Contudo, a análise do último procedimento, a situação espaçotemporal do cronista, nos dará uma perspectiva distinta.

---

[149] Idem, 16 dez. 1861.

Nas "Histórias de Quinze Dias", no texto já por nós citado de 1º de julho de 1876, Machado via-se envolvido por uma grande quantidade de assuntos: da Guerra do Oriente a uma discussão de vocabulário, passando pelo sujeito que foi enterrado vivo no Ceará, pelo jantar de despedida do diplomata chileno, por determinado espetáculo lírico de qualidade duvidosa e pela Companhia dos Fenômenos que se apresentava no Teatro Imperial. Em relação a estes últimos, curiosamente, ao contrário do típico folhetinista – como Machado o foi por diversas vezes desde a "Revista dos Teatros", de *O Espelho* –, o cronista não comparece aos eventos: "e já o leitor concluirá daqui o valor de um cronista que pouco vê do que fala, uma espécie de urso que se não diverte".[150] Mais à frente, na crônica do dia 15 de agosto, refletindo sobre a temporalidade de quem escreve "ao correr da pena", indaga: "Estou convencido de que esse amigo não foi às corridas. Não foi ou não vai? Na hora em que escrevo – não vai; naquela em que o leitor pode ler estas linhas – não foi. Eu não sei combinar estes tempos da crônica. Vá ou não vá, fosse ou não fosse, o que eu quero dizer é que o dito meu amigo brilha pela ausência na festa do Prado Fluminense".[151] E assume: "eu sou obrigado a confessar que também lá não ponho os pés, em primeiro lugar porque os tenho moídos, em segundo lugar porque não gosto de ver correr cavalos nem touros".[152]

Do ponto de vista da inserção em cena, do trânsito entre os acontecimentos quinzenais, podemos

---

[150] *Ilustração Brasileira*, op. cit., 1º jul. 1876.
[151] Idem, 15 ago. 1876.
[152] Idem.

dizer que Machado, nesse momento de sua produção cronística, perdeu o hábito de folhetinista. O colibri aqui se transforma em urso, muito embora este ainda esvoace, uma vez que o seu texto desenvolve-se parcialmente segundo a diversidade dos acontecimentos. Não se trata, contudo, das cenas vivenciadas no meio dos salões ou observadas da plateia dos teatros ou simplesmente compartilhadas no dia a dia da cidade. Apesar das cenas continuarem servindo-lhe de fonte, a perspectiva machadiana volta-se para o próprio veículo no qual o cronista se encontra inserido, o jornal, e as cenas saem do espaço vivido e migram para as páginas impressas, transformando a comunhão fática, antes pautada na conversação ao pé de ouvido, em diálogo digressivo, fruto da cumplicidade entre leitores, como se lê em *O Futuro*, a 30 de novembro de 1862:

> Para sempre. Neste aposento construído no fundo do edifício que o leitor acabou de percorrer instalo-me eu, e aqui praticarei mansamente com o leitor sobre todas as coisas que nos fornecer a quinzena, sem fadiga para mim, nem mágoa para ninguém. Durarão as nossas palestras o intervalo de um charuto, mais infelizes nisto que as rosas de Malherbe. Olhe o leitor: à roda da mesa estão os jornais de todo o Império; sentemo-nos como bons e pacíficos amigos, e comecemos a encarar afoitamente aqueles estouvados peruanos.[153]

Em "Ao Acaso", no artigo estampado em 12 de junho de 1864 no *Diário do Rio de Janeiro*, Machado,

---

[153] *O Futuro*, op. cit., 1º dez. 1862.

comparando o folhetim a um apóstolo, ressalta a vantagem daquele por conta da cômoda situação, propiciada ao folhetinista, de observador apartado dos fatos:

> É um apostolado garantido pela polícia, feito em plena sociedade urbana. Em vez de pisar areias ardentes ou subir por montanhas escalvadas, tenho debaixo dos pés um assoalho sólido, quatro paredes dos lados e um teto que nos abriga do orvalho da noite e das pedradas dos garotos. E por cúmulo de garantia ouço os passos da ronda que vela pela tranquilidade do quarteirão. É cômodo, e nem por isso deixa de ser glorioso.[154]

Na penúltima série machadiana, "Bons Dias!", logo na primeira crônica de 5 de abril de 1888, o interlocutor é colocado em sua posição devida, ou seja, a de leitor, uma vez que é com a materialidade do texto impresso que ele lida: "agora, se o leitor não me disser a mesma coisa [bons dias], em resposta, é porque é um grande malcriado, um grosseirão de borla e capelo; ficando, todavia, entendido que há leitor e leitor, e que eu, explicando-me com tão nobre franqueza, não me refiro ao leitor, que está agora com este papel na mão, mas ao seu vizinho. Ora bem!".[155]

Assim, quase sempre longe dos fatos, mas comentando-os a partir da cena de leitura e em estado de hibernação, apenas vendo "correr o tempo e as coisas",[156] logo numa situação muito próxima daquela em que se encontra o anônimo leitor de jornal com o qual

---

[154] *Diário do Rio de Janeiro*, op. cit., 12 jun. 1864.
[155] Machado de Assis, *Bons Dias!*. Introdução e notas de John Gledson. Campinas, Editora da Unicamp, 2008, p. 79.
[156] *Ilustração Brasileira*, op. cit., 15 ago. 1876.

dialoga, o cronista machadiano dá novo contorno ao gênero, ao se afastar do rebuliço da vida mundana e ao manter com a crônica, na sua acepção de gênero histórico, uma proximidade relativa: por um lado, Cronos permanece, contudo sujeito às contingências do cotidiano – afinal, impossibilitado de comparecer ao Prado Fluminense, se convence da ausência do amigo, embora este pudesse ter ido; por outro, Proteu é alijado, mas não sem deixar resquícios de sua mobilidade, que podem ser percebidos na tentativa de Machado de inserir as circunstâncias de enunciação no corpo do enunciado, igualando as distâncias temporal e espacial no próprio ato da escrita, como ocorre no texto de novembro de 1862 e no de 15 de agosto de 1876: "no momento em que escrevo estas linhas, espreito cá de longe a leitora a preparar-se para a festa da Glória".[157] Espreitar "cá de longe" significa não perder de vista o dia da festa e, simultaneamente, assegurar a mobilidade inerte do cronista, tornando coincidentes, no âmbito do enunciado, o momento da escrita e o da leitura do texto impresso.

Entretanto, é na série intitulada "A Semana", publicada na *Gazeta de Notícias*, de 1892 a 1897, que Machado vai instituir novos parâmetros ao gênero. No texto de 28 de agosto de 1892, o cronista tem como principal fato da semana a morte do ex-presidente marechal Deodoro da Fonseca:

> Para um triste escriba de coisas miúdas, nada há pior do que topar com o cadáver de um homem célebre. Não pode julgá-lo por lhe faltar investidura;

[157] Idem.

para louvá-lo, há de trocar de estilo, sair do comum da vida e da semana. Não bastam as qualidades pessoais do morto, a bravura e o patriotismo, virtudes nem defeitos, grandes erros nem ações lustrosas. Tudo isso pede estilo solene e grave, justamente o que falta a um escriba de coisas miúdas.[158]

Pode ser que aqui coubesse um necrológio ou uma nota de silêncio ou até mesmo um simples epitáfio como aquele que corresponde a todo capítulo CXXV, das *Memórias Póstumas de Brás Cubas*, e tudo estaria dito. Mas, com certeza, não seria adequado ao gênero cujo objeto é o "comum da vida e da semana".

Nesse ponto, traçando um paralelo com os cronistas das décadas anteriores, nota-se que o texto aí produzido adere aos fatos, a ponto de mimetizar a volubilidade que é, antes de tudo, a do próprio cronista. Se não é diferente no período inicial da produção machadiana, gradativamente isso vai sofrendo significativas modificações. A mobilidade de quem ocupa o "posto oficial" de cronista, a necessária transição entre os assuntos diversos, os comentários, a comunhão fática, em suma, os elementos que vinham consubstanciando a crônica desde a década de 1830, se comparecem nos escritos machadianos dos anos de 1860, tornam-se resquícios na década seguinte e praticamente desaparecem na de 1880 em diante. O que não significa dizer que haja aí um processo de sublimação que supere a mera contingência de uma escrita ao correr da pena, como sugere Corção. Apesar do trabalho de encadeamento do texto em busca

---

[158] *Gazeta de Notícias*. Rio de Janeiro, Tipografia da Gazeta de Notícias, 28 ago. 1892.

da unidade formal, tornando-o mais coeso e conciso, do processo de autonomização dos comentários, voltado para a digressão e a reflexão, e do deslocamento da posição do cronista – procedimentos que, como vimos, concorrem para o enfraquecimento da volubilidade do gênero –, não nos parece pertinente afirmar o rompimento do elo que une a crônica ao seu tempo presente. Lembremos que se a matéria da qual se nutre é, por um lado, o "comum da vida", por outro é igualmente o da "semana", e o cronista é um "escriba" para quem os fatos são um texto prévio a respeito do qual escreve. Assim, torná-lo legível a determinado público é trabalho de urso, mas de urso que lê como um colibri.

CONCLUSÃO

É possível que estejamos agora numa situação tão complicada quanto a de qualquer um dos nossos cronistas, afinal concluir um livro supõe alinhavar tudo o que foi dito até então. É o que nos cabe fazer nesse momento, e para tal cumpre retornar ao ponto de partida.

A crônica é um gênero jornalístico, dizíamos no início, e todo percurso empreendido até aqui foi com o intuito de demonstrar a validade da afirmação. Se, no primeiro momento, enveredamos pelas assertivas mais comuns que pretendiam dar conta da crônica no contexto do século XX, apontando os seus limites para o entendimento do gênero, no segundo, o recuo ao século anterior buscava apresentar os elementos que tornariam a nossa afirmação válida e, possivelmente, válida até hoje.

Inúmeros aspectos por nós ressaltados na produção oitocentista ainda podem ser facilmente encontrados no que atualmente se faz em termos de crônica. Por exemplo, o jornal ainda é um veículo efêmero, descartável como objeto de leitura, o que ainda exige do cronista determinado enfretamento do tempo em sua escrita. Alguns poderiam argumentar que, com os computadores domésticos e a internet, haveria a possibilidade de armazenamento do material que tornaria sempre viável a releitura, reduzindo assim o risco da dispersão; entretanto, o que impediria o leitor de recortar os artigos de seu interesse e armazená-los em seus arquivos pessoais, como era comum entre os leitores do passado pré-digital? Não seria demais afirmar que, nos jornais impressos de hoje, a dispersão tende a ser maior, considerando o tamanho dos periódicos, no qual um suplemento pode ser mais extenso do que um jornal inteiro do século XIX, sem contar a atração despertada por uma diagramação mais imagética e colorida, que, muitas vezes, torna a leitura de um jornal quase desnecessária.

O outro aspecto alude ao fato de que o jornal ainda vive de notícias. Sem dúvida, como vimos, ele é muito mais amplo e diversificado hoje para falar de qualquer assunto, inclusive do que não é notícia. Ora, não seria diferente em relação à crônica. Se Luis Fernando Verissimo pode escrever sobre a crise política na Síria, também pode falar sobre futebol, bem como contar uma anedota. Alguns desses textos podem muito bem não ser crônicas, mas figuram em um espaço institucionalizado, assegurado, sobretudo, pelo compromisso assumido pelo jornal e, é claro, pelo próprio cronista. Assim, em linhas gerais, duas diretrizes acabariam sendo adotadas pelos autores: por um lado, se o texto vincula-se à notícia, o gancho se faz necessário, como bem assinala João Ubaldo Ribeiro, em crônica intitulada "O Crime Compensa":

> Distinto leitor, encantadora leitora, ponham-se na pele de quem tem de escrever toda semana. Não me

refiro à obrigação de produzir um texto periodicamente, sem falhar. Às vezes, como tudo na vida, é um pouquinho chato, mas quem tem experiência tira isso de letra, há truques e macetes aprendidos informalmente ao longo dos anos e o macaco velho não se aperta. O chato mesmo, na minha opinião, é o "gancho", o pé que o texto tem de manter na realidade que o circunda. Claro, nada impede que se escreva algo inteiramente fantasioso ou delirante, mas o habitual é que o artigo ou crônica seja suscitado pelo cotidiano, alguma coisa que esteja acontecendo ou despertando interesse.[1]

Por outro, vimos desde Justiniano José da Rocha que uma crônica pode não dizer nada, conquanto não deixe de ser publicada. Rubem Braga, em 1936, inscrevendo-se nessa tradição, anunciava em "Ao respeitável público": "Chegou meu dia. Todo cronista tem seu dia em que, não tendo nada a escrever, fala da falta de assunto. Chegou meu dia. Que bela tarde para não se escrever".[2] Setenta e quatro anos depois de Braga, Verissimo se refere a essa mesma tradição como o "conhecido velho truque de cronistas: na falta de assunto, escreva sobre a falta de assunto".[3]

Assim, desde o início, a crônica jornalística transitou entre o gancho e a comunhão fática, entre a referencialidade e a metalinguagem, quando não conjugou esses dois polos em um único texto, como vimos em Otaviano e Alencar. E as semelhanças entre

---

[1] *O Globo*. Rio de Janeiro, Organizações Globo, 23 out. 2011.
[2] Rubem Braga, *O Conde e o Passarinho*. Rio de Janeiro, Editora do Autor, 1961, p. 22.
[3] *O Globo*, op. cit., 4 fev. 2010.

as específicas produções de períodos históricos distintos não param por aí, pois, se observarmos com atenção, o perfil tanto dos cronistas modernos quanto dos contemporâneos caracteriza-se por acentuar determinada conquista dos seus companheiros oitocentistas: o que lá se encontrava em curso, sobretudo em Machado de Assis, aqui se institucionaliza, ou seja, a autonomização do gênero. Rubem Braga, Verissimo, João Ubaldo Ribeiro, dentre outros, escrevem no interior de um espaço estabelecido, com regras próprias e inscrito em uma tradição a que os próprios cronistas não cansam de remeter. Mais uma vez é importante assinalar que a autonomização não implica conceder à crônica estatuto literário, por mais que, às vezes, a sua metalinguagem derive para certa autorreferencialidade – essa, como vimos, sempre limitada pela expectativa de algo a ser noticiado, logo funcionando dentro da comunhão fática assumida pelo texto. A autonomização, como a entendemos, está circunscrita à esfera jornalística. A crônica como que flutua entre as outras seções do jornal; é volúvel, na expressão acertada de Alencar, na medida em que tem autonomia suficiente para se apropriar de todo e qualquer discurso do vasto território jornalístico, embora sem a necessidade experimentada pelos autores oitocentistas de mimetizar textualmente a volubilidade em intricadas "teia[s] de Penélope". E isso não a torna menor, no sentido qualitativo do termo; ao contrário, como assinala João Ubaldo, a crônica exige domínio técnico voltado para elaboração de textos curtos, na acepção borgeana.

A essa altura, o leitor deve estar se perguntando se não há diferenças entre as produções no decorrer dos séculos. Como era de se esperar, não só há, como a primeira delas seria a própria extensão do texto. As crônicas, de fato, foram encolhendo gradativamente de tamanho. Ainda no século XIX, já é perceptível a diminuição, como nas realizações machadianas das séries "Bons Dias!" e "A Semana", ambas publicadas nos decênios finais do Oitocentos, quando comparadas à produção da década de 1850, incluindo aí a do próprio autor de *Dom Casmurro*. Como já aludimos, não se trata apenas de encurtamento do folhetim. Na verdade, a crônica vai deixando de ser revista hebdomadária, com a obrigatoriedade de historiar os eventos notáveis, e assumindo cada vez mais função digressiva, de gênero afeito ao comentário, mais preocupado com a intervenção do cronista do que com a notícia dos fatos, fenômeno que deu margem a que muitos críticos aproximassem a crônica do ensaísmo.

Daí outra diferença: o cronista já não tem a necessidade de dar saltos de Leucates ou mesmo de evitá-los, pois se a crônica perde em variedade e volubilidade, ela ganha em coesão e unidade – os ganchos internos deixam de ser necessários. Vale a pena lembrar que isso não quer dizer que os cronistas do Oitocentos não alvejassem certa unidade textual. Vimos em diversos momentos que para eles tratava-se de gesto paradoxal, uma vez que a unidade deveria ser alcançada mediante o trânsito por diversos assuntos, sempre no limite de possível dispersão.

Relacionada a essa mudança, ou talvez motivada por ela, o cronista assume nova função, já que não exerce a mesma atividade participativa, como a do redator do *Álbum Semanal* que precisava compatibilizar uma série de eventos quase simultâneos ou por

Alencar, quando reportava-se ao pobre folhetinista "metido no meio de tudo isto, com uma pena, um pouco de tinta e uma folha de papel". O cronista passa a ser apenas um escriba que, sem se distanciar do cotidiano das cidades, não se insere nele como alguém que precisasse documentá-lo. Em texto de 12 de abril de 1935, "Chegou o Outono", de Rubem Braga, publicado em *O Jornal*, e depois em seu primeiro livro, *O Conde e o Passarinho*, de 1936, o cronista pôde muito bem assinalar a presença da nova estação por meio do relato de uma folha seca que, trazida pelo vento, atingira fortuitamente o seu rosto, enquanto ele transitava pela rua Marquês de Abrantes, no Rio de Janeiro, a bordo de um reboque de bonde. A experiência singela da chegada do outono ocupa todo o espaço da crônica, a despeito de todas as notícias relevantes da semana que poderiam figurar em seu texto – os graves conflitos na província do Pará, a preocupação gerada nos grandes países europeus pelo rearmamento da Alemanha nazista ou mesmo a decisão do futebol nacional entre as seleções carioca e paulista –, exatamente porque a notabilidade alcançada pelos fatos depende agora da escrita cronística. Assim, o cronista opera a passagem do singular da experiência pessoal, imaginada ou não, ao comum da vivência coletiva ou vice-versa (afinal, o outono chegou ao mesmo tempo para todos os habitantes da cidade), realizando, em última instância, por mecanismos distintos, a função precípua da notícia.

Na concepção moderna de crônica, o redator pode se afastar dos fatos, a ponto de quase transpor os limites do gênero, assim como mergulhar neles, sem, contudo, transformar o texto em pura matéria jornalística, como demonstra os artigos de João do Rio publicados, em sua maioria, na *Gazeta de Notícias* e depois reunidos em *A Alma Encantadora das Ruas*. Próxima aos fatos ou distante deles, a crônica não perde o vínculo com a dinâmica do meio de comunicação do qual emergiu no século XIX e através do qual continua sendo difundida até hoje, mesmo que não exclusivamente: o jornal.

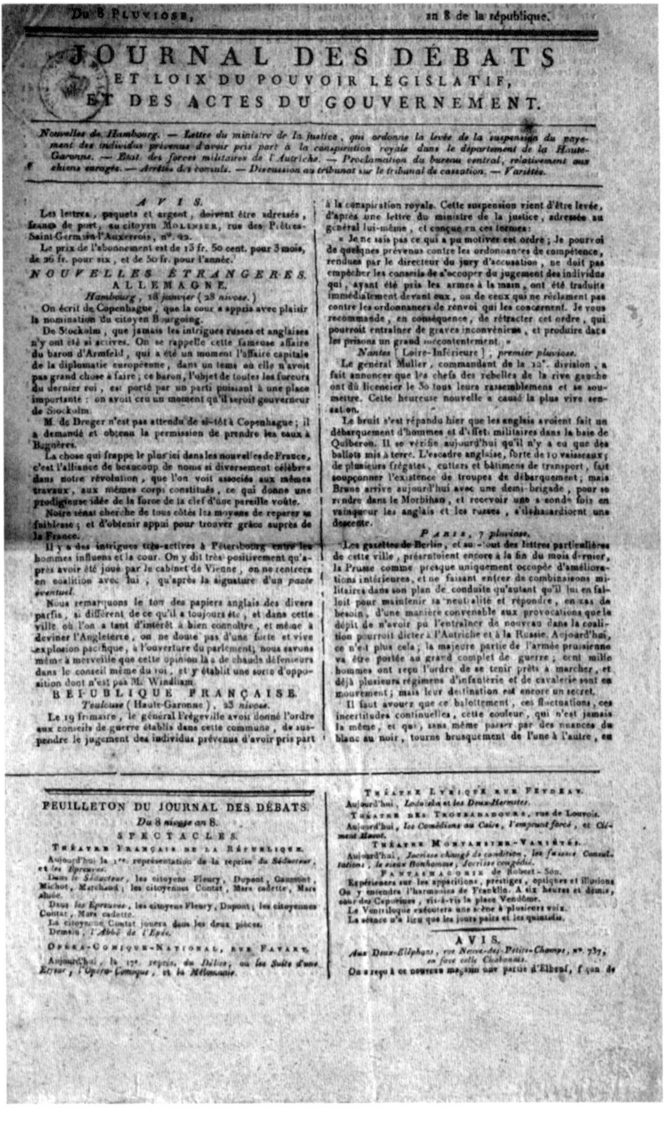

Du 8 Pluviose, an 8 de la république.

JOURNAL DES DÉBATS
ET LOIX DU POUVOIR LÉGISLATIF,
ET DES ACTES DU GOUVERNEMENT.

Nouvelles de Hambourg. — Lettre du ministre de la justice, qui ordonne la levée de la suspension du payement des individus prévenus d'avoir pris part à la conspiration royale dans le département de la Haute-Garonne. — État des forces militaires de l'Autriche. — Proclamation du bureau central, relativement aux chiens enragés. — Arrêtés des consuls. — Discussion au tribunat sur le tribunal de cassation. — Variétés.

AVIS.

Les lettres, paquets et argent, doivent être adressés, francs de port, au citoyen Mollinier, rue des Piêtres-Saint-Germain-l'Auxerrois, n°. 42.

Le prix de l'abonnement est de 13 fr. 50 cent. pour 3 mois, de 26 fr. pour six, et de 50 fr. pour l'année.

NOUVELLES ÉTRANGERES.

ALLEMAGNE.

Hambourg, 18 *janvier* (28 *nivose*.)

On écrit de Copenhague, que la cour a appris avec plaisir la nomination du citoyen Bourgoing.

De Stockolm, que jamais les intrigues russes et anglaises n'y ont été si actives. On se rappelle cette fameuse affaire du baron d'Armfeld, qui a été un moment l'affaire capitale de la diplomatie européenne, dans un tems où elle n'avoit pas grand chose à faire; ce baron, l'objet de toutes les fureurs du dernier roi, est porté par un parti puisant à une place importante: on avoit cru un moment qu'il seroit gouverneur de Stockolm.

M. de Dreger n'est pas attendu de si-tôt à Copenhague; il a demandé et obtenu la permission de prendre les eaux à Bagnères.

La chose qui frappe le plus ici dans les nouvelles de France, c'est l'alliance de beaucoup de noms si diversement célèbres dans notre révolution, que l'on voit associés aux mêmes travaux, aux mêmes corps constitués, ce qui donne une prodigieuse idée de la force de la clef d'une pareille voûte.

Notre sénat cherche de tous côtés les moyens de reparer sa foiblesse; et d'obtenir appui pour trouver grâce auprès de la France.

Il y a des intrigues très-actives à Pétersbourg entre les hommes influens et la cour. On y dit très positivement qu'après avoir été joué par le cabinet de Vienne, on ne rentrera en coalition avec lui, qu'après la signature d'un *pacte éventuel*.

Nous remarquons le ton des papiers anglais des divers partis, si différent de ce qu'il a toujours été, et dans cette ville où l'on a tant d'intérêt à bien connoître, et même à deviner l'Angleterre, on ne doute pas d'une forte et vive explosion pacifique, à l'ouverture du parlement; nous savons même à merveille que cette opinion là a de chauds défenseurs dans le conseil même du roi, et y établit une sorte d'opposition dont n'est pas M. Windham.

RÉPUBLIQUE FRANÇAISE.

Toulouse (Haute-Garonne), 23 *nivose*.

Le 19 frimaire, le général Frégeville avoit donné l'ordre aux conseils de guerre établis dans cette commune, de suspendre le jugement des individus prévenus d'avoir pris part à la conspiration royale. Cette suspension vient d'être levée, d'après une lettre du ministre de la justice, adressée au général lui-même, et conçue en ces termes:

« Je ne sais pas ce qui a pu motiver cet ordre; le pourvoi de quelques prévenus contre les ordonnances de compétence, rendues par le directeur du jury d'accusation, ne doit pas empêcher les conseils de s'occuper du jugement des individus qui, ayant été pris les armes à la main, ont été traduits immédiatement devant eux, ou de ceux qui ne réclament pas contre les ordonnances de renvoi qui les concernent. Je vous recommande, en conséquence, de rétracter cet ordre, qui pourroit entraîner de graves inconvéniens, et produire dans les prisons un grand mécontentement. »

Nantes (Loire-Inférieure), *premier pluviose*.

Le général Muller, commandant de la 12e. division, a fait annoncer que les chefs des rebelles de la rive gauche ont dû licencier le 30 tous leurs rassemblemens et se soumettre. Cette heureuse nouvelle a causé la plus vive sensation.

Le bruit s'est répandu hier que les anglais avoient fait un débarquement d'hommes et d'effets militaires dans la baie de Quiberon. Il se vérifie aujourd'hui qu'il n'y a eu que des ballots mis à terre. L'escadre anglaise, forte de 10 vaisseaux, de plusieurs frégates, cutters et bâtimens de transport, fait soupçonner l'existence de troupes de débarquement; mais Brune arrive aujourd'hui avec une demi-brigade, pour se rendre dans le Morbihan, et recevoir une seconde fois en vainqueur les anglais et les russes, s'ils hasardoient une descente.

Paris, 7 *pluviose*.

Les gazettes de Berlin, et sur-tout des lettres particulières de cette ville, présentoient encore à la fin du mois dernier, la Prusse comme presque uniquement occupée d'améliorations intérieures, et ne faisant entrer de combinaisons militaires dans son plan de conduite qu'autant qu'il lui en falloit pour maintenir sa neutralité et répondre, en cas de besoin, d'une manière convenable aux provocations que le dépit de n'avoir pu l'entraîner de nouveau dans la coalition pourroit dicter à l'Autriche et à la Russie. Aujourd'hui, ce n'est plus cela; la majeure partie de l'armée prussienne va être portée au grand complet de guerre; cent mille hommes ont reçu l'ordre de se tenir prêts à marcher, et déjà plusieurs régimens d'infanterie et de cavalerie sont en mouvement; mais leur destination est encore un secret.

Il faut avouer que ce balottement, ces fluctuations, ces incertitudes continuelles, cette couleur, qui n'est jamais la même, et qui, sans même passer par des nuances du blanc au noir, tourne brusquement de l'une à l'autre, en

FEUILLETON DU JOURNAL DES DÉBATS.

Du 8 nivose an 8.

SPECTACLES.

Théatre Français de la République.

Aujourd'hui la 1re. représentation de la reprise *du Séducteur*, et *les Épreuves*.

Dans *le Séducteur*, les citoyens Fleury, Dupont, Caumont, Michot, Marchand; les citoyennes Contat, Mars cadette, Mars aînée.

Dans *les Épreuves*, les citoyens Fleury, Dupont; les citoyennes Contat, Mars cadette.

La citoyenne Contat jouera dans les deux pièces.

Demain, *l'Abbé de l'Épée*.

Opéra-Comique-National, rue Favart.

Aujourd'hui, la 17e. repris. du *Délire*, ou *les Suites d'une Erreur*, *l'Opéra-Comique*, et *la Mélomanie*.

Théatre Lyrique rue Feydeau.

Aujourd'hui, *Lodoïska et les Deux-Hermites*.

Théatre des Troubadours, rue de Louvois.

Aujourd'hui, *les Comédiens au Caire*, *l'emprunt forcé*, et *Clément Marot*.

Théatre Montansier-Variétés.

Aujourd'hui, *Jocrisse changé de condition*, *les fausses Consultations*, *le vieux Bonhomme*, *Jocrisse congédié*.

Fantasmagorie de Robert-Son.

Expériences sur les apparitions, prestiges, optiques et illusions. On y entendra l'harmonica de Franklin. A six heures et demie, cour des Capucines, vis-à-vis la place Vendôme.

Le Ventriloque exécutera une scène à plusieurs voix.

La séance n'a lieu que les jours pairs et les quintidis.

AVIS.

Aux Deux-Éléphans, rue Neuve-des-Petits-Champs, n°. 737, en face celle Chabanais.

On a reçu à ce nouveau magasin une partie d'Elbeuf, façon de

Fig. 1: Página inicial da edição do *Journal des Debáts*, de 28 de janeiro de 1800, onde pela primeira vez é publicada a seção *feuilleton*. Observa-se que a data segue ainda o calendário revolucionário francês: "du 8 pluviose, au 8 de la république".

N.º 1.

GAZETA DO RIO DE JANEIRO.

SABADO 10 DE SETEMBRO DE 1808.

Doctrina sed vim promovet insitam,
Rectique cultus pectora roborant.

HORAT. Ode III. Lib. IV.

Londres 12 de Junho de 1808.

Noticias vindas por via de França.

Amsterdão 30 de Abril.

OS dois Navios Americanos, que ultimamente arribárão ao Texel, não podem descarregar as suas mercadorias, e devem immediatamente fazer-se á véla sob pena de confiscação. Isto tem influido muito nos preços de varios generos, sobre tudo por se terem hontem recebido cartas de França, que dizem, que em virtude de hum Decreto Imperial todos os Navios Americanos serão detidos logo que chegarem a qualquer porto da França.

Noticias vindas por Gottenburgo.

Chegárão-nos esta manhã folhas de Hamburgo, e de Altona até 17 do corrente. Estas ultimas annuncião que os Janizaros em Constantinopla se declarárão contra a França, e a favor da Inglaterra; porém que o tumulto se tinha apaziguado. —— Hamburgo está tão exhaurido pela passagem de tropas que em muitas casas não se acha já huma côdea de pão, nem huma cama. Quasi todo o Hannover se acha nesta deploravel situação. —— 50000 homens de tropas Francezas, que estão em Italia, tiverão ordem de marchar para Hespanha.

Londres a 16 de Junho.

Extracto de huma Carta escrita a bordo da Statira.

" Segundo o que nos disse o Official Hespanhol, que levámos a Lord Gambier, o Povo Hespanhol faz todo o possivel para sacodir o jugo Francez. As Provincias de Asturias, Leão, e outras adjacentes armarão 80000 homens, em cujo numero se comprehendem varios mil de Tropa regular tanto de pé, como de cavallo. A Corunha declarou-se contra os Francezes, e o Ferrol se teria igualmente sublevado a não ter hum Governador do partido Francez. Os Andaluzes, nas visinhanças de Cadiz, tem pegado em armas, e destes ha já 6000, que são pela maior parte Tropas de Linha, e commandados por hum habil General. Toda esta tempestade se originou de Bonaparte ter declarado a Murat Regente de Hespanha. O espirito de resistencia chegou a Carthagena, e não duvido que em pouco seja geral por toda a parte. Espero que nos mandem ao Porto de Gijon, que fica poucas leguas distante de Oviedo, com huma sufficiente quantidade de polvora, &c. pois do successo de Hespanha depende a sorte de Portugal. A revolta he tão geral, que os habitantes das Cidades guarnecidas por Tropas Francezas tem pela maior parte ido reunir-se nas montanhas com os seus Concidadãos revoltados. „

Fig. 2: Número inaugural de 10 de setembro de 1808 da *Gazeta do Rio de Janeiro*, primeiro jornal impresso no Brasil.

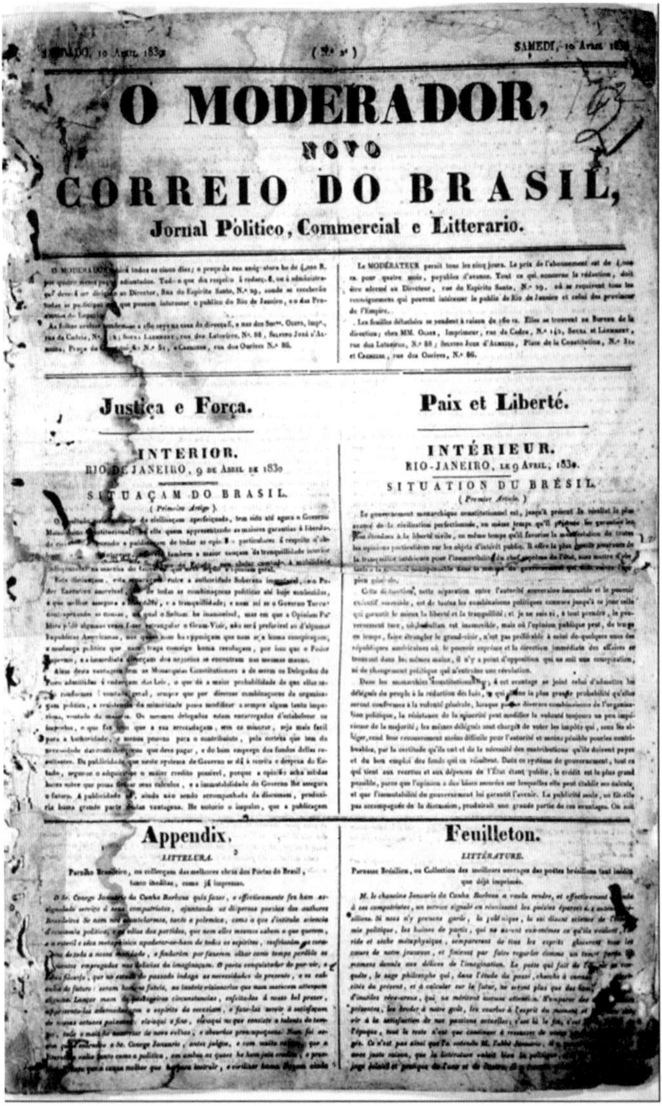

O MODERADOR,

NOVO

CORREIO DO BRASIL,

Jornal Politico, Commercial e Litterario.

Justiça e Força.

Paix et Liberté.

INTERIOR.

SITUAÇAM DO BRASIL.

INTÉRIEUR.

SITUATION DU BRÉSIL.

Appendix.

Feuilleton.

Fig. 3: Segundo número de *O Moderador*, de 10 de abril de 1831, jornal bilíngue no qual, ao que tudo indica, pela primeira vez apareceu no Brasil a seção *feuilleton*.

Fig. 4: Capa de *O Beija-flor*, um dos poucos periódicos da década de 1830 que tentou se afastar dos debates políticos. Não foi além do ano de 1831, tendo sido publicados apenas oito exemplares.

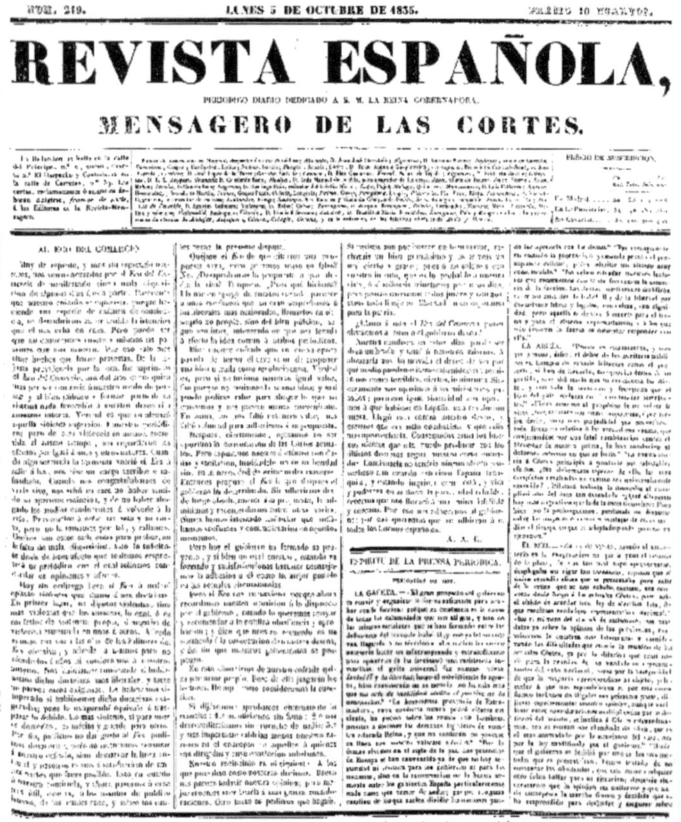
NÚM. 249. LUNES 5 DE OCTUBRE DE 1835.

REVISTA ESPAÑOLA,

PERIODICO DIARIO DEDICADO A S. M. LA REINA GOBERNADORA.

MENSAGERO DE LAS CORTES.

ESPÍRITU DE LA PRENSA PERIÓDICA.

FOLLETIN.

TEATRO DE LA CRUZ.

Fig. 5: *Revista Española*, de 5 de outubro de 1835. Neste diário madrilenho já é possível encontrar a expressão que será aportuguesada alguns anos depois pelos jornais brasileiros (o primeiro deles seria o *Jornal do Commércio*, em 1839) como tradução do termo francês *feuilleton*: *folletín*.

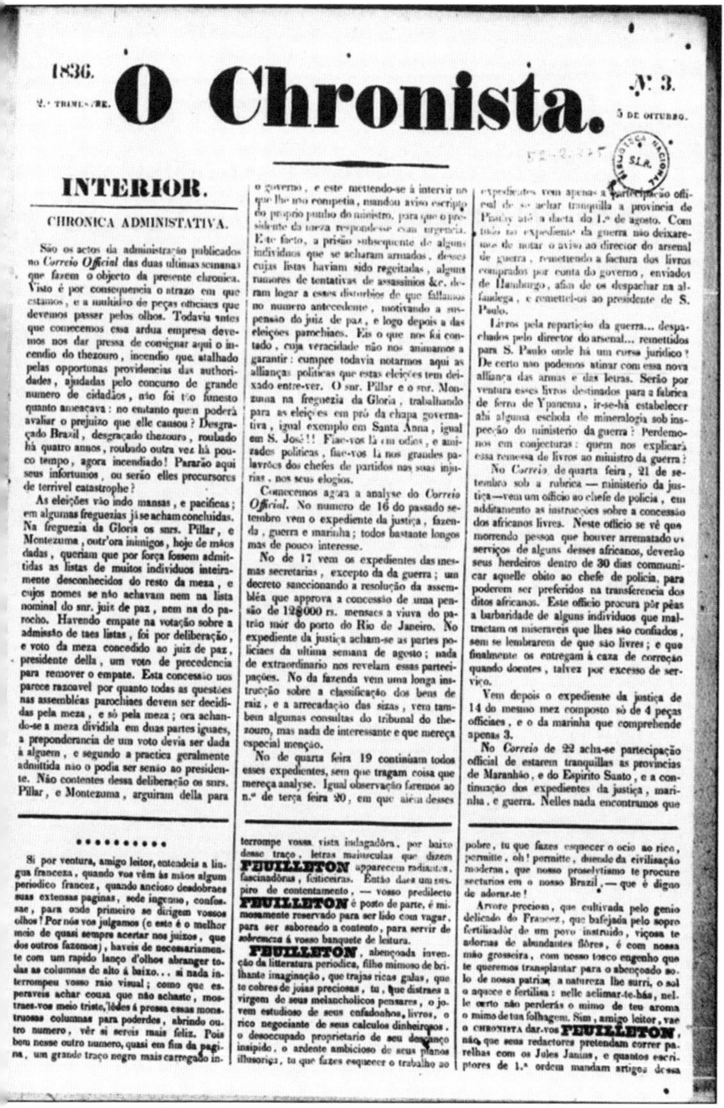

1836. 2.º TRIMESTRE. **O Chronista.** N.º 3. 5 DE OUTUBRO.

INTERIOR.

CHRONICA ADMINISTATIVA.

São os actos da administração publicados no *Correio Official* das duas ultimas semanas que fazem o objecto da presente chronica. Visto é por consequencia o atrazo em que estamos, e a multidão de peças officiaes que devemos passer pelos olhos. Todavia antes que comecemos essa ardua empresa devemos nos dar pressa de consignar aqui o incendio do thezouro, incendio que atalhado pelas opportunas providencias das authoridades, ajudadas pelo concurso de grande numero de cidadãos, não foi tão funesto quanto ameaçava: no entanto quem poderá avaliar o prejuizo que elle causou? Desgraçado Brazil, desgraçado thezouro, roubado há quatro annos, roubado outra vez há pouco tempo, agora incendiado! Pararão aqui seus infortunios, ou serão elles precursores de terrivel catastrophe?

As eleições vão indo mansas, e pacificas; em algumas freguezias já se acham concluidas. Na freguezia da Gloria os snrs. Pillar, e Montezuma, outr'ora inimigos, hoje de mãos dadas, queriam que por força fossem admittidas as listas de muitos individuos inteiramente desconhecidos do resto da meza, e cujos nomes se não achavam nem na lista nominal do snr. juiz de paz, nem na do parocho. Havendo empate na votação sobre a admissão de taes listas, foi por deliberação, e voto da meza concedido ao juiz de paz, presidente della, um voto de precedencia para remover o empate. Esta concessão nos parece razoavel por quanto todas as questões nas assembléas parochiaes devem ser decididas pela meza, e só pela meza; ora achando-se a meza dividida em duas partes iguaes, a preponderancia de um voto devia ser dada à alguem, e segundo a practica geralmente admittida não o podia ser senão ao presidente. Não contentes dessa deliberação os snrs. Pillar, e Montezuma, arguiram della para o governo, e este mettendo-se à intervir no que lhe não competia, mandou aviso escripto do proprio punho do ministro, para que o presidente da meza respondesse com urgencia. Este facto, a prisão subsequente de alguns individuos que se acharam armados, desses cujas listas haviam sido regeitadas, alguns rumores de tentativas de assassinios &c. deram logar a esses disturbios de que fallamos no numero antecedente, motivando a suspensão do juiz de paz, e logo depois a das eleições parochiaes. Eis o que nos foi contado, cuja veracidade não nos animamos a garantir: cumpre todavia notarmos aqui as allianças politicas que estas eleições tem deixado entre-ver. O snr. Pillar e o snr. Montezuma na freguezia da Gloria, trabalhando para as eleições em pró da chapa governativa, igual exemplo em Santa Anna, igual em S. José!! Fiae-vos là em odios, e amizades politicas, fiae-vos là nos grandes palavrões dos chefes de partidos nas suas injurias, nos seus elogios.

Comecemos agora a analyse do *Correio Official*. No numero de 16 do passado setembro vem o expediente da justiça, fazenda, guerra e marinha; todos bastante longos mas de pouco interesse.

No de 17 vem os expedientes das mesmas secretarias, excepto da da guerra; um decreto sanccionando a resolução da assembléa que approva a concessão de uma pensão de 12$000 rs. mensaes a viuva do patrão mór do porto do Rio de Janeiro. No expediente da justiça acham-se as partes policiaes da ultima semana de agosto; nada de extraordinario nos revelam essas partecipações. No da fazenda vem uma longa instrucção sobre a classificação dos bens de raiz, e a arrecadação das sizas, vem tambem algumas consultas do tribunal do thezouro, mas nada de interessante e que mereça especial menção.

No de quarta feira 19 continuam todos esses expedientes, sem que tragam coisa que mereça analyse. Igual observação faremos ao n.º de terça feira 20, em que além desses expedientes vem apenas a partecipação official de se achar tranquilla a provincia de Piauhy até a dacta do 1.º de agosto. Com tudo no expediente da guerra não deixaremos de notar o aviso ao director do arsenal de guerra, remettendo a factura dos livros comprados por conta do governo, enviados de Hamburgo, afim de os despachar na alfandega, e remettel-os ao presidente de S. Paulo.

Livros pela repartição da guerra... despachados pelo director do arsenal... remettidos para S. Paulo onde há um curso juridico? De certo não podemos atinar com essa nova alliança das armas e das letras. Serão por ventura esses livros destinados para a fabrica de ferro de Ypanema, ir-se-há estabelecer ahi alguma eschola de mineralogia sob inspecção do ministerio da guerra? Perdemonos em conjecturas: quem nos explicarà essa remessa de livros ao ministro da guerra?

No *Correio* de quarta feira, 21 de setembro sob a rubrica — ministerio da justiça — vem um officio ao chefe de policia, em additamento as instrucções sobre a concessão dos africanos livres. Neste officio se vê que morrendo pessoa que houver arrematado os serviços de alguns desses africanos, deverão seus herdeiros dentro de 30 dias communicar aquelle obito ao chefe de policia, para poderem ser preferidos na transferencia dos ditos africanos. Este officio procura pôr pêas a barbaridade de alguns individuos que maltractam os miseraveis que lhes são confiados, sem se lembrarem de que são livres; e que finalmente os entregam à caza de correção quando doentes, talvez por excesso de serviço.

Vem depois o expediente da justiça de 14 do mesmo mez composto só de 4 peças officiaes, e o da marinha que comprehende apenas 3.

No *Correio* de 22 acha-se partecipação official de estarem tranquillas as provincias de Maranhão, e do Espirito Santo, e a continuação dos expedientes da justiça, marinha, e guerra. Nelles nada encontramos que

• • • • • • • • • •

Si por ventura, amigo leitor, entendeis a lingua franceza, quando vos vêm às mãos algum periodico francez, quando ancioso desdobraes suas extensas paginas, sede ingenuo, confessae, para onde primeiro se dirigem vossos olhos! Por nós vos julgamos (e este é o melhor meio de quasi sempre acertar nos juizos, que dos outros fazemos), haveis de necessariamente com um rapido lanço d'olhos abranger todas as columnas de alto à baixo... si nada interrompeu vosso raio visual; como que esperaveis achar cousa que não achaste, mostraes-vos meio triste, lêdes à pressa essas monstruosas columnas para poderdes, abrindo outro numero, vêr si sereis mais feliz. Pois bem nesse outro numero, quasi em fim da pagina, um grande traço negro mais carregado interrompe vossa vista indagadôra, por baixo desse traço, letras maiusculas que dizem **FEUILLETON** apparecem radiantes, fascinadôras, feiticeiras. Então daes um suspiro de contentamento, — vosso predilecto **FEUILLETON** é posto de parte, é mimosamente reservado para ser lido com vagar, para ser saboreado a contento, para servir de sobremeza à vosso banquete de leitura.

FEUILLETON, abençoada invenção da litteratura periodica, filho mimoso de brilhante imaginação, que trajas ricas galas, que te cobres de joias preciosas, tu, que distraes a virgem de seus melancholicos pensares, o jovem estudioso de seus enfadonhos livros, o rico negociante de seus calculos dinheirosos, o desoccupado proprietario de seu descanço insipido, o ardente ambicioso de seus planos illusorios, tu que fazes esquecer o trabalho ao pobre, tu que fazes esquecer o ocio ao rico, permitte, oh! permitte, duende da civilisação moderna, que nosso proselytismo te procure sectarios em o nosso Brazil, — que é digno de adorar-te!

Arvore preciosa, que cultivada pelo genio delicado do Francez, que bafejada pelo sopro fertilisadôr de um povo instruido, viçosa te adornas de abundantes flôres, é com nossa mão grosseira, com nosso tosco engenho que te queremos transplantar para o abençoado solo de nossa patria; a natureza lhe surri, o sol o aquece e fertilisa: nelle aclimar-te-hás, nelle certo não perderás o mimo de teu aroma o mimo de tua folhagem. Sim, amigo leitor, vae o CHRONISTA dar-vos **FEUILLETON**, não que seus redactores pretendam correr parelhas com os Jules Janins, e quantos escriptores de 1.ª ordem mandam artigos dessa

Fig. 6: Terceiro número de *O Cronista*, de 5 de outubro de 1836, em que o editor Justiniano José da Rocha louva a inclusão da seção *feuilleton* em suas páginas.

10 DE SETEMBRO. N.º 5. 1837.

GABINETE DE LEITURA,

SUBSCRIPÇÃO.
Na Typographia
Commercial rua do
Hospicio N. 66.

SERÕES DAS FAMILIAS BRAZILEIRAS,

PREÇO:
Um anno 6$000.
Seis mezes 4$000.
Tres mezes 2$400.

JORNAL PARA TODAS AS CLASSES, SEXOS E IDADES.

UM PROTESTANTE E UM PAPISTA.

A 25 de outubro de 1524 não se fallava em Wittemberg senão da chegada d'um celebre reformador protestante e d'um sabio theologo, que tinham publicamente, um attacar as doutrinas do catholicismo, e o outro defendel-as. As igrejas da cidade tinham estado todo dia tão cheias, que as onze horas da noite, ainda estava uma moça ajoelhada no confessionario de S. Paulo. Sua elegancia e seu vestuario severo contrastavão com a expressão nuada na de seu rosto.

Encostado a um dos lados do confessionario, um homem alto e forte, adornado com o vestido preto de doutor, dirigia seus olhos distrahidos e perspicaxes com uma expressão de indefinivel ironia para os ricos quadros que douravam o altar-mor, e quando seus olhos cahiram sobre a moça, sorriso ironico lhe contrahiu os labios.

De repente abriu-se a grade do confessionario, e a jovem Allemã se achou face a face com um Dominico de rosto austero e imperioso.

— Oh! meu pae, exclamou ella, como fascinada pelo olhar do padre, não é infinita a misericordia divina.

— Quem duvida de sua bondade, blasphema sua justiça, respondeu o Dominico.

— Vedes diante vós, acrescentou a moça com esforço, uma religiosa que renegou seus votos para unir sua sorte á de um frade apostata, e que, depois de se tornar culpada aos olhos dos homens, e criminosa perante Deus, não se atreve a quebrar os laços que a formou!

O rosto do Dominico se contrahiu, e o estrangeiro não pôde reter um murmurio de colera.

— Oh! meu pae, continuou a moça ajuntando com devoção suas mãos alvas, a empreza d'este padre me pareceu tão gigantesca, não direi tão santa, que por elle concebi paixão profunda, sem o conhecer, sem nunca o ter visto... O claustro perdeu para mim o encanto divino, que lhe dava minha imaginação... Eu não tinha abraçado essa triste vida voluntariamente. Oh! não, meu pae, não. Filha de paes pobres e poderosos, sacrificada á preconceitos de familia, quiz ser grande senhora, fui religiosa! Amei o mundo e me casaram com Deus!... Ah! perdôe Deus aos paes que fazem de suas filhas santas sem ellas o quererem!

Lagrimas corriam pelo rosto palido da bella Allemã.

Quando todos os meus bellos sonhos de futuro foram destruidos, um por um, quando senti o laço pesado com que me haviam encadeiado á independencia, tive a força, — e força era necessaria meu pae! — tive a força de não morrer! A amisade me prestou apoio e por grande que me parecesse o mal, consegui adoçal-o cultivando a sociedade de algumas companheiras, que, como eu, só tinham de santas o nome e o vestido. Uma noite — que sentimentos em uma hora meu Deus! uma d'ellas trouxe um *Tratado sobre a vida monastica* que havia escapado á investigação da superiora. Oh! o como tinha o author desse livro sondado nossos pensamentos!... Desde então o convento não me pareceu mais do que uma fria prisão, onde estava condemnada a morrer, tendo conhecido da vida unicamente seus desgostos? O que chegou á minha noticia por differentes intervalos sobre a existencia do author d'esse livro, os applausos da Allemanha que me vieram aos ouvidos, augmentaram insensivelmente a paixão inconsiderada que fomentava em meu seio esta homem audaz. Todas as noites, eu via sua figura em meus sonhos. — Oh! não olheis assim para mim, meu pae! — Minhas bellas côres se perderam, minhas faces murcharam, até o dia emfim que fugi com oito companheiras, carregando com uma parte do thesouro da comunidade. Logo que nos vimos fóra do convento, senti apertar-se-me o coração; ajoelhei-me e outro com fervor. Parecia-me que uma voz interna exprobrava meu crime: — era a voz de Deus, eu o não duvidava, e entretanto não tive animo de lançar minhas vistas para traz. A apostasia se me offerecia, e eu aceitei.

Parou de fallar, e escondeu a cabeça nas mãos. — Oh! vós me ides maldiçoar, meu pae, continuou ella. Depois de haver abandonado o convento de Nimptsch fui de aldeia em aldeia em procura de meu amante, o amante de meus sonhos. Segui-o até a dieta que se abriu em Roma. Ah! ler elle mesmo, tal qual o havia imaginado em minhas longas noites de insomnia! Era o mesmo rosto poderoso, os mesmos olhos vivos e energicos! Troçamos nossas vistas, e ambas nossas almas se confundiram n'este olhar. Desde esse momento não o deixei mais, e hoje chego a Wittemberg, e vendo esta igreja acordaram com força em minha alma os sentimentos religiosos em que fui educada minha infancia. Lembrei-me horrorisada da vida de abnegação que passei nos conventos; lembrei-me tremendo que minha abjuração era um crime odioso, que acarretaria sobre mim o anathema de minha familia e me fecharia algum dia as portas do céo; e então pensei na confissão como unico recurso no grande infortunio da minha alma. Esperava achar um padre...

Sua voz tinha tomado um character singular de exaltação.

— Esperava encontrar um padre, que, pondo suas mãos sobre minha cabeça, me dissesse: Deus é grande e bom, espera, e ora.

— Oh! não, interrompeu o Dominico com um tom ameaçador, levantando-se com violencia, não ha perdão para a impia em quanto não renunciar seu amor sacrilego.

— Renunciar! disse a moça, nunca o renunciarei, meu pae!

— Não renunciarás, bradou o Dominico encolerisado. Pois bem! Deus te maldiçõa!

A jovem Allemã protestava por soluços contra esta maldição.

O homem de formas gigantescas, que estava sentado perto do confessionario, se levantou, e abrindo com mão firme a porta do confessionario, exclamou com voz atroadora, fixado um olhar feroz sobre o rosto irado do Dominico:

— Mentes, padre catholico! Tuas doutrinas são doutrinas de sangue, e o blasphemas do poder divino, prestando-lhe a inclemencia humana... E chegado o dia, acrescentou elle rindo-se amargamente, em que as pedras do edificio romano, sotopostas por mãos impias, conservadas por um architecto indigno, serão quebradas pelo martello da verdade! Já não ha supremacia terrestre! já não ha intolerancia!

Parou, e depois arrancando uma das imagens santas que estava pendurada á parede da igreja, e abalando com sua mão nervosa o confessionario, continuou, designando successivamente os quadros sagrados e o confessionario:

— Padre, aqui está tua mentira, aqui está teu crime! Quizeste enganar o mundo por praticas vãas; elevaste idolos de pedra e de pau á adoração das creaturas do pe-

---

Fig. 7: *Gabinete de Leitura*, de 10 de setembro de 1837. Semanário que também buscou se distanciar da política, publicando diversos textos de viés literário como os de João Manuel Pereira da Silva.

Fig. 8: Em 2 de novembro de 1851, aparece o número de estreia do semanário *O Álbum Semanal*, onde se percebe ao pé da página seção intitulada "Crônica".

Fig. 9: Exemplar do *Novo Correio de Modas*, de 1852. Vale aqui notar os recursos de adorno característicos dos periódicos voltados ao entretenimento e ao público feminino.

Fig. 10: Figurinos estampados no mesmo exemplar anterior do *Novo Correio de Modas*.

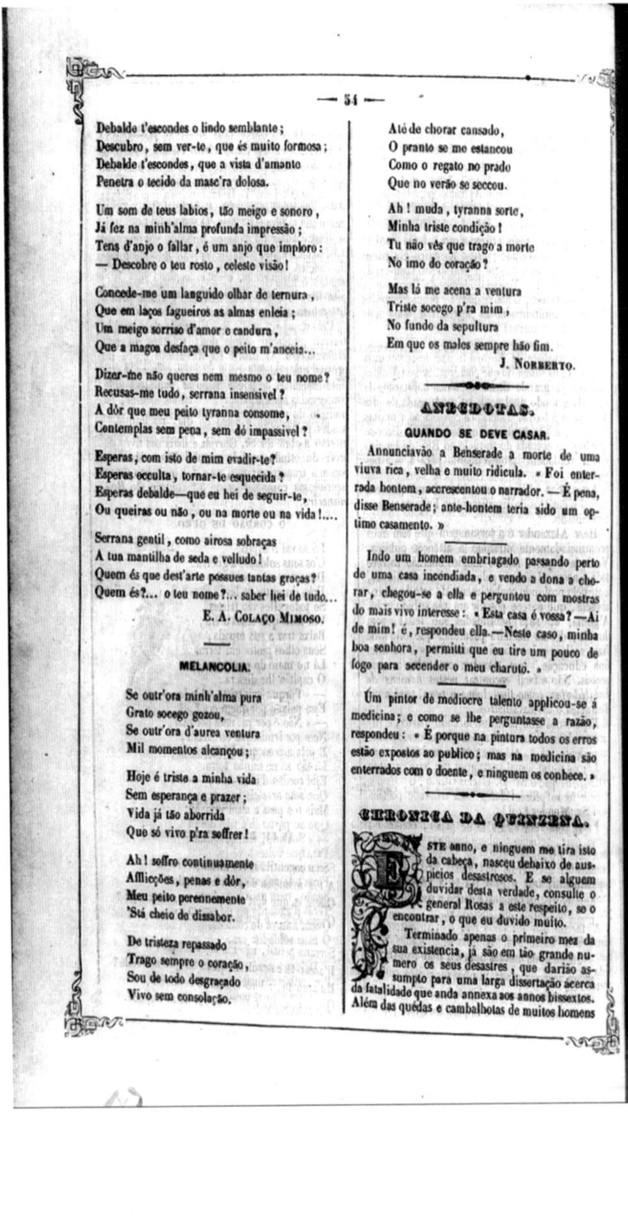

Debalde t'escondes o lindo semblante;
Descubro, sem ver-te, que és muito formosa;
Debalde t'escondes, que a vista d'amante
Penetra o tecido da masc'ra dolosa.

Um som de teus labios, tão meigo e sonoro,
Já fez na minh'alma profunda impressão;
Tens d'anjo o fallar, é um anjo que imploro:
— Descobre o teu rosto, celeste visão!

Concede-me um languido olhar de ternura,
Que em laços fagueiros as almas enleia;
Um meigo sorriso d'amor e candura,
Que a magoa desfaça que o peito m'anceia...

Dizer-me não queres nem mesmo o teu nome?
Recusas-me tudo, serrana insensivel?
A dôr que meu peito tyranna consome,
Contemplas sem pena, sem dó impassivel?

Esperas, com isto de mim evadir-te?
Esperas occulta, tornar-te esquecida?
Esperas debalde—que eu hei de seguir-te,
Ou queiras ou não, ou na morte ou na vida!....

Serrana gentil, como airosa sobraças
A tua mantilha de seda e velludo!
Quem és que dest'arte possues tantas graças?
Quem és?... o teu nome?... saber hei de tudo...

E. A. COLAÇO MIMOSO.

MELANCOLIA.

Se outr'ora minh'alma pura
Grato socego gozou,
Se outr'ora d'aurea ventura
Mil momentos alcançou;

Hoje é triste a minha vida
Sem esperança e prazer;
Vida já tão aborrida
Que só vivo p'ra soffrer!

Ah! soffro continuamente
Afflicções, penas e dôr,
Meu peito perennemente
'Stá cheio de dissabor.

De tristeza repassado
Trago sempre o coração,
Sou de todo desgraçado
Vivo sem consolação.

Até de chorar cansado,
O pranto se me estancou
Como o regato no prado
Que no verão se seccou.

Ah! muda, tyranna sorte,
Minha triste condição!
Tu não vês que trago a morte
No imo do coração?

Mas lá me acena a ventura
Triste socego p'ra mim,
No fundo da sepultura
Em que os males sempre hão fim.

J. NORBERTO.

ANECDOTAS.

QUANDO SE DEVE CASAR.

Annunciavão a Benserade a morte de uma viuva rica, velha e muito ridicula. « Foi enterrada hontem, accrescentou o narrador. — É pena, disse Benserade; ante-hontem teria sido um optimo casamento. »

Indo um homem embriagado passando perto de uma casa incendiada, e vendo a dona a chorar, chegou-se a ella e perguntou com mostras do mais vivo interesse: « Esta casa é vossa? — Ai de mim! é, respondeu ella. — Neste caso, minha boa senhora, permitti que eu tire um pouco de fogo para accender o meu charuto. »

Um pintor de mediocre talento applicou-se á medicina; e como se lhe perguntasse a razão, respondeu: « É porque na pintura todos os erros estão expostos ao publico; mas na medicina são enterrados com o doente, e ninguem os conhece. »

CHRONICA DA QUINZENA.

STE anno, e ninguem me tira isto da cabeça, nasceu debaixo de auspicios desastrosos. E se alguem duvidar desta verdade, consulte o general Rosas a este respeito, se o encontrar, o que eu duvido muito.

Terminado apenas o primeiro mez da sua existencia, já são em tão grande numero os seus desastres, que darião assumpto para uma larga dissertação acerca da fatalidade que anda annexa aos annos bissextos.

Além das quédas e cambalhotas de muitos homens

Fig. 11: Exemplar do *Novo Correio de Modas* também de 1852, no qual a seção "Folhetim da Quinzena", redigida pelo pseudônimo D. Salústio, recebe novo nome: "Crônica da Quinzena".

Fig. 12: Reprodução do primeiro número, de 1º de janeiro de 1852, de *O Jornal das Senhoras*, escrito pela argentina Joana Paula Manso de Noronha.

Fig. 13: Número do *Jornal do Commércio* de 26 e 27 de dezembro de 1852, em cuja seção folhetim encontra-se uma das crônicas de "A Semana", série escrita por Francisco Otaviano.

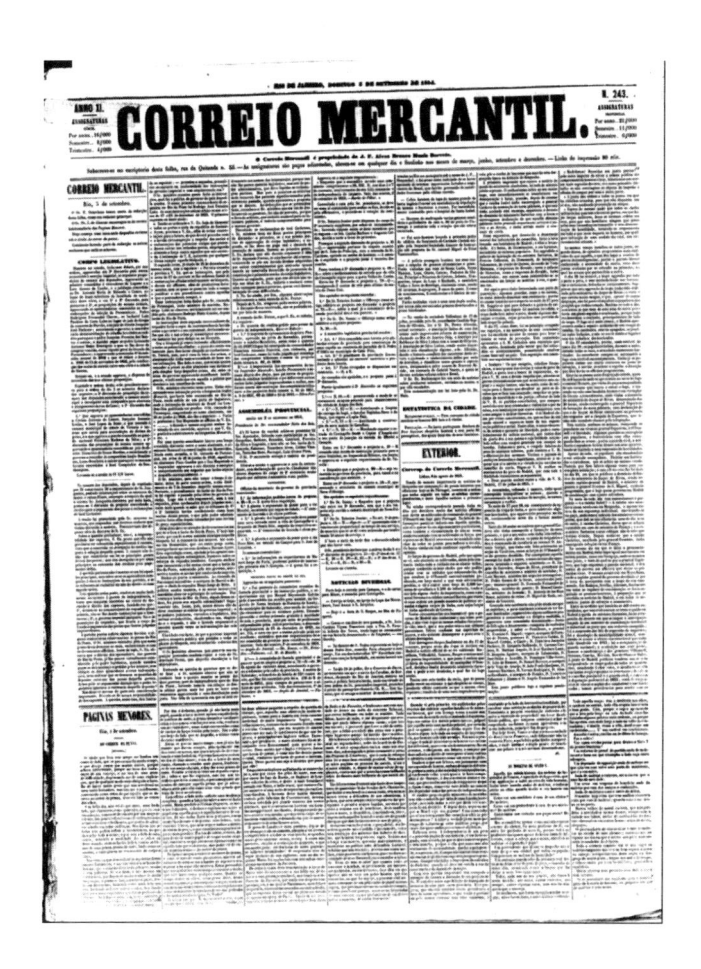

Fig. 14: Exemplar do *Correio Mercantil* de 5 de setembro de 1854, em que José de Alencar estreia a série "Ao Correr da Pena" na seção "Páginas Menores", seção que, criada por Francisco Otaviano, contava ainda com a colaboração de Manuel Antônio de Almeida.

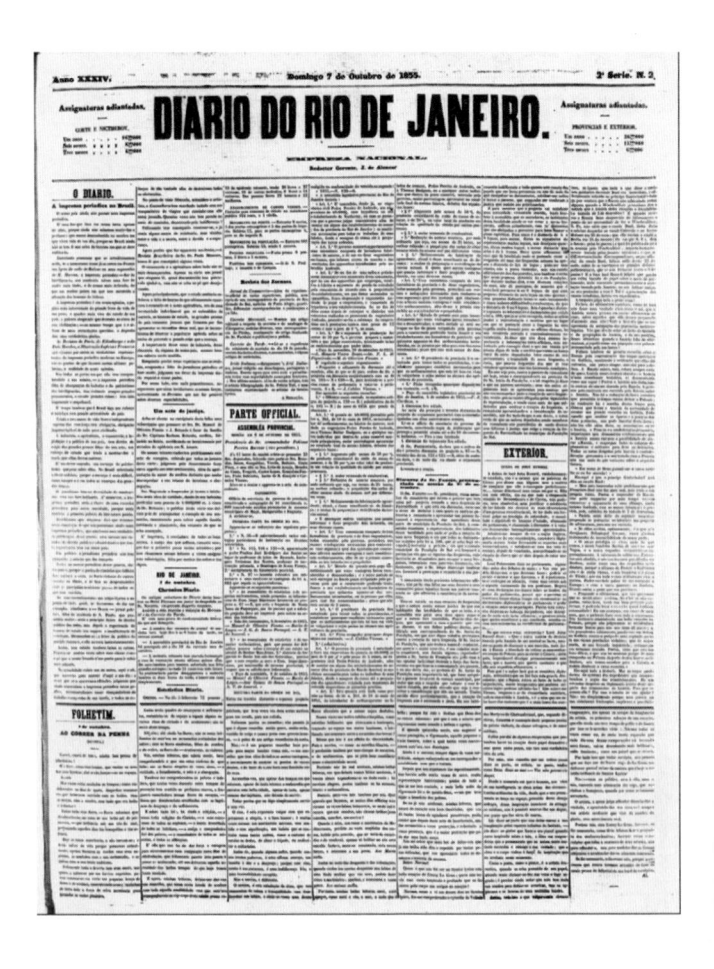

Fig. 15: No folhetim do *Diário do Rio de Janeiro*, de 7 de outubro de 1855, José de Alencar reinicia a sua famosa série "Ao Correr da Pena".

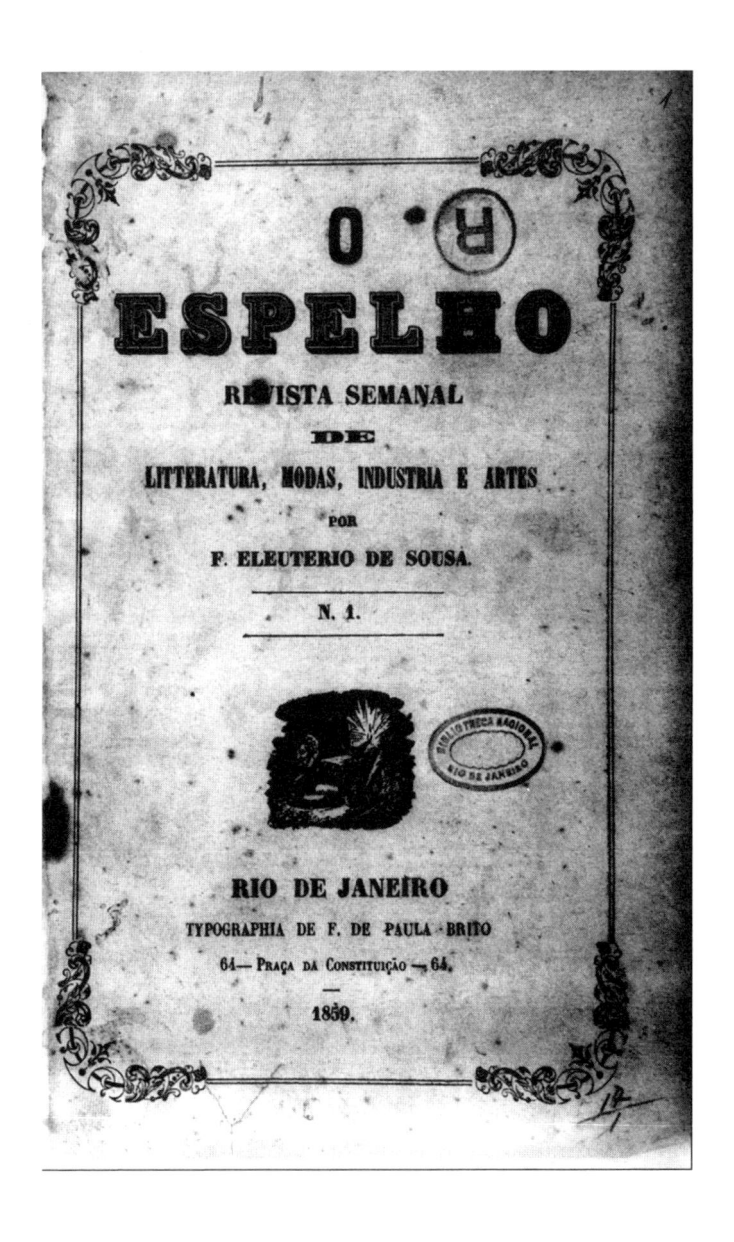

Fig. 16: Capa do periódico *O Espelho* de 1859, onde Machado de Assis dá os seus primeiros passos como cronista.

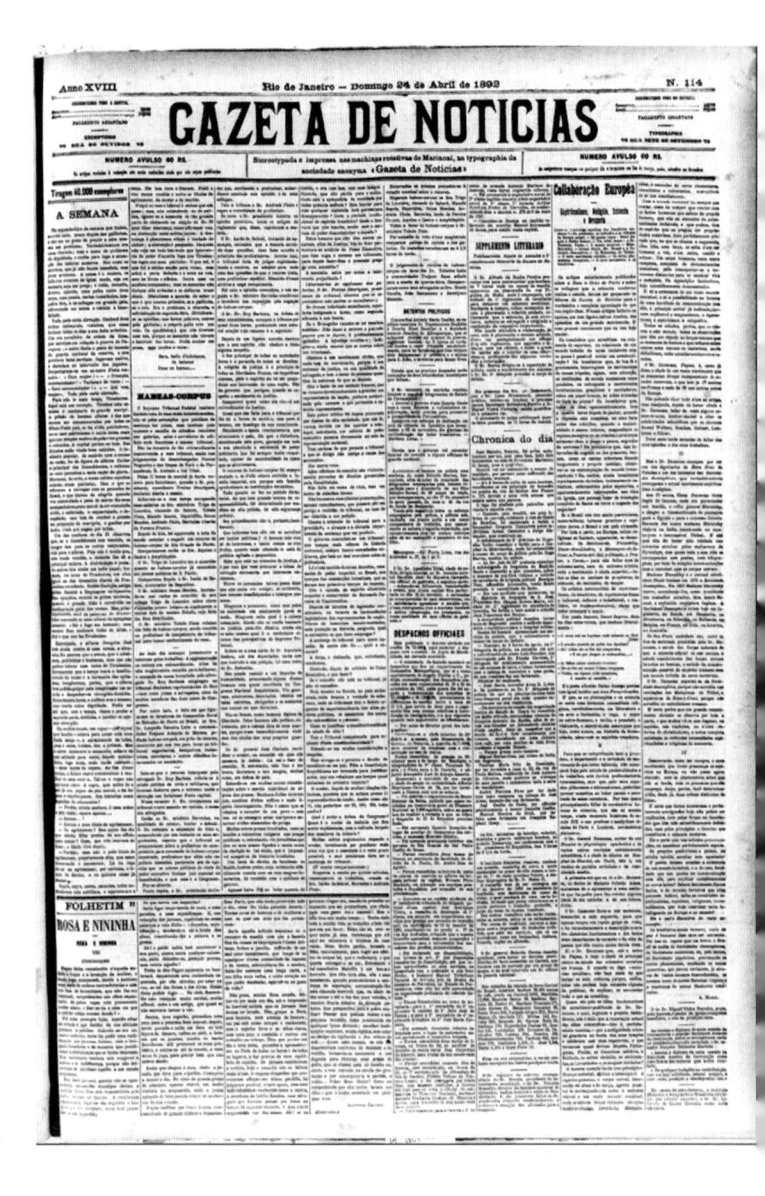

Fig. 17: Número da *Gazeta de Notícias* de 24 de abril de 1892, no qual Machado de Assis publica a primeira crônica de sua última e mais importante série "A Semana".

GLOSSÁRIO

Artigo de fundo: Texto jornalístico que expressa a opinião do responsável pela publicação, jornal ou revista, e que contemporaneamente recebe o nome de editorial.

Carta: Gênero de escrita que, segundo antigos tratados retóricos, tem por finalidade tornar possível a conversação entre duas pessoas ausentes. Com o tempo, a carta também passa a funcionar como modalidade de expressão filosófica, como em *Les Provinciales* (1657), de Blaise Pascal, e ficcional, como no chamado romance epistolar, no qual se destaca *Pamela* (1740), de Samuel Richardson.

Crônica (histórica): Na acepção tradicional, crônica designa o gênero de relato histórico que organiza os acontecimentos segundo a sucessão cronológica. Teve grande desenvolvimento no período medieval, inclusive em língua portuguesa, onde o lisboeta Fernão Lopes, autor de diversas crônicas de reis lusitanos, pode ser considerado o seu maior representante.

Diário de bordo: Gênero de registro escrito de natureza técnica cuja finalidade consiste na anotação minuciosa dos mais variados eventos ocorridos ao longo de uma viagem marítima. Com o tempo, o diário escrito foi substituído por dispositivos eletrônicos de notação.

Ensaio: Gênero textual curto, de caráter dissertativo, que versa sobre os mais variados temas, tendo por base uma dicção mais pessoal e intimista. Consagrou-se na literatura ocidental com os *Ensaios* (1580), do filósofo francês Michel de Montaigne.

Escala: No campo musical, conjunto de sons de altura determinada, assim denominados "notas", dispostos de forma ordenada (graduada), do som mais grave ao mais agudo ou vice-versa (formas ascendente e descendente), estabelecendo variados padrões de sonoridade (harmonias) para a composição musical, decorrentes da soma dos efeitos de combinação das alturas sonoras envolvidas.

Gancho: No jargão jornalístico, é o início do texto cuja redação exige a utilização de recursos com o intuito de garantir a atenção do leitor até o final, assegurando, ao mesmo tempo, o vínculo textual com os acontecimentos imediatos. Um dos recursos mais empregados para esse fim a partir do século XX é o do lide (neologismo criado a partir da expressão inglesa "lead"), que se caracteriza por responder às seguintes perguntas fundamentais da informação jornalística: o quê? por quê? quando? onde? como? e quem?.

Gênero literário: Modelo classificatório por meio do qual se procura organizar a diversidade da produção de textos em conjuntos definidos segundo critérios estéticos de identificação, ora os descrevendo, como se deu em Platão e Aristóteles, ora os prescrevendo, como se observa na tradição retórica latina de Horácio e Quintiliano que se estendeu até fins do século XVIII.

Hemistíquio: Cada uma das duas partes, iguais ou não, em que a cesura divide o verso.

Imprensa: Em sentido estrito, o termo refere-se à técnica de imprimir com tipos móveis (tipografia), valendo-se da tecnologia inventada pelo alemão Johannes Gutenberg no final do século XV. Em sentido abrangente, alude ao jornalismo como um todo, ou seja, à indústria de difusão de notícias, incluindo aí os meios não impressos como rádio, televisão e, mais recentemente, os diversos veículos digitais.

Indústria cultural: Sintagma adotado por Theodor Adorno e Max Horkheimer para indicar o processo por meio do qual os meios de comunicação são utilizados como instrumento de manipulação da consciência dos indivíduos a quem eles são destinados, tornando-os incapazes de refletir autonomamente.

Literariedade: Termo criado, no início do século XX, pelos pesquisadores da linguagem conhecidos como Formalistas Russos (Yuri Tynianov, Roman Jakobson, Viktor Chklovski, dentre outros) para designar as propriedades que fazem de um texto qualquer um texto propriamente literário, concedendo-lhe autonomia com relação às outras manifestações discursivas.

Metalinguagem: Função da linguagem que prepondera em enunciados linguísticos que se remetem à própria linguagem, chamando a atenção para questões relativas ao código (língua) empregado na elaboração de enunciados, como se percebe, por exemplo, em um livro de gramática.

New criticism: Corrente dos estudos literários anglo-americanos iniciada aproximadamente na década de 1920 cujo principal objetivo era analisar o texto literário em sua autonomia, considerando suas propriedades internas sem qualquer menção aos referenciais externos ao texto, excluindo assim o contexto histórico e o próprio autor como possíveis fontes de significação.

Notícia: É o registro através do qual determinado meio (jornal, rádio, televisão, internet, etc.) comunica ao seu público os acontecimentos por ele selecionados e apresentados segundo padrões específicos que envolvem diferentes materialidades (da escrita impressa ao registro digital), bem como as mais variadas diretrizes editoriais.

Poesia concreta: Movimento poético criado no Brasil na década de 1950 pelos irmãos Haroldo e Augusto de Campos e Décio Pignatari, que advoga o fim do ciclo histórico do verso em favor de uma concepção mais visual da poesia através da utilização criativa do espaço em branco do papel e, mais tarde, de outras materialidades (holografia, meios digitais, etc.) como novos veículos de difusão poética.

Sublime: Dentre os vários significados de sublime, vale destacar o apresentado por Pseudo-Longino no século I em seu tratado *Do Sublime*, uma vez que foi o que mais repercutiu na tradição retórica e literária a partir do século XVI, influenciando diversos escritores pelo menos até o século XIX, ou seja, trata-se de uma expressão artística que manifesta o sentimento de grandiosidade capaz de produzir no receptor um efeito de elevação moral.

Suplemento literário: Parte do jornal impressa em caderno separado cujos textos tratam de literatura ou são eles mesmos literários (poemas, contos, romances seriados, etc.).

Tonalidade: No campo musical, termo empregado para assinalar o uso polarizado de uma escala, ou seja, a percepção de que os graus (notas componentes) da escala empregada em dada composição musical formam agrupamentos melódicos que tendem, sistematicamente, a concluir, a pontuar na nota de polarização (a "tônica") como que estabelecendo um sistema de hierarquia tonal.

Transcendência: No sentido mais tradicional da metafísica, qualidade do que, como princípio ou ser divino, ultrapassa os limites da experiência sensível, mantendo assim inalteradas as suas propriedades fundamentais ao longo do tempo.

Versificação: Termo que designa a técnica de se fazer versos metrificados. Pode também ser empregado para assinalar o conjunto de elementos que caracterizam determinado padrão de metrificação utilizado em uma época, por um autor ou mesmo em uma língua, como se observa no livro *Versificação Portuguesa*, de Manoel Said Ali.

BIBLIOGRAFIA

Alencar, José de. "Às Quintas II". In: *A Polêmica Alencar-Nabuco*. Rio de Janeiro: Tempo Brasileiro; Brasília: UnB, 1978.

Andrade, Mário. *Os Filhos da Candinha*. Rio de Janeiro: Agir, 2008.

Andrade, Oswald. *Do Pau-Brasil à Antropofagia e às Utopias*. Rio de Janeiro: Civilização Brasileira, 1978.

Araripe Junior, Tristão de Alencar. *Obra crítica de Araripe Junior*. Rio de Janeiro: MEC/Casa de Rui Barbosa, 1960, v. 2.

_____. *Luizinha/Perfil Literário de José de Alencar*. Rio de Janeiro: José Olympio, 1980.

Assis, Machado de. *Bons dias!*. Introdução e notas de John Gledson. Campinas: Editora da Unicamp, 2008.

Bahia, Benedito Juarez. *História, Jornal e Técnica: as Técnicas do Jornalismo*. 5. ed. Rio de Janeiro: Mauad X, 2009. Vol. 2.

Balzac, Honoré de. "Monografia da Imprensa Parisiense". In: *Os Jornalistas*. Rio de Janeiro: Ediouro, 2004.

Bender, Flora e Laurito, Ilka. *Crônica: História, Teoria e Prática*. São Paulo: Scipione, 1993.

Benveniste, Émile. "O Aparelho Formal da Enunciação". In: *Problemas de Linguística Geral II*. Trad. Eduardo Guimarães et al. Campinas: Pontes, 1989.

BORELLI, Silvia Helena Simões. *Ação, Suspense, Emoção: Literatura e Cultura de Massa no Brasil*. São Paulo: Educ; Estação Liberdade, 1996.

BRAGA, Rubem. *O Conde e o Passarinho*. Rio de Janeiro: Editora do Autor, 1961.

BROCA, Brito. "Crônica na Atualidade Literária Francesa". *O Estado de São Paulo*, São Paulo, 13 set. 1958.

CAMPOS, Gilse. "O Território Livre da Crônica". *Jornal do Brasil*, Rio de Janeiro, 18 ago. 1973.

CAMPOS, Augusto de; CAMPOS, Haroldo de; PIGNATARI, Décio. *Teoria da Poesia Concreta: Textos Críticos e Manifestos, 1950-1960*. São Paulo: Duas Cidades, 1975.

CAMPOS, Haroldo de. *Rupturas dos Gêneros na Literatura Latino-Americana*. São Paulo: Perspectiva, 1977.

CANDIDO, Antonio. "Ao Rés do Chão". *Recortes*. São Paulo: Companhia das Letras, 1993.

Candido, Antonio. *Textos de Intervenção*. Seleção, apresentação e notas de Vinicius Dantas. São Paulo: Duas Cidades/34, 2002.

CARVALHO, Francisco Freire de. "Breve Ensaio sobre a Crítica Literária". In: *Lições Elementares de Poética Nacional*. Lisboa: Tipografia Rollandiana, 1851.

CASTELLO, José Aderaldo. *A Literatura Brasileira: Origens e Unidade (1500-1960)*. São Paulo: Edusp, 1999.

COELHO, José Maria Vaz Pinto (org.). *Ao Correr da Pena*. São Paulo: Tipografia Alemã, 1874.

COELHO NETO, Henrique. *Às Quintas*. São Paulo: Martins Fontes, 2007.

CORÇÃO, Gustavo. "Machado de Assis Cronista". *Obra Completa*. Rio de Janeiro: Nova Aguilar, 1986, vol. 3.

CORTESÃO, Jaime. *A Carta de Pero Vaz de Caminha*. Lisboa: INCM, 1994.

COUTINHO, Afrânio. *Da Crítica e da Nova Crítica*. Rio de Janeiro: Civilização Brasileira; Brasília: INL, 1975.

_____. "Ensaio e Crônica". In: *A Literatura no Brasil*. Rio de Janeiro: José Olympio; Niterói: EDUFF, 1986, vol. 6.

DIDEROT, Denis. "Elogio a Richardson". In: *Obras II: Estética, Poética e Contos*. São Paulo: Perspectiva, 2000.

DOYON, Nova. *Le Rôle de la Presse dans la Constitution du Littéraire au Bas-Canada et au Brésil au Cours du Premier XIXe Siècle. Vers la Formation d'une Culture Nationale dans les Collectivités Neuves des Amériques*. Tese de Doutorado. Montreal, Université du Quebéc à Montréal, 2008.

ECO, Umberto. *Apocalípticos e Integrados*. São Paulo: Perspectiva, 2000.

FRANÇA JUNIOR, Joaquim José. *Folhetins*. Rio de Janeiro: Jacintho Ribeiro dos Santos, 1926.

GIRON, Luís Antônio. *Minoridade Crítica: a Ópera e o Teatro nos Folhetins da Corte*. São Paulo: Edusp; Rio de Janeiro: Ediouro, 2004.

GLEDSON, John. "Bons Dias!". In: *Machado de Assis: Ficção e História*. Rio de Janeiro: Paz e Terra, 1986.

GUILHERME, Faria. *Pequeno Dicionário de Editoração*. Fortaleza: EUFC, 1996.

GUIMARÃES Junior, Luís. *Filagranas*. Rio de Janeiro: Garnier, 1872.

HATIN, Eugène. *Histoire Politique et Littéraire de la Presse en France*. Paris: Poulet-Malassis et de Broise, 1861, t. 7. Disponível em: http://gallica.bnf.fr/ark:/12148/bpt6k2080378. Acesso em: 12/11/2014.

HEURTEAU, M. André. "Le Journal des Débats sous le Consulat et LÉmpire". In: *Le Livre du Centenaire du Journal des Débats, 1789-1889*. Paris: Libraire Plon, 1889. Disponível em: http://gallica.bnf.fr/ark:/12148/bpt6k480221d. Acesso em: 12/11/2014.

HORÁCIO. *Odes de Horácio*. Trad. José de Augusto Cabral de Mello. Angra do Heroísmo: Tipografia Angrense, 1853.

_____. "Arte Poética". In: *A Poética Clássica*. São Paulo: Cultrix/Edusp, 1981.

_____. *Odes and Epodes*. Norman: The University of Oklahoma Press, 1991.

HOWER, Alfred e PRETO-RODAS, Richard (orgs). *Crônicas Brasileiras: a Portuguese Reader*. 5. ed. Gainesville: University of Florida, 1978.

HUGO, Victor. *O Último Dia de um Condenado*. Trad. Joana Canêdo. São Paulo: Nova Alexandria, 2010.

LEMOS, Tite de. "Os Olhos Dourados do Ódio". *Cadernos Brasileiros*. Rio de Janeiro, n. 4, jul./ago., 1963.

LIMA, Alceu de Amoroso. *Estudos: Quinta Série*. Rio de Janeiro: Civilização Brasileira, 1933.

LIMA, Luiz Costa. "Machado: Mestre de Capoeira". In: *Intervenções*. São Paulo: Edusp, 2002.

MACEDO, Joaquim Manuel de. *Um Passeio pela Cidade do Rio de Janeiro*. Rio de Janeiro: Garnier, 1991.

MARTINS, Eduardo. *Manual de Redação e Estilo*. São Paulo: O Estado de São Paulo, 1990.

MARTINS, Luís. *Homens e Livros*. São Paulo: Conselho Estadual de Cultura, 1962.

_____. *Suplemento Literário*. São Paulo: Comissão Estadual de Cultura, 1972.

_____. "Sobre a crônica". *O Estado de S. Paulo*, São Paulo, 11 jun. 1978.

MASSA, Jean-Michel. *A Juventude de Machado de Assis*. Rio de Janeiro: Civilização Brasileira, 1971.

MEYER, Marlyse. "Voláteis e Versáteis. De Variedade e Folhetins se Fez a Crônica". In: *As Mil Faces de um Herói Canalha e Outros Ensaios*. Rio de Janeiro: Editora UFRJ, 1998.

MICHEL, M. André. "La Critique d'Art: Boutard, Delecluze, C. Clement". In: *Le Livre du Centenaire du Journal des Débats, 1789-1889*. Paris: Libraire Plon, 1889. Disponível em: http://gallica.bnf.fr/ark:/12148/bpt6k480221d. Acesso em: 12/11/2014.

MOISÉS, Massaud. *A Criação Literária: Prosa*. 12. ed. São Paulo: Cultrix, 1985.

Nabuco, Joaquim. "Aos Domingos I". In: Coutinho, Afrânio. *A Polêmica Alencar-Nabuco*. Rio de Janeiro: Tempo Brasileiro; Brasília: UnB, 1978.

Nettement, Alfred. *Histoire Politique, Anecdotique et Littéraire du Journal des Débats*. 2. ed. Paris: Dentu, 1842. Disponível em: http://gallica.bnf.fr/ark:/12148/bpt6k1079120. Acesso em: 12/11/2014.

Oliveira, José Carlos. "Declaração de Honestidade". *Jornal do Brasil*, Rio de Janeiro, 26 jul. 1963.

_____. "Comédia, Não: Drama". *Jornal do Brasil*, Rio de Janeiro, 8 ago. 1963.

Pereira, Wellington. *Crônica: a Arte do Útil e do Fútil*. Salvador: Calandra, 2004.

Pereire, Alfred. *Le Journal des Débats, Politiques et Littéraires*. Paris: Honoré Champion, 1914.

Pignatari, Décio. "Nova Poesia Concreta". *Jornal do Brasil*, Rio de Janeiro, 5 mai. 1957.

Pinheiro, Xavier. *Francisco Otaviano: Carioca Ilustre nas Letras, no Jornalismo, na Política, na Tribuna e na Diplomacia*. Rio de Janeiro: Edição da Revista de Língua Portuguesa, 1925.

Pinho, Wanderley (org.). *Cartas de Francisco Otaviano*. Rio de Janeiro: Civilização Brasileira, 1977.

Portella, Eduardo. "A Cidade e a Letra". In: *Dimensões I: Crítica Literária*. Rio de Janeiro: Agir, 1959.

_____. "Até Onde a Crônica é Literatura?". *Jornal do Brasil*, Rio de Janeiro, 13 jan. 1968.

Rónai, Paulo. Um Gênero Brasileiro: a Crônica. In: Hower, Alfred e Preto-Rodas, Richard (orgs.). *Crônicas Brasileiras: a Portuguese Reader*. 5. ed. Gainesville: University of Florida, 1978.

Roncari, Luiz. "A Crônica: Duas ou Três Coisas que Penso Dela". *Folhetim da Folha de S. Paulo*, São Paulo, 9 jan. 1983.

Sá, Jorge de. *A Crônica*. São Paulo: Ática, 2001.

Sobrinho, Barbosa Lima. "Ensaio e Crônica". *Jornal do Brasil*, Rio de Janeiro, 7 ago. 1960.

Thérenty, Marie-Ève. *La Littérature au Quotidien: Poétiques Journalistiques au XIX Siècle*. Paris: Éditions du Seuil, 2007.

Últimos Momentos dos Quatro Sentenciados à Morte. Rio de Janeiro: Tipografia de Laemmert, 1839.

PERIÓDICOS CONSULTADOS

O Álbum Semanal, Cronológico, Literário, Crítico e de Modas. Rio de Janeiro: Tipografia de Vianna, 1851-1853.

O Beija-flor: Anais Brasileiros de Ciência, Política, Literatura, etc., etc.; por uma Sociedade de Literatos. Rio de Janeiro: Tipografia de Gueffier, 1830-1831.

O Carapuceiro: Periódico Sempre Moral, e per Accidens *Político.* Recife: Tipografia Fidedigna de J. N. Mello, 1832-1842.

Chronique de Paris. Paris: Imprimerie de La Chronique, 1791-1792. Disponível em: http://gallica.bnf.fr/ark:/12148/bpt6k49503c. Acesso em: 12/11/2014.

Compilador Constitucional, Político, e Literário Brasiliense. Rio de Janeiro: Tipografia Nacional, 1822.

O Correio da Tarde: Jornal Comercial, Político, Literário e Noticioso. Rio de Janeiro: Tipografia Fluminense, 1855-1862.

Correio das Modas, Jornal Crítico e Literário das Modas, Bailes, Teatros, etc. Rio de Janeiro: Tipografia de Laemmert, 1839-1840.

Correio Mercantil. Rio de Janeiro: Tipografia do Correio, 1848-1868.

Correio Oficial. Rio de Janeiro: Tipografia de Thomaz B. Hunt, 1833-1841.

O Cronista. Rio de Janeiro: Tipografia Comercial de Silva e Irmão, 1836-1839.

O Despertador: Diário Comercial, Político, Científico e Literário. Rio de Janeiro: Tipografia da Associação do Despertador, 1838-1841.

Diário de Notícias. Rio de Janeiro: Empresa do Diário de Notícias, 1930-1976.

Diário do Rio de Janeiro. Rio de Janeiro: Tipografia do Diário de Nicolau Lobo Vianna, 1821-1878.

O Espelho: Revista Semanal de Literatura, Modas, Indústria e Artes. Rio de Janeiro: Tipografia de F. P. Brito, 1859-1860.

O Estado de S. Paulo. São Paulo: O Estado de São Paulo, 1875-.

Le Figaro: Journal Quotidien, Politique et Littéraire. Paris: Imprimerie de d'Urtubie et Worms, 1836. Disponível em: http://gallica.bnf.fr/ark:/12148/cb34355551z/date. Acesso em: 14/11/2014.

Folha de S. Paulo. São Paulo: Empresa Folha da Manhã, 1960-.

O Futuro: Periódico Literário. Rio de Janeiro: Tipografia de Brito e Braga, 1862.

Gabinete de Leitura, Serões das Famílias Brasileiras, Jornal para Todas as Classes, Sexos e Idades. Rio de Janeiro: Tipografia de J. N. Silva, 1837.

Gazeta de Lisboa. Lisboa: Impressão Régia, 1805.

Gazeta de Notícias. Rio de Janeiro: Tipografia da Gazeta de Notícias, 1875-1901.

A Gazeta do Rio de Janeiro. Rio de Janeiro: Impressão Régia, 1808-1821.

O Globo. Rio de Janeiro: Organizações Globo, 1925-.

O Globo: Órgão dos Interesses do Comércio da Lavoura e da Indústria. Rio de Janeiro: Tipografia de O Globo, 1874-1882.

Ilustração Brasileira, Jornal de Artes, Ciências e Letras. Rio de Janeiro: Tipografia Imperial Instituto Artístico, 1876-1878.

L'Independant: Feuille de Commerce, Politique et Littéraire. Rio de Janeiro: L'Imprimerie Imperiale de P. Plancher-Seignot, 1827.

O Jornal. Rio de Janeiro: [s.n.], 1919-1974.

Jornal das Senhoras, Modas, Literatura, Belas-Artes, Teatros e Crítica. Rio de Janeiro: Tipografia Parisiense, 1852-1854.

Jornal do Brasil. Rio de Janeiro: [s.n.], 1891-.

Jornal do Commércio. Rio de Janeiro: Tipografia Imperial e Constitucional de J. Villeneuve e Comp. e Sucessores de Plancher, 1827-.

Jornal dos Debates Políticos e Literários. Rio de Janeiro: Tipografia Imperial e Constitucional de J. Villeneuve, 1837.

Journal de Paris. Paris: Imprimerie de Quillau, 1779.

Journal des Débats et Loix du Pouvoir Législatif, et des Actes du Gouvernement. Paris: Imprimerie du Journal des Débats, 1800-1814.

A Marmota na Corte. Rio de Janeiro: Tipografia de Paula Brito, 1849-1852.

Minerva Brasiliense: Jornal de Ciências, Letras e Artes. Rio de Janeiro: Tipografia de J. E. S. Cabral, 1843-1845.

O Moderador, Novo Correio do Brasil: Jornal Político, Comercial e Literário. Rio de Janeiro: Tipografia de R. Ogier, 1830-1831.

Novo Correio de Modas, Novelas, Poesias, Viagens, Recordações Históricas, Anedotas e Charadas. Rio de Janeiro: Tipografia Universal de Laemmert, 1852-1854.

La Presse. Paris: Imprimerie de Béthune et Plon, 1836. Disponível em: http://gallica.bnf.fr/ark:/12148/cb34448033b/date. Acesso em: 14/11/2014.

O Protesto. Rio de Janeiro: Imprensa Industrial, 1877.

Revista Española, Mensagero de las Cortes. Madrid: Imprenta de D. E. Fernandez de Angulo, 1835. Disponível em: http://hemerotecadigital.bne.es.

Revista Popular: Semanário de Literatura e Indústria. Lisboa: Imprensa Nacional, 1849.

Semanário do Cincinato. Rio de Janeiro: Tipografia do Diário de N. L. Vianna, 1837.

O Sete de Abril. Rio de Janeiro: Tipografia Americana, de I. P. da Costa, 1833-1839.

Le Siècle: Jornal Politique, Littéraire et d'Économie Sociale. Paris: Imprimerie Grégoire et compagnie, 1836. Disponível em: http://gallica.bnf.fr/ark:/12148/cb32868136g/date. Acesso em: 14/11/2014.

Tribuna da Imprensa. Rio de Janeiro: Editora Tribuna da Imprensa, 1949-2008.

Última Hora. Rio de Janeiro: Última Hora, 1951-1969.

ÍNDICE ANALÍTICO

Aclimatação, 13, 32, 87, 99
Arte maior, 43
Arte menor, 37, 41, 43
Artigo de fundo, 82, 139, 259
Autorreferencialidade, 238
Carta, 31-32
Cenário interno, 31, 80, 113, 140, 162
Circuito comunicativo, 17, 39, 74
Comunhão fática, 107, 138, 159, 168, 182, 184-85, 190, 192, 197, 212, 230, 233, 237-38
Conto anedótico, 108
Crítica, 9-10, 24-25, 35, 37, 58-60, 69, 71, 81, 86, 91-92, 96, 100, 143-49, 185, 220-21
Crítica de rodapé, 10, 59-60
Crônica (histórica), 168-69, 225-26, 232
Diário de bordo, 32, 259
Ensaio, 23, 60-61, 259
Escala, 42, 260, 262
Gênero brasileiro, 19-37
Gênero epistolar, 150, 208
Gênero jornalístico, 9-10, 17, 38, 86, 138, 235
Gênero literário, 20, 35, 44, 48-75, 260
Gênero menor, 10, 37-38, 44, 48

Grácil, 179
Gracioso, 163, 179-80, 182, 185-86, 188, 192, 195-96, 198, 202-03, 211
Hemistíquio, 43, 260
Imprensa, 77-108, 260
Indústria cultural, 32, 71, 260
Literariedade, 9-10, 48, 63, 69, 70, 74, 198, 225, 228, 261
Livro, 10, 38, 48, 55-56, 60-68, 70
Materialidade, 10, 74-75, 108, 113, 138, 164, 214-15, 231, 261
Memória, 67-68, 226
Metalinguagem, 103, 105, 107, 160-62, 167, 190, 197, 214, 237-38
Narrativa de viagem, 31-32
New criticism, 59, 261
Notícia, 46, 62-63, 71, 125, 137, 139, 236, 261
Noticiário, 24, 92, 126-41
Obnubilação, 30
Periodicidade, 159, 168, 175, 198
Poesia concreta, 50-51, 261
Referencialidade, 69, 140, 162, 198, 237
Signo em si, 62

Sistema de condicionamentos, 74
Sistema harmônico tonal, 42, 262
Sublime, 41, 43, 119, 124-25, 134, 138, 262
Suplemento literário, 47, 149, 266
Tonalidade, 42, 262
Transcendência, 10, 43, 62, 64-65, 67-69, 73, 199, 225, 228, 262
Versificação, 43-44, 262
Volubilidade, 17, 185, 195, 199, 205-07, 220, 224, 226, 228, 233-34, 238-39

ÍNDICE ONOMÁSTICO

Abdul-Azziz-Khan, 223
Abrantes, Marquês de (Miguel Calmon du Pin e Almeida), 240
Abrantes, Napoleon d', 97
Acosta, Walter, 49
Alain (Émile-Auguste Chartier), 24-25, 35
Alencar, José de, 16, 26, 34, 39, 56, 165, 179, 180, 185, 199-218, 221, 225-27, 237-38, 240, 255, 256
Alencar, Leonel de, 216
Alexander, Herr, 172
Alibert, Jean-Louis, 194
Alighieri, Dante, 193
Almeida, Manuel Antônio de, 39, 45, 52, 200, 222, 255
Amat, José, 166-67
Andrade, Carlos Drummond de, 19, 49, 54-55, 61, 64
Andrade, Mário de, 21, 29-30, 40
Andrade, Oswald de, 70-71
Araripe Jr., Tristão de, 30, 179
Araújo, Nabuco de, 90
Assis, Machado de, 16, 17, 19, 30, 32-35, 39, 57, 66, 71, 73, 75, 87, 170, 199, 217-23, 225-32, 238, 257, 258

Ataíde, Tristão de, 57, 58
Auber, François-Esprit, 219-20
Azevedo, Manuel Antônio Álvares de, 173
Bach, Johann Sebastian, 42
Balzac, Honoré de, 12-13, 39, 86, 97, 133
Bandeira, Manuel, 49, 54, 61, 66, 183
Barbosa, Januário da Cunha, 89
Bassadona, Giovanni, 172
Baudoin, François-Jean, 81
Bellini, Vicenzo, 146, 156
Belona (pseud.), 170, 172-75, 182
Bender, Flora, 28, 31
Benveniste, Émile, 107
Berlioz, Hector, 147
Berthet, Élie, 13
Bertin de Vaux (Louis François Bertin), 79, 81, 100
Bertin L'Aîne (Louis François Bertin), 79, 81, 100
Biester, Ernesto, 220
Bièvre, Marquês (François-Georges Maréchal), 78
Bilac, Olavo, 57, 66
Blair, Hugh, 44

Boissard, Maurice, 24
Bonaparte, Napoleão, 82-84
Borges, Jorge Luis, 44-45, 48
Boutard, Jean-Baptiste Bon, 80, 82, 101, 147
Braga, Edgar, 51
Braga, Rubem, 19, 21, 25, 49, 54-55, 57, 59-62, 66, 68, 237-38, 240
Brasil, Francisco de Assis Almeida, 48
Broca, José Brito, 27
Buffon, Georges, 194
Byron, Lord (George Gordon Byron), 120, 183
Cabral, José Cristino da Costa, 92
Cabral, Pedro Álvares, 31
Calpe, Adadus (Antonio Deodoro de Pascual), 182
Caminha, Pero Vaz, 31-32
Campos, Haroldo de, 51, 71
Campos, Paulo Mendes, 40, 49, 54, 62, 65
Camus, Albert, 35
Candido, Antonio, 27-29, 37, 64
Carlos, José Martins, 126, 130, 133-36
Carvalho, Francisco Freire de, 43-44, 71, 125
Carvalho, José da Costa, 153
Castello, José Aderaldo, 35
Castil-Balze (François-Henri-Joseph Blaze), 147
Cerveira, Afonso, 31
Cisneiro, José Augusto, 193
Coelho, José Maria Vaz Pinto, 56-57, 216
Coelho Neto, Henrique, 57
Cony, Carlos Heitor, 51-55, 64
Corção, Gustavo, 224-25, 227-28, 233

Cordeiro, Carlos Antônio, 148
Correggio (Antonio Allegri), 120
Costa, Hipólito José da, 88
Crispo, Caio Salústio, 169
DaMatta, Roberto, 36
Délia (pseud.), 170, 175
Dom Fernando, 222
Diderot, Denis, 27
Dimas, Antônio, 66
Diniz, Próspero, 196
Divino, Cândido do Amor, 129
Dom João VI, 87, 111, 119, 124
Doyon, Nova, 89
Dumas, Alexandre, 13, 92, 133, 185
Dutacq, Armand, 86
Duvicquet, Pierre, 84-85
Eco, Umberto, 74
Escarpit, Robert, 35
Étienne, Charles-Guillaume, 84
Faria, Picanço de, 90
Faustino, Mário, 50, 51
Feijó, Diogo Antônio de, 93, 112
Ferraz, Luiz Pedreira do Couto, 157
Ferreira, Félix, 216
Féval, Paul, 13-14
Fiévée, Joseph, 83-84
Fish, Anne, 188
Flaubert, Gustave, 39
Fonseca, Manuel Deodoro, 232
Fouché, Joseph, 82-83
Fox, Catherine, 188
Fox, Margaret, 188
França Júnior, Joaquim José, 17, 30, 57

Francioni, Antônio, 166-67
Frond, Victor, 219
Frota, Lélia Coelho, 50
Gama, Miguel do Sacramento Lopes, 21, 33
Garrett, João Baptista da Silva Leitão de Almeida, 169, 172
Geoffroy, Julien-Louis, 78-79, 84-85, 100, 147
Gervina (pseud.), 170, 175-77, 187, 197-99, 210
Gide, André, 35
Girardin, Émile, 26, 85-86
Giron, Luis Antônio, 144, 146, 148
Gledson, John, 66, 220, 231
Goethe, Johann Wolfgang von, 186
Gomes Junior, João Baptista, 145
Gonzaga, Tomás Antônio, 185
Gonzalès, Emmanuel, 13, 144
Grünewald, José Lino, 53
Guimarães, Francisco Pinheiro, 219
Guimarães, Júlio Castañon, 66
Guimarães Júnior, Luís, 17, 39, 56, 216
Hatin, Eugène, 80, 81
Heine, Heinrich, 167-68
Hildreth, Richard, 185
Horácio (Quinto Horácio Flaco), 85, 87-88, 203-04, 207, 260
Hugo, Victor, 133, 136, 213
Janin, Jules, 11, 85, 160-61, 171
Jardim, Reynaldo, 50
João do Rio (Paulo Barreto), 30, 57, 70, 241
Julien, Paul, 218
Karr, Alphonse, 11, 169
Kock, Paul de, 13, 92, 115, 143

Laboccetta, 156
Laemmert, Eduardo, 116, 136, 166-67
Laemmert, Henrique, 116, 136, 166-67
Lally-Tolendal, Conde de, 84, 100
Lamartine, Alphonse de, 213
Laurito, Ilka, 28, 31
Lavater, Johann Kaspar, 133
Léautaud, Paul, 24
Leão, Múcio, 50
Lemos, Tite de, 53-54
Lessa, Elsie, 39, 55
Liberal, Antônio Gonçalves, 127, 133
Lima, Alceu de Amoroso, 57, 65, 69
Lima, Luiz Costa, 37
Linhares, Temístocles, 55
Lins, Álvaro, 59
Lispector, Clarice, 49
Lopes, Fernão, 31, 259
Luso, João (Armando Erse), 55
Macedo, Joaquim Manuel de, 17, 38, 56, 156
Machado, Antônio de Alcântara, 21
Magalhães, Gonçalves de, 107
Malherbe, François, 230
Malinowski, Bronislaw, 107
Mario, Giovanni Matteo, 203
Martins, Luís, 19, 24-25, 35, 62, 149
Maurois, André, 25-26
Mazzoletti, Bianchi di, 172
Meireles, Cecília, 54
Melo, Jerônimo Figueira de, 209
Melo, Manoel Felizardo de Souza e, 219
Meyerbeer, Giacomo, 213

Meyer, Marlyse, 24
Miranda, Murilo, 54
Moisés, Massaud, 63-65, 67-69
Moneygrand, Richard, 36
Monteiro, Adolfo Casais, 50
Montépin, Xavier de, 13, 38
Montesquieu (Charles-Louis de Secondat), 152
Motta, Yone de Sá, 50
Muzzio, Henrique Cezar, 145
Nabuco, Joaquim, 205-06
Nascimento, Esdras do, 52, 54
Nordier, Charles, 147
Noronha, Joana Paula Manso de, 14, 148, 253
O'Donnell (y Jorris), Leopoldo, 202
Oliveira, José Carlos, 35, 40, 53-55, 62
Otaviano, Francisco, 16, 34, 45-47, 148-51, 170-71, 178-200, 202, 209-10, 212, 218, 221, 225, 227, 237, 254-55
Palmerston, Lord (Henry John Temple), 153
Paranhos, José Maria da Silva, 12, 75, 140, 148, 150-59, 161-63, 165, 168, 177, 180, 186-88, 196, 199, 219, 221
Paula Brito, Francisco de, 21, 33, 145, 196, 217, 222
Pedro I, 90, 91
Pedro II, 155, 158, 180
Pedro V, 222
Pena, Luís Carlos Martins, 116-17, 145-46, 156, 220
Pereira, Albino José, 126, 131
Pereira, Wellington, 72
Pereire, Alfred, 79, 82-83
Pignatari, Décio, 51, 261
Pinto, Francisco Félix da Fonseca Pereira, 221

Planche, Joseph, 80
Plancher, Émile-Seignot, 90
Plancher, Pierre, 12
Plasson, Henri, 90-91
Pongetti, Henrique, 58, 62
Ponte Preta, Stanislaw, 29-30, 49, 55, 68
Portella, Eduardo, 60-64, 68-71
Porto, Sérgio, 62
Queirós, Eusébio de, 127, 129
Queiroz, Dinah Silveira de, 54, 65
Queiroz, Rachel de, 19, 49, 55
Reni, Guido, 120
Ribeiro, João Ubaldo, 236, 238
Richardson, Samuel, 27, 259
Richberg, Charles, 101
Rocha, Justiniano José da, 34, 40, 47, 93, 98, 101, 103, 105-07, 110, 145, 160, 162, 167, 169, 194, 197, 199, 211, 237, 247
Rodrigues, Nelson, 29-30
Roederer, Pierre-Louis, 79
Rónai, Paulo, 19-21, 23, 36
Rossini, Gioachino, 110, 183, 213
Rothschild, Mayer Amschel, 213
Sabino, Fernando, 49, 54, 62, 68
Sá, Estácio de, 222
Saint-Pierre, Bernadin, 190
Santos, Joaquim Ferreira dos, 66
Sanzio, Rafael, 120
Sarmiento, Domingo Faustino, 13-14
Sartorius, Luis José, 202
Schiller, Friedrich, 123
Scott, Walter, 120
Scribe, Eugène, 219-20

Serva, Manuel Antônio da Silva, 88-89
Shakespeare, William, 106, 120
Silva, Antônio Joaquim da, 126, 128-29, 132, 135
Silva, Firmino Rodrigues, 93
Silva, João Manuel Pereira da, 44, 93, 108, 114, 119, 121-23, 125, 134, 137, 144, 248
Silva, Josino do Nascimento, 93, 105, 108, 116
Simão, 189
Sodré, Nelson Werneck, 49
Soulié, Frédéric, 85, 207
Sousa, Antônio Gonçalves Teixeira e, 38, 123
Sousa, Paulino José Soares de, 153
Stoltz, Rosine, 172, 177-79, 192
Sue, Eugène, 13-14, 38, 133
Tati, Filippo, 146
Terrail, Ponson du, 38
Thérenty, Marie-Ève, 26
Torres, Joaquim José Rodrigues, 188
Vallette, Alfred, 24
Valon, Alexis de, 13
Varejão, Antônio de Aquiles Miranda, 221
Vaz, Leo (Leonel Vaz de Barros), 55
Veiga, Evaristo da, 91
Vellasco, Violante de Bivar e, 175
Verissimo, Luis Fernando, 236-38
Vicente, José, 126, 131, 136
Wuillaume, Maria Tereza, 50
Xavier, Francisco Júlio, 151
Xivrey, Jules Berger de, 105
Zaluar, Augusto Emílio, 148, 194
Zecchini, Giuseppina, 156
Zurara, Gomes Eanes de, 31

CIP-BRASIL. CATALOGAÇÃO NA FONTE
SINDICATO NACIONAL DOS EDITORES DE LIVROS, RJ

S653c

Soares, Marcus Vinicius Nogueira
A crônica brasileira do século XIX: uma breve história / Marcus Vinicius Nogueira Soares ; coordenação João Cezar de Castro Rocha. - 1. ed. - São Paulo : É Realizações , 2014.
280 p. ; 21 cm. (Biblioteca humanidades)

Inclui bibliografia e índice
ISBN 978-85-8033-184-4

1. Literatura brasileira - História e crítica. 2. Crônicas brasileiras. I. Rocha, João Cezar de Castro. II. Título. III. Série.

14-17905   CDD: 869.909
                                      CDU: 821.134.3(81)(091)

18/11/2014   18/11/2014

Este livro foi impresso pela Gráfica Vida & Consciência para É Realizações, em dezembro de 2014. Os tipos usados são da família Minion Pro e Avenir Next. O papel do miolo é alta alvura 90g e o da capa, cartão supremo 250g.